Norbert Teupert
DER KREBS
und seine Lebensrätsel

Lesen Sie zu diesem Buch auch den ebenfalls im Ariston Verlag erschienenen Einführungsband von

Norbert Teupert
DIE RÄTSEL DES LEBENS
Energetische Astrologie und Traumarbeit

Norbert Teupert, 1957 in Kulmbach geboren, ist diplomierter Sozialpädagoge. Nach einer dreijährigen Ausbildung zum astroenergetischen Berater bei Hans Taeger hat er eine eigene Traumtherapie und eine Ausbildung zum Traumtherapeuten bei der Traumtherapeutin Hildegard Schwarz absolviert, mit der er auch das »*Bilderbuch der Träume*« im Ariston Verlag veröffentlicht hat (1992). In freier Praxis führt er Traumseminare und Beratungen durch. Er arbeitet in Bayreuth, wo er auch mit seiner Familie lebt.

Norbert Teupert

DER KREBS
UND SEINE LEBENSRÄTSEL

Astroenergetische Deutungen
für Alltag und Traumerleben

Ariston Verlag · Genf / München

Die Deutsche Bibliothek – CIP-Einheitsaufnahme

> TEUPERT, NORBERT:
> Der Krebs und seine Lebensrätsel : astroenergetische Deutungen für Alltag und Traumerleben / Norbert Teupert. – Erstaufl. – Genf; München : Ariston Verlag, 1995
> ISBN 3-7205-1863-9

© Copyright 1995 by Ariston Verlag, Genf

Alle Rechte, insbesondere des – auch auszugsweisen – Nachdrucks, der phono- und photomechanischen Reproduktion, Photokopie, Mikroverfilmung sowie der Übersetzung und jeglicher anderen Aufzeichnung und Wiedergabe durch bestehende und künftige Medien, vorbehalten.

Gestaltung des Einbandes:
Studio Höpfner-Thoma, GraphicDesign BDG, München
Einbandmotiv: The Bedford Hours (AKG, Berlin)

Satz: FotoSatz Pfeifer, Gräfelfing/München
Druck und Bindung: Wiener Verlag, Himberg bei Wien

Erstauflage: Juli 1995
Printed in Austria 1995

ISBN 3-7205-1863-9

Inhalt

*Auf ein Wort – bevor wir mit dem KREBS
den »Rückwärtsgang« einlegen* 7

1. *Einführung in die Lebensrätsel des KREBSES und seines
   Planeten MOND* 11
   Initiation in die KREBS-Energie 11
   Das Sigel des KREBSES 19
   KREBS – das kardinale Wasserelement 20
   MOND, Botschafter des KREBS-Archetypen 23
   Das Sigel des MONDES 31
   KREBS/MOND in ihrer erlösten und
   unerlösten Form 32
   Das Haus des KREBSES: das vierte Haus 35
   SONNE, MOND und Aszendent im KREBS 36

2. *Entsprechungen und Ausdrucksweisen des
   KREBS-Archetypen* 53
   Die Definitionen der zentralen KREBS-Themen 54
   Die zentrale Entwicklungsphase der KREBS-Energie 69
   Der KREBS-Archetyp bei C.G. Jung 70
   Die Farben des KREBSES 74
   Körperliche Entsprechungen und Krankheitsbilder 77
   KREBS-Entsprechungen in der Bibel 82
   Mythen und Märchen 86
   KREBS-Entsprechungen im *I Ging* 91
   Redensarten, Sprichwörter und Zitate 93
   Andere Lebensbereiche mit KREBS-Entsprechung 97

3. *KREBS-Symbole in Alltag und Traum* 112
   Symbole des Weiblich-Mütterlichen und
   des Innenbereiches 112
   Symbole des Gefühlsbereiches und des Unbewußten 119
   Symbole der Natur und der Natürlichkeit 124

4. Was bedeuten alltägliche und historische Ereignisse im
   KREBS-Monat (21.6. bis 22.7.) wirklich? 126
   Die Ereignisse des Alltags 128
   Historische Ereignisse und Zeitgeschehen 133
   Einige Anregungen zur Eigenbeobachtung im KREBS-Monat ... 139

5. Die kreative Umsetzung des KREBS-Rätsels 145
   Annäherung durch Imagination und Meditation 146
   Affirmationen 152
   Dramatische Umsetzung, Rollenspiele, Spiele und
   Übungen 153
   Die Umsetzung in Geschichten, Gedichte, Märchen 156
   Naturerfahrungen 158
   Die KREBS-Themen als Bilder 158

6. Die Deutung der Träume im KREBS-Monat 161
   Was uns die Träume zeigen 162
   Fallbeispiele 164

Literaturhinweise 192

Widmung
Dem KREBS-Archetypen gewidmet
und allen, die den Weg der Seele gehen.

Auf ein Wort – bevor wir mit dem KREBS den »Rückwärtsgang« einlegen

Jeder ist (auch) ein KREBS – und hat Anteil an dieser kosmisch-archetypischen Energie, die wir als die *Welt der Seele* bezeichnen. KREBS ist das *weiblich-empfangende* Prinzip; wir verdanken dieser Kraft unsere *Gefühle* sowie die Fähigkeit des *Träumens* und *Wünschens* – sie ist die *verborgene Innenseite* all unserer Lebensrätsel. Schließlich ist im Horoskop eines *jeden* von uns das KREBS-Zeichen und dessen Planetenherrscher MOND konstelliert!

Wie wichtig die Integration dieser Energie für *uns alle* ist, um ein *gefühlvolles* und *»seliges«* Leben führen zu können, soll in diesem Buch der Tierkreisreihe *»Lebensrätsel«* vermittelt werden. Auch wenn Sie, liebe Leserin und lieber Leser, nicht im Monat des KREBSES geboren wurden und KREBS nicht »Ihr Tierkreiszeichen« ist, so darf ich doch versprechen, daß Sie anhand der Ausführungen und Beispiele einen Bezug zu Ihrem individuellen Dasein herstellen werden. Die Vorstellung, daß die Astrologie jeden Menschen auf *ein* Tierkreiszeichen festlegt, ist *das* grundlegende Mißverständnis! Dem ist Gott sei Dank nicht so; wir wären sonst erschreckend einseitig ausgerichtet und müßten die charakteristischen Wesensmerkmale dieses Zeichens auf Gedeih und Verderb ausleben. Jeder KREBS-Geborene wäre dann ausschließlich ein »realitätsferner Träumer« ohne Gegenwartsbezug, ein Sklave seiner Gefühle ohne Abgrenzungs- und Differenzierungsvermögen, jeder WIDDER ein aggressiver Kämpfer und so fort.

Der gesunde Menschenverstand verbietet eine solche einseitige, pauschalisierende Sichtweise des Lebens. Eine Astrologie, die sich auf solche Vereinfachungen beruft, wäre als Vermittler eines geistlosen Schubladendenkens abzulehnen. Aber so ist die Astrologie ja gar nicht. Sie stellt vielmehr eine der differenziertesten Methoden zur Darstellung und Lösung der Lebensrätsel dar, welche die Menschheit jemals hervorgebracht hat; auch wenn so manche »Stilblüten« die astrologische Praxis in Mißkredit gebracht haben. Aber wie sich die Menschheitsseele in einer Entwicklung befindet, so eben auch ihr Umgang mit den Praktiken der Selbsterkenntnis. Je stärker sich das menschliche Bewußtsein erweitert, desto größer wird auch das Verständnis der Astrologie und damit der Lebensrätsel werden.

Jeder Mensch trägt in sich die *Einheit* (die wir astrosymbolisch im Tierkreis erkennen) und hat somit teil an allen zwölf Tierkreiszeichen und Planetenkräften. Die *verschiedenen Konstellationen* dieser archetypischen Urbausteine des Lebens und natürlich der spezifische Reifegrad der Seele bestimmten den Unterschied zwischen den Individuen. Jede verantwortliche astrologische Arbeit und Traumtherapie wird sich deshalb vor pauschalen Deutungen hüten und das Individuum vorrangig mit in den Deutungsprozeß einbeziehen. Unser Schicksal ist nicht so starr festgelegt, wie wir vielleicht befürchten. Und wenn der Volksmund behauptet, daß jeder »seines eigenen Glückes Schmied« sei, dann ist damit die menschliche Freiheit angesprochen, das Leben zum Guten oder Schlechten hin mitzugestalten – im Rahmen unserer Möglichkeiten, versteht sich!

Freies Handeln und Entscheiden setzen jedoch bewußtes Erkennen voraus. Wem seine Handlungsmöglichkeiten und sein Spielraum bei der Lebensgestaltung nicht bewußt sind, der kann auch nicht frei wählen und muß sich mit dem zufriedengeben, was ihm zufällt. Ob wir das KREBS-Prinzip oder die MOND-Energie – unsere Seele und das sogenannte »innere Kind« – erlösen können, ist eine Frage des Bewußtseins, das im Gegensatz zum bloßen Wissen auch die Gefühlsebene umfaßt.

Die von mir entwickelte Methode der *energetischen Astrologie und Traumarbeit* kombiniert eine lebendig nachvollziehbare Astrologie und die Arbeit mit unseren Träumen. Über die bloße Wissensvermittlung hinaus will diese Buchreihe die Bedeutung der einzelnen astroenergetischen Symbole und Archetypen *ganzheitlich* vermitteln, das heißt Gefühl und Verstand gleichermaßen ansprechen. Es handelt sich hier also keineswegs um die üblichen astrologischen Lehrbücher; *astrologische Vorkenntnisse sind nicht erforderlich!* Die theoretischen Grundlagen, Hintergründe und nähere Erläuterungen zu den einzelnen Themen enthält der Einführungsband *»Die Rätsel des Lebens«*; sie können dort bei Bedarf nachgeschlagen werden. Ich habe diesen Weg der Darstellung gewählt, um nicht in jedem Tierkreisband Grundlegendes erläutern zu müssen. Statt dessen ist jedem Kapitel eine Einführung vorangestellt, die in aller Kürze die wesentlichen Punkte nennt.

Ich bin überzeugt, daß nicht nur die Laien, sondern auch die »Astroprofis« auf ihre Kosten kommen werden, da der *energetische Blickwinkel* und die Einbeziehung der Träume interessante Ergänzungen der eigenen astrologischen Praxis sein können. Zudem gewinnt die Traumarbeit durch die Berücksichtigung der astrologischen Symbolik eine neue »Höhendimension«, die uns das Gefühl vermittelt, in höhere kosmische Zusammenhänge eingebettet zu sein, und die wesentlich zum Traumverständnis beiträgt.

Sie werden erkennen, daß die Astrologie einerseits durch die Einbeziehung der Träume an Lebensnähe gewinnt und daß sich uns andererseits bei einer astroenergetischen Sichtweise auch die tiefere Bedeutung der Alltagserlebnisse erschließt. Mir ist dabei die Allgemeinverständlichkeit der Ausführungen wichtig. Statt komplizierte Astrokonstellationen zu analysieren, konzentrieren wir uns bei der Deutung von Träumen und Ereignissen auf den Stand der SONNE im Tierkreis zum jeweiligen Traum- und Erlebniszeitpunkt – in diesem Fall ist das der KREBS. Die SONNE ist unser *Zentralgestirn* und deutet auf das *zentrale* Thema, um das es im jeweiligen (Tierkreis-)Monat geht. Als Ursymbol der *Ganzheit* spiegelt ihre Position im Tierkreis ein *ganzheitliches Bild* unseres Seins und unserer Entwicklung wider. Und als Quelle des Lichts, der Erleuchtung und des Bewußtseins verkörpert die SONNE genau jene Qualität, die dem nach Erkenntnis suchenden Menschen am Herzen liegt: die Kraft, durch das Lösen der Lebensrätsel ein glückliches, weil *bewußtes* und *selbstbestimmtes* Leben zu führen. C.G. JUNG bezeichnete diesen lebenslangen Prozeß als *Individuationsweg*.

Diese Reihe will Impulse und Anregungen für die Auseinandersetzung mit den zwölf Lebensrätseln geben. Dem Leser wird ein geeignetes Hilfsmittel an die Hand gegeben, das ihn bei der Auflösung seiner individuellen Rätsel unterstützt. Die zwölf Tierkreisbände und der Einführungsband bilden eine Einheit. Die einzelnen Bücher beziehen sich aufeinander und ergänzen sich. Sie sind aber auch so weit in sich abgeschlossen, daß sie einzeln gelesen werden können.

Zahlreiche Traum- beziehungsweise Fallbeispiele erlauben es, einen Bezug zur Praxis herzustellen – dies gilt vor allem auch für die astroenergetische Traumdeutung, die hier als Novum vorgestellt wird. Jeder Band behandelt ausführlich Träume, die im Monat des betreffenden Tierkreiszeichens geträumt wurden; im KREBS-Buch geht es um Träume des *KREBS-Monats*, also der Zeit vom *21.6. bis 22.7.* eines jeden Jahres. Bei dieser Deutungsmethode ist es ohne Belang, unter welchem »Stern« die Träumerin oder der Träumer geboren ist. Jeder Mensch träumt in jeder Nacht des Jahres, wie in Schlaflabors wissenschaftlich nachgewiesen wurde. Man muß also kein KREBS-Geborener sein, um in dieser Zeit zu träumen; die Deutungen für den KREBS-Monat beziehen sich auf *alle* Träume dieses Zeitraumes! Die ersten Buchkapitel führen Sie in die Thematik und Symbolik des KREBSES ein und bereiten Sie auf die Trauminterpretation vor.

Herzlich bedanken möchte ich mich bei allen Traumfreundinnen und Traumfreunden, die durch ihre Träume und kreativen Beiträge das Buch wesentlich bereichert haben; Namensangaben wurden zur Wahrung der Anonymität verändert.

Norbert Teupert

1
Einführung in die Lebensrätsel des KREBSES und seines Planeten MOND

Initiation in die KREBS-Energie

Wendepunkt! Der Schmetterling, der noch gestern von Blüte zu Blüte flatterte, hat sich urplötzlich unsterblich verliebt. YIN und YANG, das kosmische ZWILLINGE-Paar, hat die *Welt der Gefühle* entdeckt und drängt den Mann zur Frau, die Frau zum Mann, auf daß im Geschlechtsakt durch die (vorübergehende) *Vereinigung der Gegensätze* eine *Befruchtung* stattfinden kann. Wir lassen die luftige Vogelperspektive der ZWILLINGE hinter uns und tauchen ein in das »Wasser des Lebens« – die Seele wird in die Welt hinein»geboren«, die Reise nach *innen* beginnt. *Vergangenheit* ist gegenwärtig, Alltägliches ist *Geheimnis*. Wir blicken *zurück* und fragen staunend nach dem »Woher«, nach der *Quelle*, nach unserer *Herkunft*. »Wohl dem, der seiner Ahnen gern gedenkt«, möchten wir mit GOETHE feierlich ausrufen.

Was ist geschehen? Wenn die SONNE zum Sommeranfang in das Tierkreiszeichen KREBS eintritt, überschreitet sie ihren Zenit im Jahreslauf – es ist die Zeit der *Sommersonnenwende*. Mit der SONNE sind auch wir an einem *Wendepunkt* im kosmischen Zyklus angelangt und beginnen langsam – und zunächst unmerklich – *umzukehren*. Der Höhenflug ist beendet, die Tage werden von nun an wieder kürzer, die *Nachtkraft* nimmt allmählich zu. Unmerklich ist schon jetzt der Samen für den kommenden Herbst und Winter gelegt. Jeder Höhepunkt ist zugleich Wendepunkt! Jedem Gipfel folgt der Abstieg – der Weg führt von den luftigen Höhen des Intellekts zur Seele, vom Gedanken zum *Gefühl*. Mit der SONNE neigt sich der göttliche Geist nach seinem Siegeszug über die Nachtkraft (seit der vergangenen Wintersonnenwende) jetzt wieder der ERDE zu, um sich mit ihr zu *vereinen* und die »kosmische Vermählung« von »Himmel und Erde«, von YANG und YIN zu feiern.

Die »Rückwärtsbewegung« der SONNE nach der Sommersonnenwende findet ihren astrosymbolischen Ausdruck in dem Wassertier, das sich hauptsächlich seitlich oder schräg rückwärts fortbewegt: dem KREBS. *Rückwärts* zu schreiten ist zunächst hier archetypische Notwendigkeit und wertfrei zu sehen. Auf welcher Ebene jeder Mensch diese Energie lebt, hängt vom persönlichen Reifegrad ab. Die Skala reicht von massiven *Rückschritten* in der Persönlichkeitsentwicklung auf der unerlösten Seite bis hin zur »Heimkehr in die Inwendigkeit der seelischen Heimat« am erlösten Pol. Zwischen diesen Extremen pendeln wir Menschen hin und her, um *zurückzufinden* zum Ursprung der »seelischen Wasser«; oder, astroenergetisch ausgedrückt, um die KREBS-Energie in unsere Gesamtpersönlichkeit zu integrieren.

Wollen wir unser jetziges »Sosein« verstehen, ist es notwendig, einen Blick *zurück* zu werfen, denn wenn wir unsere *Vergangenheit* kennen und verstehen, dann werden wir auch unsere Gegenwart besser begreifen. Mit dem KREBS ist der *historische* Blickwinkel angezeigt. Wie die Archäologie richtet sich die KREBS-Energie auf Zeugnisse des Vergangenen, um wesentliche Aufschlüsse über die Entwicklung des Lebens und der Kultur zu gewinnen. Dabei dürfen wir jedoch nicht am Vergangenen anhaften und müssen immer wieder die Brücke zum Hier und Jetzt spannen. Sonst sind wir wie das neugeborene Kind, das versucht, wieder in den Mutterschoß zurückzukriechen.

KREBS ist die folgerichtige Antwort auf das vorangegangene ZWILLINGE-Zeichen – jeder Blütezeit (ZWILLINGE) folgt notwendigerweise der Wendepunkt (KREBS), damit der Kreislauf des Lebens sich fortsetzen kann. Rein äußerlich betrachtet, muß dieser Entwicklungsschritt freilich zunächst negativ erscheinen, etwa wenn wir der Schönheit der Blume nachtrauern, wenn sie welkt, oder wenn unser Körper mit zunehmendem Alter abbaut. Aber wie sollte es neue Samen geben, wenn die Blüte das Endstadium der Pflanze wäre? Wie könnte unsere Seele neue Wege beschreiten, wenn sie für immer im selben Körper beheimatet (besser gesagt: gefangen) bliebe?

Damit neues Leben entstehen, in diese Welt hineingeboren werden kann, muß die Polarität Männlich-Weiblich (für einen Augenblick) *zusammenwirken* und sich vereinigen. Befruchtung geschieht durch das Eindringen des YANG-Pols *in* den YIN-Pol. Jede Zeugung (eines Menschen oder Tieres) geschieht auf zwei Ebenen. Zum einen wird durch die Vereinigung von männlicher Samen- und weiblicher Eizelle die Grundlage für den physischen Leib des neuen Wesens gelegt; gleichzeitig geschieht dabei aber der geheimnisvolle Vorgang der »Vereinigung« von Himmel (Geist) und Erde (Körper), wenn eine *Individualseele* aus der geistigen Welt in diesen gezeugten Erdenkörper eindringt – die Materie wird »beseelt«. Im Alten Testament finden wir den Vorgang der Beseelung des Menschen in der Schöpfungsgeschichte wieder: Gott haucht den ersten Menschen Adam und Eva den »Lebensodem« ein.

Hat nun eine *Befruchtung* stattgefunden, wächst während der *Schwangerschaft* das gezeugte neue Leben *innen*, im *Verborgenen* heran. Im Innern bereitet sich vor, was als neues Leben dann später in Erscheinung treten wird. Es gibt verschiedene Ansichten darüber, wann sich die Seele mit dem Embryo vereinigt. Die einen meinen, daß die Beseelung erst im dritten Schwangerschaftsmonat stattfindet, die anderen sagen, daß eine sofortige Verbindung von Seele und gezeugtem Wesen bestehe. Unbestritten ist es mittlerweile, daß das ungeborene Kind im Mutterleib bereits Empfindungen hat und auf die positiven wie negativen Gefühle der Mutter und deren näherem Umfeld reagiert und dadurch geprägt wird.

Weit häufiger als mit realen Kindern gehen wir – Männer genauso wie Frauen – mit »seelischen Früchten« schwanger. Wir verstehen darunter das Heranreifen unseres Schicksals in der Tiefe unserer Seele. Hier im Verborgenen des Unbewußten formt und entwickelt sich, was dann später scheinbar schicksalhaft von außen auf uns zukommt. Was ins Außen »hineingeboren« wird, ob Mensch, Situation, Krankheit, Glück oder Unglück, damit sind wir vorher »schwanger gegangen«. Jeder Schwangerschaft im Traum ist daher besonderes Augenmerk zu widmen. Der Traumkontext und die Lebenssituation des Träumers zeigen, womit der Betreffende schwanger geht. Meist sind solche Träume sehr positiv zu bewerten, zeigen sie doch an, daß etwas Neues in uns heranreift, dessen wir uns wahrscheinlich noch gar nicht bewußt sind. Was da im Dunkel der Seele langsam Gestalt annimmt, kann eine neue Möglichkeit, Idee, Lebendigkeit, Freiheit und vieles mehr sein.

KREBS ist der Archetyp der *weiblich-empfangenden* Wesenskraft und damit die Voraussetzung für *Beeindruckbarkeit* und *Aufnahmebereitschaft*. Der Planet des KREBSES ist der MOND (Frau Luna – in vielen Sprachen zutreffenderweise weiblich), der in »hingebungsvoller Weise« die Sonnenstrahlen widerspiegelt. Wenn wir hier von *weiblicher* Seite oder Energie sprechen, dann ist damit nicht nur die reale Frau, sondern vielmehr die innere Frau, die *Anima*, gemeint, die wir unabhängig von unserer körperlichen Geschlechtszugehörigkeit alle in uns tragen.

In Ergänzung zu WAAGE/VENUS, der erotischen Komponente des Weiblichen (»die Geliebte«), stellt KREBS/MOND die *empfangende, aufnahmebereite* »mütterliche« Seite dar. »Mütterlich« ist hier im umfassenden Sinne gemeint und nicht nur auf die nährende oder bewahrende Funktion (= STIER) beschränkt. Es ist die *Urmutter* oder *Große Mutter* auf archetypischer Ebene, deren irdische Entsprechung die leibliche Mutter und deren psychisches Gegenstück die »innere Mutter« ist. Dieser Archetyp ist eine *Seelenmacht* und rational nicht zu fassen, nur im Gleichnis zu erahnen. Das *»Tao Te King«* findet dafür folgende poetische Worte:

»Der Geist des Tales ist unsterblich,
Er ist die Urmutter.
Ihr Tor ist die Wurzel von Himmel und Erde.
Ein schwebender Schleier, kaum zu sehen.
Nimm ihn; es wird niemals fehlschlagen.«

Das Wesen des Mütterlichen im KREBS ist die *Empfangsbereitschaft, Offenheit* und *seelische Nähe* für das Kind. In der Mutterbeziehung entwickelt das junge Menschenwesen im positiven Fall das nötige *Vertrauen* ins Leben und in sich selbst. Anfangs dient die leibliche Mutter für das Kleinkind notwendigerweise als Projektionsfläche für seine eigenen Gefühle. Die wesentliche Aufgabe zur Lösung des KREBS-Rätsels besteht nun darin, diese Projektion allmählich aufzulösen und seine *ureigenen Gefühle* zu erschließen, die eigene weiblich-empfangende Wesensseite zu integrieren.

Die Welt der Mutter beziehungsweise des Mütterlichen ist der innere Bereich. Äußerlich betrachtet ist es das Heim, in der das mütterliche Prinzip (auch des Mannes!) »regiert«. Oder etwa »Mutter Kirche« als Symbol für die Inwendigkeit, im Gegensatz zu »Vater Staat« (STEINBOCK). Die entscheidende – tiefere – Ebene ist beim KREBS jedoch die *seelische* Dimension und damit der innere Seelenraum, die seelische Heimat.

Initiation in die KREBS-Energie

*Die geheimnisvolle Seelenkraft des KREBSES,
nachempfunden von der Künstlerin ELVIRA WALSCH.*

Auf der Ebene der ZWILLINGE befanden wir uns in der Welt der Gedanken, Theorien und Abstraktionen, mit dem KREBS springen wir ins Wasser der *lebendigen Erfahrung*, des *Erfühlens* der Dinge, der atmosphärischen Wahrnehmung. Auf der ZWILLINGE-Ebene lesen wir nach, informieren wir uns, wie das Meereswasser beschaffen ist, welche Gefahren drohen, welche günstigen Wirkungen ein Bad haben würde. KREBS ist die nächste Stufe – hier tauchen wir ein in diese vormals gedanklich vollzogene Erfahrung und sind *mittendrin*. Die »Kunst« hierbei besteht in der heutigen veräußerlichten Welt im besonderen Maße darin, diesen Zustand lange genug zuzulassen und auszuhalten. Nicht gleich alles analysieren und wissen wollen, nicht zu schnell etwas akzeptieren oder ablehnen, sondern zunächst *fühlen*, ohne diese inneren Regungen gleich in gut oder schlecht einzuteilen und den (scheinbar) schlechten Pol auszugrenzen.

Zu der Notwendigkeit, sich auf Erfahrungen *einzulassen*, über das Leben nicht nur zu spekulieren, sondern es auszukosten, lesen wir in »*Faust II*« von GOETHE:

»Kommt, von allerreifsten Früchten,
mit Geschmack und Lust zu speisen!
Über Rosen läßt sich dichten,
in die Äpfel muß man beißen.«

Mit dem KREBS als dem seelischen Element betreten wir die Welt der *Symbole*. Jede äußere Form, Gestalt oder Situation ist neben ihrem konkreten, faßbaren Wesen gleichzeitig Sinnbild für eine *innere Wirklichkeit*. Diese ist rational nicht zu fassen, sondern über die Symbolik als Brücke intuitiv zu erspüren. »Nur durch das Symbol kann das Unbewußte erreicht und ausgedrückt werden«, schreibt C.G. JUNG in »*Das Geheimnis der goldenen Blüte*«. Das Unbewußte »denkt« symbolisch, was weitreichende Konsequenzen für unsere Lebensführung hat. Unsere Seele nimmt die Welt eben mit ganz anderen »Augen« wahr, als das unser Ich-Bewußtsein mit dem Verstand tut! Auf seelischer Ebene mag ein bestimmtes Geschehen weit mehr Bedeutung – positive wie negative – haben, als wir das gedanklich nachvollziehen können. Lauschen wir der »Sprache« der Gefühle und Träume, dann werden wir die seelische Tragweite der alltäglichen Erfahrungen realisieren.

Die ehemalige JUNG-Mitarbeiterin ANIELA JAFFÉ versteht den Symbol-Begriff im weitesten Sinne: »Der ganze Kosmos ist ein potentielles Symbol.

Initiation in die KREBS-Energie

Wie die Symbolgeschichte zeigt, kann alles eine symbolische Bedeutung annehmen: das Reich der Natur mit Stein, Pflanze, Tier und Mensch, mit Licht und Gestirnen, Berg und Tal sowie den vier Elementen; vom Menschen geschaffene Dinge, wie Gefäß, Schiff und Tisch, Turm und Haus, Ring und Schwert, und schließlich auch geometrische Formen, wie Dreieck, Quadrat, Kreis und Punkt, sowie ihre numerischen Äquivalente, die Zahlen« (aus: »*Der Mensch und seine Symbole*«, JUNG u. a.; Seite 232). Weitere Ausführungen zum Symbol finden sich im Einführungsband.

Im Bereich des KREBSES, der Seele, sind unsere Vorstellungen von der »Wirklichkeit der Dinge« aufgehoben. Was ist für die Seele wirklich? C.G. JUNG schreibt dazu: »Gibt es für die Seele etwas, das wir als Illusion bezeichnen dürften? Für die Seele ist sie vielleicht eine wichtige Lebensform, eine Unerläßlichkeit, wie der Sauerstoff für den Organismus. Was wir ›Illusion‹ nennen, ist vielleicht eine seelische Tatsächlichkeit von überragender Bedeutung. Die Seele kümmert sich wahrscheinlich nicht um unsere Wirklichkeitskategorien. Für sie scheint in erster Linie wirklich zu sein, was wirkt« (Aus: »*Praxis der Psychotherapie*«, Seite 55).

Als moderne, aufgeklärte Menschen neigen wir dazu, die *innere Welt* und deren Angelegenheiten als bloße »Einbildungen« abzuwerten. Wir huldigen der äußeren Form und vergessen den *inneren Gehalt* der Dinge. Eben darum erscheint mir gerade die *Traumarbeit* als ein stimmiger Weg, um uns wieder in Verbindung mit unserer Inwendigkeit zu bringen. Erkennen wir die Träume als individuelles »Sprachrohr der Seele«, kommt die unterbrochene Kommunikation zwischen Bewußtsein und Unbewußtem wieder in Gang. Und dadurch, daß wir uns der *inneren Natur* annehmen, leisten wir auch einen wesentlichen Beitrag zur Erhaltung und Heilung unserer natürlichen äußeren Umwelt.

KREBS ist ein Zeichen, das sich dem nach außen gerichteten Blick verschließt und immer ein *Geheimnis* bleiben wird. Wiederentdeckt wurde diese Seite des Daseins, die im Zuge der Aufklärung verdrängt wurde, vor allem in der Epoche der *Romantik*. Die Romantiker entdeckten die Welt des Traums als Ausdruck einer *subjektiven* Welt des Halbbewußten beziehungsweise Unbewußten. NOVALIS, ein bedeutender Vertreter dieser Zeit, verkündete in seinem »*Heinrich von Ofterdingen*«: »Nach innen geht der geheimnisvolle Weg, in uns oder nirgends ist die Ewigkeit mit ihren Welten, die Vergangenheit und Zukunft.« In diesem Roman schildert NOVALIS das Wirklichwerden eines Traumes; die »blaue Blume« aus Heinrichs Traum wurde *das* Symbol der Romantik.

Runden wir wir unser Bild des KREBS-Archetypen durch Naturbeobachtungen im KREBS-Monat ab und betrachten die Vorgänge in der äußeren Natur als Spiegel der inneren Prozesse. Nach der Wiedergeburt der Natur im WIDDER-Monat (Frühlingsanfang), der Phase des Wachstums im STIER und der Blüte in den ZWILLINGEN ist mit der Periode des KREBSES die Zeit der Befruchtung und Schwangerschaft gekommen. Die Phase während der die Natur (in unseren Breiten) »schwanger« ist, bildet der Monat, in dem die SONNE das Zeichen des KREBSES durchwandert.

Das Sigel des KREBSES

Das Sigel des KREBSES bilden zwei sich schräg gegenüberstehende Kreise, denen zwei Bögen entspringen, die wiederum zum gegenüberliegenden Ring hinführen. Bedeutete das vorangegangene Zeichen ZWILLINGE die grundlegende Polarität des Lebens, ist im KREBS-Sigel das Aufeinanderzustreben der Pole angedeutet. YIN und YANG bleiben nicht auf Dauer getrennt, sondern drängen im KREBS zueinander, um sich gegenseitig zu *befruchten*. Im Sigel ist der Akt der *Zeugung* eines neuen Wesens ausgedrückt: Der männlich-schöpferische YANG-Kraft (oberer Kreisbogen) bewegt sich nach unten auf die weiblich-empfangende YIN-Energie zu, während die YIN-Seite in dem nach oben geöffneten Bogen der männlichen Seite entgegenkommt, sich ihr öffnet. Kosmisch betrachtet ist hier der Vorgang der Vereinigung von Himmel und Erde, von Geist und Leib-Seele dargestellt. Auf die irdische Ebene übertragen, ist es der Geschlechtsakt, der die Voraussetzung für einen neuen Körper und die Beseelung dieses Körpers zu schafft. So vermögen wir in diesem Bild auch ein Aufeinanderzustreben oder sogar eine Vereinigung von männlichem Samen und weiblichem Ei zu erkennen.

Es handelt sich bei diesem schöpferischen Zeugungsvorgang allerdings noch nicht um die endgültige Überwindung der Dualität, wie das bei dem labilen Wasserzeichen der FISCHE der Fall ist. In den beiden Kreisen blicken sich vielmehr zwei »Individuen« an, die sich miteinander vereinigen, ihre Identität dabei jedoch beibehalten – die Bögen reichen zwar nahe an den gegenüberliegenden Kreis heran, verschmelzen mit diesem jedoch nicht. Hier ist das KREBS-Prinzip der *Individualseele*, die sich von den anderen Individualseelen unterscheidet ausgedrückt.

Das Sigel zu malen ist eine Möglichkeit, sich in das KREBS-Prinzip einzufühlen. Wenn wir uns für eine Weile darauf einlassen und die Gestalt dieses Symbols immer wieder nachvollziehen, werden innere Reaktionen nicht ausbleiben. Erscheint uns das Sigel im Traum, stellen wir fest, in welchem Zusammenhang es auftaucht. Abweichungen von der »Norm« können auf ein individuelles KREBS-Thema hinweisen; wenn etwa die Kreise oder Bögen verschieden groß sind, könnte dadurch ein Ungleichgewicht symbolisiert sein.

KREBS – das kardinale Wasserelement

Die Kraft, die das Wasserelement *initiiert*, wurde von unseren Vorvätern in dem Symbol der KREBSES ausgedrückt. Als das »Geburtszeichen« der Wasserenergie steht es für die Geburt der Individualseele, für die »Niederkunft« der Seelenkraft als geheimnisvolles, inneres Geschehen.

In seinem Gedicht »*Gesang der Geister über den Wassern*« stellt GOETHE die innige Verbindung und Entsprechung von Wasser und Seele her:
»Des Menschen Seele gleicht dem Wasser:
Vom Himmel kommt es, zum Himmel steigt es,
Und wieder nieder zur Erde muß es,
Ewig wechselnd.
Strömt von der hohen, steilen Felswand
Der reine Strahl, dann stäubt er lieblich
In Wolkenwellen zum glatten Fels,
Und leicht empfangen wallt er verschleiernd,
Leisrauschend zur Tiefe nieder.
Ragen Klippen dem Sturz entgegen,
Schäumt er unmutig
Stufenweise zum Abgrund.
Im flachen Bette schleicht er das Wiesental hin,
Und in dem glatten See weiden ihr Antlitz
Alle Gestirne.
Seele des Menschen, wie gleichst du dem Wasser!
Schicksal des Menschen, wie gleichst du dem Wind!«

KREBS – das kardinale Wasserelement

In diesen Worten klingt die fernöstliche Seelenwanderung an: die Individualseele, die ihren Weg zwischen Himmel und Erde geht, immer wieder neu in die Welt der Erscheinungen hineingeboren wird, bis sie schließlich Erlösung aus dem Rad der Wiedergeburten erlangt.

Wenn wir dem Wasserelement das Seelenprinzip zuordnen, dann steht dieser Begriff in Abgrenzung zur Formkraft des Erdelementes, zur Willens- und Bewußtseinskraft des Feuerelementes und zum (Kollektiv-)Geist des Luftelementes; die Elementenlehre hilft uns hier zu differenzieren. Das Wasser nun ist die Quelle und der Ursprung des Lebens. Alles irdische Leben kommt aus dem Wasser; auch das Kind im Mutterleib befindet sich noch eingebettet in dieses Element. Und die Naturwissenschaft hat herausgefunden, daß auf atomarer Ebene der *Wasserstoff* als Urbaustein unserer physischen Welt angesehen werden kann (siehe dazu »*Am Anfang war der Wasserstoff*« von HOIMAR VON DITFURTH). Und im übertragenen Sinne ist mit dem Wasserelement die *astrale Dimension* gemeint, die mit der Seele korrespondiert. Der sogenannte *Astralleib* (Ätherleib) ist der »Körper der Seele«, der aus »psychischem Material« gewebt ist.

Die *kardinale Phase* eines jeden Elements hat »feurige«, »entzündende«, das heißt *initiatorische* Wirkung – im Gegensatz zu den fixen und labilen (veränderlichen) Zeichen. KREBS – das ist die Quelle, das »junge« Wasser, das frisch aus der Erde sprudelt und erst allmählich zu einem Fluß heranwächst, im Gegensatz etwa zu dem fixen Wasserzeichen SKORPION, bei dem wir es mit dem Wasserelement in seiner konzentrierten, »stehenden« Form zu tun haben, oder zu den FISCHEN, die das Wasserelement wieder auflösen. Die *kardinale* Kraftausrichtung dagegen ist eine Phase des Erschaffens und »In-die-Welt-Tretens«. In Verbindung mit dem Wasserelement ist es, wie gesagt, die Seele, die »geboren« wird.

In dem kardinalen Wasserzeichen treten zwei gegensätzliche Prinzipien – die feurige Kardinalkraft und das Wasser – miteinander in Beziehung. Das verleiht den KREBS-betonten Mitmenschen und den KREBS-Entsprechungen ihren oftmals so unberechenbaren, »irrationalen« Charakter. Im Wirken des KREBS-geborenen römischen Feldherrn GAJUS JULIUS CAESAR (geboren am 13.7.100 v. Chr.) finden wir ein extremes Beispiel der »Initialkraft« des KREBSES.

Wie ist das Gesagte nun mit der starken Sensibilität und Verletzlichkeit des KREBSES zu vereinbaren? Wenn sich die kardinale Feuerkraft gegen das empfindsame Wasserwesen richtet, wenn die beiden gegenläufigen Kräfte, statt miteinander zu wirken, sich gegeneinander richten, dann löscht das Wasser das Feuer oder das Feuer verdampft das Wasser. Hier erklärt sich auch das launische Wesen der KREBS-betonten Mitmenschen, ihr Hin und Her zwischen Feuer und Wasser, Tun und Lassen, YIN und YANG ...

Wir leben in einer Welt der Polarität. Das Wasserelement ist die *weibliche Seite* (also der *yinhafte* Pol) *des YIN*. In dieser Differenzierung finden wir die Ahnung bestätigt, daß Weibliches nicht ausschließlich feminin ist und Männliches nicht nur maskuline Züge trägt. Im Gegensatz zum Luftelement, das die männliche Seite des weiblichen Prinzips darstellt, ist das Wasser *durch und durch YIN*.

Da es sich bei allen drei Wasserzeichen um Bereiche des Unbewußten, Nicht-Greifbaren handelt, ist es nicht leicht, ihre Unterschiede bewußt zu erfassen; für unsere Ratio macht es zum Beispiel eben keinen Unterschied, ob wir nicht, gar nicht oder überhaupt nicht greifen können. Die Verschiedenheit läßt sich am ehesten durch Gleichnisse ausdrücken. Das Verhältnis von KREBS und FISCHE etwa läßt sich in dem Spruch »Der Schlaf ist der kleine Bruder des Todes« nachvollziehen. Die individuelle nächtliche Reise in die Traumwelten (KREBS) ist in diesem Sinne eine »Vorübung« für den Augenblick der großen Metamorphose, des »Hinübergleitens« ins »Jenseits« (= FISCHE-Entsprechung).

MOND – Botschafter des KREBS-Archetypen

Die Planeten verkörpern in der Astrologie die lebendig erfahrbaren Wesenskräfte. Als energetische Seite der Tierkreisarchetypen stellen sie eine Verbindung zwischen der Welt der Erscheinungen und den Urbildern her. Der KREBS-Archetyp ist das *Urbild* der *empfangenden Seele* und der *inneren Wirklichkeit* der *Symbole* – und der MOND ist die *Wirkkraft*, die den KREBS-Archetypen in unsere Welt vermittelt, über unsere Gefühle, Träume, Mutterschaft und so fort. Eigentlich müßte es »die MONDIN« heißen, denn es handelt sich hier eindeutig um ein *weiblich-yinhaftes* Prinzip, das in einer Polarität zum männlichen SONNEN-Wesen steht. Die

Franzosen liegen mit der sprachlichen Geschlechterbestimmung da schon treffender, wenn sie ihrer *lune* einen weiblichen Artikel vorausschicken. Einen Eindruck von der astrologischen Bedeutung der MOND-Kraft erhalten wir durch die Betrachtung der astronomischen Gegebenheiten. Mit nur etwa neunundzwanzig Tagen Umlaufzeit durch den Tierkreis – vom geozentrischen Blickwinkel aus betrachtet – ist der MOND-Zyklus absolute Spitze unter den Planeten, was die Schnelligkeit betrifft (im Vergleich dazu benötigt der PLUTO fast 250 Jahre für die gleiche Strecke!). Im übertragenen Sinne läßt sich dadurch auf das ausgeprägte *veränderliche* Wesen der MOND-Energie schließen. Auf der MOND-Ebene der Gefühle und inneren Bilder sind eben »schnellere Bewegungen« möglich als etwa in der irdischen Dimension von Zeit und Raum. Das Bild des MONDES, das uns (von der Erde aus betrachtet) entgegenlacht, wandelt sich in einer derartigen Geschwindigkeit, daß wir in diesem Himmelskörper ein passendes Symbol für *Veränderung* und *Launenhaftigkeit* haben. Nicht zufällig besteht eine enge Wortverwandtschaft zwischen »Laune« und »Luna« (lat. MOND).

Darüber hinaus ist er (»sie«!) von allen Gestirnen in unserem Sonnensystem der Erde am nächsten, was die *Nähe* von Körper (ERDE) und Seele (MOND) veranschaulicht. Betrachten wir das Tierkreiszeichen der ERDE, den STIER, und das MOND-Zeichen KREBS genauer, werden wir die Nähe dieser beiden Prinzipien zueinander feststellen; beispielsweise wenn wir von »Mutter Erde« sprechen. Es gibt sogar wissenschaftlich ernstzunehmende Hypothesen, die davon ausgehen, daß ERDE und MOND in grauer Vorzeit ein einziger Planet waren, der an einem Ende kleiner war als am anderen. Durch Erosionen soll sich dieses kleine Ende allmählich vom größeren getrennt haben, und aus dem größeren Stück wurde die ERDE, während sich aus dem kleineren Teil der MOND formte. Weitgehende astroenergetische Spekulationen lassen sich aus diesen Gedanken knüpfen, etwa die Trennung von Seele (MOND) und Körper (ERDE), von Form (ERDE) und innerem Gehalt (MOND), die damals stattgefunden haben muß.

Der MOND ist das »Licht der Nacht«. Dabei wissen wir alle, daß er selbst nicht strahlt, sondern das Sonnenlicht *reflektiert* – eine überaus deutliche Entsprechung des *passiv-empfangenden, widerspiegelnden* MOND-Wesens; das *empfangende, beeindruckbare* Prinzip in unserer Seele. Über den MOND, also die Seele, wird das gleißend helle Licht des reinen Geistes (SONNE) abgemildert und spiegelt die geistigen Impulse hinein in die Dunkelheit des Unbewußten. Je nach MOND-Phase variiert die Leuchtkraft des Erdtrabanten, und zum Neumond ist gar keine Reflexion der Sonnenstrahlen vorhanden. Das hat natürlich auch eine symbolische Entsprechung für die innerseelischen Vorgänge (wobei es keine Rolle spielt, ob der MOND sichtbar am Himmel strahlt oder Wolken das Nachtgestirn verdecken). Dieses Wechselspiel von SONNE und MOND, mit den Extrempunkten Vollmond und Neumond, ist Sinnbild des Zusammenwirkens von Geist und Seele. Je näher der Zeitpunkt einer Geburt dem Vollmond ist, desto stärker (»sichtbarer«) ist die MOND-Seite und desto größer ist die *Beeindruckbarkeit* dieses Menschen.

Der Neumond ist die Phase der *Initiation*, bei der die neuen (Bewußtseins-)Samen ausgesät werden, die dann während des zunehmenden Mondes heranreifen und bei Vollmond ihre »Blüte« erlangen und integriert werden sollen, um dann bei abnehmendem Mond »geerntet«, das heißt verarbeitet zu werden. Je nach Art und Qualität des Samens und dessen Pflege werden wir entsprechende seelisch-geistige Früchte ernten (»Was ihr säet, werdet ihr ernten«). Dazu einige Inspirationen aus dem Buch »*Mond, Mond*« von ANNE KENT RUSH:

»Unser Monat, unser Mond, beginnt mit dem Neumond oder dem Dunklen des Mondes, mit einer Zeit der Wiedergeburt. Für die drei oder vier Tage, die dem Verschwinden des Mondes vorangehen, ziehen auch wir uns von sichtbarer Aktivität zurück. Wir können diese Gelegenheit nutzen, um uns auszuruhen, still zu sein und die tiefsten, dunkelsten Bewegungen in unserem innersten Selbst zu spüren. In dieser Stille können wir die Saat für die kommenden Wochen in uns keimen lassen. Beim ersten Auftauchen der Mondsichel und einige Tage später feiern wir das Versprechen der Wiedergeburt und fühlen, wie unsere Energie sich nach außen richtet. Der Neumond ist die Zeit, in der die Frauen gewöhnlich menstruieren – ein magisches Bluten ohne Wunde, wenn wir plötzlich die Macht unserer Körperzyklen und unserer kreativen Quellen erfahren.«

Ich möchte ergänzend hinzufügen, daß die körperliche Menstruation der Frauen die physische Seite der »seelischen Periode« ist, die die Vertreter beiderlei Geschlechts im Rhythmus des MOND-Zyklus durchleben.

Der MOND hat eine helle, von der SONNE bestrahlte »Tagseite« und eine dunkle, der Sonne abgewandte »Nachtseite«. Diese astronomische Tatsache läßt uns die beiden Seiten der Seele erahnen: die dunkle, die sich der Materie zuwendet, und die helle, dem göttlichen Geist zugewandte Seite. (Zum Thema SONNE siehe im LÖWE-Band.)

Der Einfluß des MONDES auf die *flüssige* Seite der Welt belegt seine Zugehörigkeit zum Wasserzeichen KREBS. Anders ausgedrückt ist der MOND-Zyklus der »Uhrzeiger« für die *Gezeiten des Lebens*, die ihren deutlichsten Ausdruck in Ebbe und Flut der Weltmeere finden, sich wissenschaftlich aber sogar in einer Kaffeetasse nachweisen lassen und damit natürlich auch in unseren Körperflüssigkeiten wirksam sind.

Die »Welt« der MOND-Energie ist eine Dimension jenseits von Zeit und Raum, jenseits des rationalen, logischen Denkens. Alles ist *beseelt* und durchdrungen von *Geheimnis* und *Sphäre* (und damit natürlich auch besonders anfällig für Illusion und Täuschung!). Jede Handlung ist *Ritual* für eine *tiefere, seelische* Wirklichkeit. Das zu begreifen, zu erfühlen und im Alltag bewußt zu erleben, kann unserem Leben wieder Tiefe und Bedeutung geben, uns unsere innige Verbindung mit dem Kosmos spüren lassen. Die Geheimnisse des Lebens liegen unscheinbar in den Dingen *verborgen* und offenbaren sich nicht mit Pauken und Trompeten!

Astroenergetisch betrachtet läßt sich der Bereich der *Gefühle* in Verbindung mit dem KREBS-Planeten MOND verstehen: Wie der MOND die Sonnenstrahlen reflektiert, so spiegelt unsere Seele mittels der Gefühle das wider, was uns von außen »anstrahlt« (versinnbildlicht in gegenüberstehender Abbildung). Auf höchster Ebene ist es das göttliche Geistprinzip (SONNE), das von der Individualseele aufgenommen und reflektiert wird. Da wir aber nicht nur die göttlichen Einflüsse in unsere Seele (MOND-Bereich) einlassen, wird unsere Seele von einer Vielfalt von verschiedenen Lichtern – klaren und trüben – angestrahlt. Je klarer der »innere Spiegel« ist, desto reiner sind die Reflexion und das Gewahrwerden der Gefühle; je trüber und unklarer, desto schwerer sind die Gefühle zu fassen und zu verstehen. Ein wesentlicher Schritt zur Lösung des KREBS-Rätsels besteht demnach darin, unseren inneren (MOND-)Spiegel »blank zu polieren«.

Mit der Kraft des MONDES ist jeder von uns, ob Mann oder Frau, auf individuelle Weise verbunden. Die Tierkreisstellung des MONDES charakterisiert die *Färbung, Prägung* beziehungsweise *Veranlagung* dieser Wesensseite, zum Beispiel

- unseren persönlichen Zugang zur Welt des MONDES;
- welches »Kleid« unsere *Anima* trägt, das heißt, von welchem Tierkreiszeichen die Anima besonders geprägt und beeinflußt ist;
- die Art und Weise unserer *seelisch-unbewußten* Identifikationen;

MOND – Botschafter des KREBS-Archetypen

- wie wir *Mütterlichkeit* vor allem erfahren (möchten) und unsere eigene Art, *mütterlich* zu sein;
- was wir vor allem brauchen, um uns *wohl zu fühlen* und uns zu *öffnen*;
- wovon unser *Vertrauen* (ins Leben) im besonderen Maße abhängt, was uns Vertrauen gibt;
- welcher Bereich besonders mit *Kindheit* und *Vergangenheit* verbunden ist;
- welcher Bereich uns besonders *nahe* ist beziehungsweise wo wir *Nähe* suchen;
- die Prägung unserer *inneren Natur* und unser Zugang dazu;
- die *subjektive gefühlsmäßige* Reaktion auf unsere Wahrnehmungen (Umweltreize) und wie wir diese »verdauen«;
- den Bezug zu unseren *Gefühlen*;
- welche *Gefühle* wir besonders anziehen und »nachfühlen«;
- womit wir *gefühlsmäßig* stark *verbunden* sind und auf welcher Ebene sich unsere Gefühle besonders stark zu Wort melden;
- wo wir zu *Symbiose* neigen;
- welcher Art unsere innigsten *Wünsche* sind;
- wie wir (körperliche, geistige, seelische) *Schwangerschaften* empfinden und darauf reagieren;
- wie wir an *seelisch-gefühlsmäßige* Situationen herangehen (eher intuitiv entspräche einem Luft-MOND, rational einem Erd-MOND, impulsiv einem Feuer-MOND, gefühlsbetont einem Wasser-MOND);
- was wir gerne *träumen* beziehungsweise das persönliche »Webmuster« der *Träume*.

Weitere Entsprechungen kann der Leser aus dem Inhalt des Buches bei Bedarf selbst ableiten.

Je nach Tierkreiszeichen sind die genannten Punkte unterschiedlich geprägt. Beispiel: Einem WIDDER-MOND entspricht ein eher impulsives, ungeduldiges Gefühlsleben, der Betreffende *fühlt* sich zunächst meist *eckig* an, während ein STIER-MOND immer ein gewisses Maß an Sicherheit braucht, um sich wohl zu fühlen und zu öffnen. Ein STIER-MOND lebt Gefühle besonders stark durch den Körper aus (somatisiert sie), bei MOND in den ZWILLINGEN spielen sich die Gefühle eher im Kopf ab und so weiter.

Die Häuserstellung des MONDES zeigt an, in welche Richtung sich die »angeborene« Fühlweise entwickeln und modifizieren soll, etwa wenn ein

Erdhaus (zweites, sechstes und zehntes Haus) zu mehr Realitätsbezug auffordert oder ein Feuerhaus (erstes, fünftes und neuntes Haus) die Seele mit Bewußtseinsimpulsen konfrontiert. Weiterhin zeigt das Haus die *Lebensbereiche* und *Aufgabenstellungen* an, durch die der einzelne die MOND-Energie (und seine Entsprechungen!) direkt und individuell in seinem Dasein erfährt. Bei MOND im ersten Haus (WIDDER-Haus) wird unsere Seele durch *neue Impulse* und *erstmalige Situationen* besonders stark stimuliert, während bei MOND im siebten Haus (WAAGE-Haus) Belange der Partnerschaft in besonderem Maße auf die Seele einwirken. In der Auseinandersetzung zwischen Tierkreis- und Häuserposition soll sich unser MOND-Wesen weiterentwickeln und »zu sich selbst finden«.

Die MOND-Position läßt sich durch die Ephemeriden oder den Astrokalender ausmachen. MOND-Energie ist – parallel zum Vorhandensein des Planeten MOND im Tierkreis – in variierenden »Gewändern« ständig vorhanden. KREBS und MOND beinhalten dieselben Qualitäten, und wenn wir in diesem Buch von KREBS-Energie oder MOND-Kraft sprechen, so sind diese Bezeichnungen austauschbar. Der Unterschied besteht in der *Ebene*, auf der die Tierkreiszeichen und Planeten wirken. Die Archetypen als Urbausteine des Seins entziehen sich unserer bewußten Realisation, während die Planeten sozusagen als Bindeglieder zwischen der menschlichen Psyche und den (im Hintergrund der Schöpfung wirkenden) Tierkreis-Energien fungieren. Der MOND ist der Botschafter des KREBS-Archetypen. Als »Göttin der Nacht« und Repräsentant der »wäßrigen« Seelenwelt ist er wie geschaffen für dieses Amt. Im himmlischen Kabinett fungiert er als *Familien-, Sozial-* und *Umweltminister* und sorgt dafür, daß die *natürliche, zarte* Seite des Daseins genügend geachtet und geschützt wird.

Im *Geburtshoroskop* deuten wir die MOND-Stellung als das generelle Lebensrätsel, das wir im Laufe dieser Inkarnation zu lösen haben. Auf der Ebene des *Solar-* oder *Jahreshoroskopes* – vor allem bei KREBS-Aszendent oder SONNE im KREBS-Haus – beziehen wir die obigen Feststellungen auf das jeweilige Lebensjahr, in dem das Solar gültig ist. Eine KREBS-/MOND-Betonung im Solar weist darauf hin, daß in diesem Jahr *KREBS-hafte* Themen im Vordergrund stehen werden und wir die Dinge mit mehr *Gefühl* anpacken sollen. Wir müssen besonders mit den Wirkungen des *Unbewußten* rechnen und sollten jetzt unseren Blick für die *innere* Seite des Lebens schärfen.

Im *Compositehoroskop* gelten diese Aussagen im Hinblick auf die MOND-Seite der Partnerschaft – den »Beziehungs-MOND« sozusagen, und die MOND-Stellungen im *astrologischen Partnervergleich* geben an, wo wir die MOND-Kraft des Partners am deutlichsten spüren und wie diese uns berührt. Ein KREBS-Aszendent im Composite etwa kann Ausdruck dafür sein, daß die Außenwirkung der Beziehung *gefühlsbetont* ist und eine *Sphäre* hat. Es kann aber auch bedeuten, daß die Partnerschaft von *unbewußten* Elementen beherrscht wird und sehr *irrational* wirkt. In jedem Fall ist dieses individuelle »Beziehungsrätsel« eng mit der KREBS-Energie verknüpft und braucht entsprechend Raum zum Ausdruck. Die SONNE im vierten (= KREBS-)Haus des Compositehoroskop kann darauf verweisen, daß die Betreffenden ein gemeinsames Heim gründen und KREBS-Themen eine zentrale Rolle in der Beziehungsentwicklung spielen werden.

MOND-*Transite* durch die Häuser unseres Geburtshoroskops zeigen an, in welchen Lebensbereichen sich die genannten Themen *momentan* am deutlichsten offenbaren. MOND-Transite auf die Planeten lassen uns wissen, welche Wesensseiten derzeit besonders stark mit dem *Unbewußten* beziehungsweise den *Gefühlen* in Verbindung stehen – bei MOND in Konjunktion mit dem Natal-MARS wird beispielsweise die Triebseite *gefühlsmäßig* erfahren.

Die MOND-Ebene bietet sich wegen der Schnelligkeit dieses Himmelskörpers als gutes Übungsfeld für die Beobachtung von Transiten an. Einmal pro Monat durchläuft der MOND unser Geburtshoroskop und läßt uns *gefühlsmäßig* oder im Traum erfahren, wie wir zu den einzelnen Lebensthemen stehen. Entwickeln wir dafür eine Sensibilität, erkennen wir rechtzeitig, was sich da im Unbewußten »zusammenbraut«, und wir sind in der Lage, Veränderungen, wenn nötig, rechtzeitig herbeizuführen, bevor der »Schicksalsplanet« SATURN uns mit den Konsequenzen unseres (unbewußten) Tuns konfrontiert (siehe dazu den STEINBOCK-Band).

Die häufige Transitierung unserer Horoskopkonstellationen durch den MOND, das heißt die häufige Auslösung unserer Lebensrätsel auf der Gefühlsebene, läßt uns ein *Gespür* dafür bekommen, wenn wir nur lernen, aufmerksam zu sein. Wenn wir etwa feststellen, daß wir bei jedem MOND-Transit auf den MARS im Geburtshoroskop einen Tobsuchtsanfall bekommen, sind wir für weitere dieser kritischen MOND-Positionen gewappnet und lernen, die Aggressionen rechtzeitig zu spüren und anders damit umzugehen. Weitere Ausführungen zu den genannten Methoden finden sich im

Einführungsband. Zur Deutung der *individuellen* MOND-Konstellation empfehle ich dem Leser, die Aussagen zum MOND-Prinzip mit den Darstellungen »seines MOND-Zeichens« im entsprechenden Band dieser Reihe zu kombinieren. Beispiel: MOND im SKORPION im fünften Haus (LÖWE-Haus) – die Themen im SKORPION-Band beschreiben für diesen Zeitgenossen die *anlagemäßige Prägung* der MOND-Kraft; und das LÖWE-Buch gibt Auskünfte zu den *Umwelteinflüssen* und *Lebensaufgaben*, die sich der MOND-Energie in dieser Existenz gegenüberstellen, und nennt die Lebensbereiche/Umfelder, in denen diese Kraft am deutlichsten erfahren wird und wirkt. Durch diese indviduelle Vorgehensweise wird der Leser nicht durch Schubladendeutungen entmündigt, sondern ist bei der Lösung seiner Lebensrätsel selbst zur aktiven Mitwirkung aufgefordert.

Das Sigel des MONDES

Unschwer erkennen wir im MOND-Sigel die traditionelle Abbildung unseres Nachtgestirns, wie es vor allem auch von Kindern gezeichnet wird. Seine Form als *Halbkreis* bildet die Polarität zum Kreis der SONNE und verkörpert das *aufnehmende, rezeptive* YIN-Prinzip. Als »Viertel-Mond« abgebildet, weist er auf das veränderbare, fließende Wesen des Seelischen hin. In seiner zunehmenden Gestalt wendet der MOND die konkave Seite nach links und die konvexe Ausformung nach rechts. Diese Ausrichtung beider Seiten entspricht dem BUDDHA-Zitat »Die Seele soll in der Welt sein und nicht die Welt in der Seele«. Die Schale ist nach links geöffnet, was der Ausrichtung nach innen, dem Bezug auf die »innere Stimme« entspricht. Der Außenwelt (rechte Seite) wendet der zunehmende MOND seinen »Bauch« wie einen Schutzschild zu; er läßt die Welt sich zwar auf seiner Oberfläche spiegeln, verhindert jedoch ein Eindringen »weltlicher Reize« in den heiligen Bereich des »inneren Mandala«. Weiterhin verbinden wir mit dem zunehmenden MOND seelisches Wachstum, das wir ja alle mehr oder minder anstreben.

Lesern, die sich mit Astrologie beschäftigen und mit deren Symbolik eng vertraut sind, mag vielleicht das MOND-Sigel als Traumbild erscheinen, wenn es um die Integration dieses Archetypen geht. Ich träumte beispielsweise in einem KREBS-Monat von einer Verkehrsampel, deren grünes Feld mich in Form eines MONDES anlachte und die das Überqueren einer Traumstraße, das heißt ein seelisches »Weiterkommen« signalisierte. Ein Seminarteilnehmer, der im Traum an der Bluse einer Frau einen Anstecker mit MOND-Sigel anbrachte, wurde damit symbolisch auf seine Mutterprojektion hingewiesen.

KREBS/MOND in ihrer erlösten und unerlösten Form

Wenn wir an dieser Stelle die erlösten (entwickelten) und unerlösten (unentwickelten) Seiten gegenüberstellen, dann tragen wir der Polarität des irdischen Daseins Rechnung. Es sind die beiden Enden der Skala, wie die KREBS-/MOND-Energie in Erscheinung treten kann. Zwischen diesen Extrempunkten der Licht- und Schattenseiten gibt es natürlich viele Abstufungen, so wie der Mensch bei seiner Entwicklung unterschiedliche Reifegrade durchlebt. Wenn wir versuchen herauszufinden, wo wir uns in den genannten Gegensätzen befinden, ist es wichtig, auch die dunkle Seite dieser Kraft (in den Volksmärchen als »verwunschen« oder »verhext« bezeichnet) zunächst zu akzeptieren. Denn würden wir sie negieren, beraubten wir uns gleichzeitig ihrer hilfreichen Kräfte, die darin schlummern und auf ihre Entfaltung warten. Die positiven und negativen Aspekte der Tierkreiszeichen lassen sich nicht voneinander trennen, sondern sind die zwei Seiten der gleichen Medaille, deren dunkles und helles Antlitz sozusagen, wie der MOND ja auch eine dunkle und eine helle Seite hat. Verdrängen wir ein Urprinzip in die

Katakomben der unbewußten Psyche, etwa aus falscher Moralität, dann wird es – nach dem Gesetz der Polarität – zwangsläufig sein Schattengesicht zeigen. Akzeptieren wir dagegen seine Existenz als Teil des kosmischen Reigens, dann wird es uns in der Lebensbewältigung beistehen, *ohne* daß sich dies negativ auf die Umwelt auswirken müßte. Astrologisch gesehen ist die Erlösung des KREBS-Rätsels eng mit der Integration des oppositionellen STEINBOCK-Archetypen verbunden. Beispielsweise wenn es darum geht, den KREBS-Bereich (unsere Gefühle und Wünsche) zu erkennen, zu desillusionieren, das Wesentliche herauszufiltern und zu verwirklichen (STEINBOCK).

KREBS/MOND

erlöst/entwickelt:		*unerlöst/unentwickelt*:
Sensibilität	–	Sentimentalität/Gefühlsduselei
Muße	–	Faulheit
Vertrauen	–	Vertraulichkeiten
Heimeligkeit	–	Heimlichkeiten, Heimtücke
Seligkeit	–	Ich-Schwäche
Vergangenheitsbezug	–	Vergangenheitsfixierung
Mütterlichkeit	–	Vereinnahmung
Innenschau	–	Regression/Rückschritt
Natürlichkeit	–	Fortschrittsfeindlichkeit
seelische Sphäre	–	magische Ängste
Aufnahmefähigkeit	–	Undifferenziertheit
Weichheit/Zartheit	–	Schwammigkeit
Wandlungsfähigkeit	–	Launenhaftigkeit
Anima-Integration	–	*Anima*-Besessenheit
seelisches Reaktionsvermögen	–	geistige Dumpfheit
guter Bezug zum Unbewußten	–	Überflutung durch das Unbewußte
Mut zur Nähe	–	Symbiose/Abhängigkeit
Mitgefühl	–	Distanzlosigkeit
Schaffung einer Intimsphäre	–	uangebrachte Intimitäten
Offenheit	–	Kritiklosigkeit

erlöst/entwickelt: *unerlöst/unentwickelt:*

Empfindungsfähigkeit	–	Empfindlichkeit, Beleidigtsein
Schlichtheit	–	Dummheit
Phantasie	–	Realitätsferne
Rücksicht	–	Rückständigkeit

Auf welcher Seite der Medaille wir uns befinden, hängt vor allem davon ab, ob wir den KREBS-Archetypen verdrängen oder an seiner Integration arbeiten. Auch KREBS-betonte Personen mögen feststellen, daß ihnen die oben genannten Fähigkeiten gar nicht so vertraut sind. Das liegt in unserer heutigen schnellebigen und veräußerlichten Zeit meist an einer Unterdrükkung dieses Urprinzips, dessen Auswirkungen wir in der äußeren wie in der inneren Naturvergiftung zu spüren bekommen.

Wenn Sie Eigenschaften der rechten Seite der Skala an sich und Ihrem Verhalten entdecken, ist das kein Grund, diese abzulehnen oder zu verurteilen.

*Die Abbildung zeigt eine Karikatur des KREBS-Prinzips
(aus: »ZOODIAC« von R*ONALD *S*EARLE*).*

Versuchen Sie statt dessen, sich langsam auf die linke Ebene zuzubewegen, indem Sie die unterentwickelten Kräfte kultivieren. Wenden Sie sich bewußt diesen Themen zu und erkennen Sie vor allem auch, was an positivem Potential in den negativen Aspekten steckt. Wenn Sie beispielsweise durch Ihre Träume eine *Überempfindlichkeit* widergespiegelt bekommen, dann machen Sie sich klar, daß diese unerlöste MOND-Entsprechung lediglich die Schattenseite der Fähigkeit zu *fühlendem Empfinden* ist. Beispiele dazu finden Sie im Traum-Kapitel und natürlich in Ihren eigenen Träumen sowie im Alltagsleben.

Das Haus des KREBSES: das vierte Haus

Das vierte Haus beginnt im äqualen Häusersystem, das wir in der energetischen Astrologie verwenden, bei Grad dreißig des dritten Hauses (= null Grad des vierten Hauses) und wächst gegen den Uhrzeigersinn an, bis es bei einer Ausdehnung von seinerseits dreißig Grad den Endpunkt erreicht, wo das fünfte Haus beginnt.

Nachfolgend einige Beispiele zur Bedeutung des vierten Hauses; es wird durch das jeweilige Tierkreiszeichen, in das es fällt, und durch die Planetenstellungen darin modifiziert:

o Es hat als kardinales Haus *initiierende* Qualität, was sich auf das Tierkreiszeichen und die Planeten im vierten Haus entsprechend auswirkt.
o Als Wasserhaus beschreibt es die *seelisch-unbewußte* Dimension.
o In der Felderwanderung nach dem Sechsjahreszyklus beinhaltet es die Art und Weise der Erfahrungen der Lebensjahre achtzehn bis vierundzwanzig.
o Es betrifft die Lebensbereiche und Entsprechungen des KREBS-Archetypen (siehe dazu 2. Kapitel) und zeigt beispielsweise an, wie unsere *leibliche Mutter*, unser *Familienleben*, *Milieu* und unsere *Vergangenheit/Kindheit* im allgemeinen in unser Dasein hineingewirkt haben.

Planeten und Zeichen im vierten Haus zeigen,
o welche Bereiche wir *beseelen* oder mit einer *Sphäre* umgeben sollen;
o wo wir mehr *Natürlichkeit* oder *Mütterlichkeit* entwickeln sollen;
o wo wir *empfindlicher* beziehungsweise *empfindungsfähiger* werden sollen;
o wo wir die *seelischen Belange* mehr berücksichtigen müssen;

- in welche Bereiche das *Unbewußte* direkt hineinwirkt oder hineinwirken soll;
- was uns insbesondere *unbewußt* ist beziehungsweise was wir mehr im *Gefühl* belassen sollten;
- wofür wir *einfühlsamer* werden beziehungsweise in was wir uns mehr *einfühlen* sollten;
- womit wir »*schwanger* gehen« (sollten), was sich *im Verborgenen* entwikkelt;
- für welche Themen und Bereiche wir besonders *aufnahmebereit* sein sollten;
- was »*weicher*«, *fließender* werden soll.

Je besser wir die Aufgaben des vierten Hauses erfüllen, desto deutlicher werden wir die obigen Aussagen nachvollziehen können. Allerdings sollten wir darauf achten, daß die Qualitäten des betreffenden Tierkreiszeichens, das mit dem vierten Haus zusammenhängt, nicht vernachlässigt werden. Die Lösung liegt darin, ein Gleichgewicht zwischen der Häuser- und der Tierkreisebene herzustellen.

Haben wir etwa das LÖWE-Zeichen im vierten Haus konstelliert, dann geht es vor allem darum, das Unbewußte stärker in das (Selbst-)Bewußtsein einzubeziehen, etwa durch Traumarbeit die Inhalte des Unbewußten und die Gefühle auf unser Selbstbild einwirken zu lassen. Planeten, die hier stehen, zeigen die Wesensteile an, welche diesem Aufeinandertreffen von Bewußtseinskraft und Unbewußtem am direktesten ausgesetzt sind. Steht etwa der MERKUR im LÖWE-/vierten Haus, ist der Intellekt am direktesten davon berührt und der Konflikt wird sich hauptsächlich auf Gedankenebene abspielen.

SONNE, MOND und Aszendent im KREBS

Ist unser Sternzeichen KREBS, dann sind wir im KREBS-Monat geboren und finden im Geburtshoroskop die SONNE in diesem Zeichen gestellt. Die Aussage, man *sei* ein KREBS, trifft natürlich nur begrenzt zu. Tatsache ist, daß wir an allen zwölf Archetypen des Tierkreises teilhaben, doch das SON-

NEN-Zeichen hat *überragende, zentrale* Bedeutung für diese bestimmte Existenz, ob wir das nun wissen oder nicht!

Zeitgenossen mit KREBS-SONNE sind vor die Aufgabe gestellt, sich mit der KREBS-/MOND-Energie und deren Entsprechungen zu *identifizieren*, diese vorrangig in die Persönlichkeitsstruktur zu *integrieren* und ein Selbst-*Bewußtsein* in diesem Bereich zu entwickeln (ohne dabei zu übertreiben!). Entsprechend seines Reifegrades wird der KREBS-Geborene unwillkürlich und mehr oder minder bewußt ein *Medium* des KREBS-Archetypen sein. Die KREBS-Energie ist für den unter diesem Zeichen Geborenen so selbstverständlich wie das Wasser für die Fische. Gerade deshalb, weil man so innig mit seinem Sternzeichen verbunden ist, nimmt man die Welt von diesem Blickwinkel aus wahr, ohne sich dessen bewußt zu sein. Man sieht zunächst die Bäume vor lauter Wald nicht und ist deshalb vor die Aufgabe gestellt, ein Selbst-Bewußtsein gegenüber seinem Sternzeichens zu entwickeln. Wie der KREBS und seine Entsprechungen dann erlebt und gelebt werden, beziehungsweise wie er sich nach außen hin darstellt, hängt wiederum vom Aszendenten, der MOND-Stellung und der Häuserposition der KREBS-SONNE ab.

Die KREBS-Themen, die in diesem Buch vorgestellt werden, haben für KREBS-Geborene lebenslang sowie für *alle* Menschen in den KREBS-Monaten und bei entsprechenden individuellen MOND-Transiten zentrale Priorität. In der Regel werden wir, am Anfang des Individuationsweges stehend, uns stärker mit den Themen des Aszendentenzeichens (des Erden-Ichs) identifizieren. Das ist zuerst schon deshalb notwendig, um einen Bezug zur Erde beziehungsweise zum irdischen Dasein herzustellen. Es ist also keineswegs überraschend und widerlegt die Gültigkeit der Astrologie nicht, wenn sich Zeitgenossen bei oberflächlicher Betrachtung zunächst einmal nicht in den Themen ihres Sternzeiches wiederzufinden glauben. Dies ist auch der Fall, wenn das Haus, in dem die KREBS-SONNE steht, das KREBS-Zeichen überschattet. Für KREBS-Geborene geht es nun aber gerade darum, sich diesen Archetypen bewußtzumachen, da er der *Mittelpunkt* dieser Inkarnation ist und der Weg – dessen Art und Weise vom Aszendenten bestimmt ist – nicht mit dem Ziel der »Realisation des SONNEN-Wesens« verwechselt werden darf. Der Spruch »Der Weg ist das Ziel« würde hier nur dann zutreffen, wenn SONNE und Aszendent im selben Zeichen konstelliert sind.

Für Außenstehende ist das SONNEN-Zeichen oder Sternzeichen nicht so leicht zu erkennen wie der Aszendent, da letzterer in größerem Maße die Außenwirkung eines Menschen beschreibt. Es gibt sicher nicht wenige

KREBS-Geborene, die sich untypisch für ihr SONNEN-Zeichen verhalten, bei denen sich aber innerlich – wahrscheinlich ohne daß sie es bewußt erfassen – vieles um KREBS-Themen wie etwa *Gefühle, Familie, Privatbereich* dreht. Diese KREBS-Bereiche sind natürlich für uns alle wichtig, aber für KREBS-SONNEN sind sie *der Schwerpunkt* in dieser Existenz, die *zentralen* Bereiche, die mit dem *höheren Selbst* in Verbindung stehen.

Jemand, dessen KREBS-Zeichen beispielsweise im Horoskop unbetont ist und dessen MOND unproblematisch konstelliert ist, wird die KREBS-Themen leben, ohne sich weiter Gedanken darüber zu machen. Für KREBS-Geborene geht es dabei aber um noch viel mehr: Ihr *Selbst*-Bild, *Selbst*-Bewußtsein, ihre *Identität* und *Integrität* hängen davon ab, wie es in diesen Bereichen läuft. Nicht selten wehren sich KREBS-Geborene dagegen, diese Kraft zuzulassen, etwa wenn der Aszendent in einem konträren Zeichen steht. So kann es vorkommen, daß das eigene Sternzeichen mitsamt den Schwächen und Qualitäten verdrängt wird und ein Schattendasein führen muß. Das Resultat ist dann, *daß wir nicht wir selbst sind*, während die andere Seite der Medaille in einer Über-Identifikation mit dem SONNEN-Zeichen bei Vernachlässigung der anderen Bereiche besteht. Jeder muß selbst erkennen, auf welcher Seite er/sie steht, und dann ein etwaiges Defizit durch die Auseinandersetzung mit den unterdrückten Seiten ausgleichen.

Allgemein gesagt nimmt die SONNE im kardinalen Wasserzeichen KREBS eine ambivalente Position ein. Einerseits ist der KREBS-Monat (zusammen mit den ZWILLINGEN) die lichtreichste Zeit im Jahreslauf, während der die SONNE ihren Zenit überschreitet. Andererseits kann das Aufeinandertreffen von Feuer (SONNE) und Wasser (KREBS) mit heftigen Reaktionen verbunden sein; Feuer kann Wasser verdampfen, und Wasser kann das Feuer löschen, was einen Konflikt zwischen den Kräften des Bewußtseins (SONNE) und des Unbewußten (KREBS) bedeutet. Das verleiht KREBS-Geborenen oftmals einen »irrationalen«, unberechenbaren Ausdruck. Sie haben in ihrer Art etwas Undefinierbares, weil die Identität und Persönlichkeit (SONNE) stark mit dem Unbewußten verquickt ist. Positiv verhält sich die SONNE zum KREBS, wenn die Bewußtseinskräfte wie die Spitze des Eisberges aus dem Wasser (des Unbewußten) herausragen und dadurch Individualität annehmen, gleichzeitig aber die innige Verbundenheit mit dem Eisberg unterhalb der Wasseroberfläche beibehalten wird. Dann schöpfen wir Kraft aus der inneren »Tiefe«.

Im Leben des KREBS-/MOND-betonten Menschen spielt – bewußt oder unbewußt – die *Mutter* eine dominierende Rolle. Etwa wenn der Vater früh verstirbt, wie das im Leben des berühmten KREBS-geborenen Malers RUBENS der Fall gewesen ist. Aber auch wenn der Vater noch lebt, wird sich der KREBS-Geborene doch in viel stärkerem Maße mit dem *weiblich-mütterlichen* Prinzip identifizieren und, wie der Dichter FRANZ KAFKA (geb. 3.7.1883), den Vater als Repräsentanten der oppositionellen STEINBOCK-Seite als Bedrohung erleben. Kommt dennoch eine starke Identifikation mit dem Vater vor, mag das daran liegen, daß in dieser Familie die Rollen vertauscht sind und die Mutter das männlich-väterliche Ordnungsprinzip verkörpert, während der Vater die Rolle des sensiblen Gefühlsmenschen einnimmt.

Auch bei dem US-amerikanischen Schriftsteller ERNEST HEMINGWAY (21.7.1899) wurde dessen KREBS-SONNE in der Kindheit durch die *Dominanz des Weiblichen* initiiert. »Er war der Sohn eines Arztes und wuchs in einem Vorort Chicagos in einer Familie auf, die von Frauen dominiert wurde – die Mutter, vier Schwestern, das Kindermädchen und die Köchin beherrschten den Haushalt. Seine Mutter ließ ihn einige Jahre lang in Mädchenkleidern herumlaufen und behielt seine ältere Schwester, als diese ins Schulalter kam, noch ungefähr ein Jahr im Haus, so daß die beiden gleichzeitig als Zwillinge eingeschult werden konnten.« (Aus: »*Rowohlts indiskrete Liste*«.) Seine im späteren Alter demonstrativ zur Schau gestellte Männlichkeit (MARS am Aszendenten) kann vor diesem Hintergrund als Abwehr dieser dominanten weiblichen Seite angesehen werden und stand eigentlich im Widerspruch zu seinem KREBS-Wesen.

»Ich hatte noch keine Vorstellung von den Dingen, als mir schon alle Gefühle bekannt waren. Ich hatte nichts begriffen, aber alles gefühlt.« Mit diesen Worten beschreibt der KREBS-geborene französische Moralphilosoph JEAN-JACQUES ROUSSEAU (28.6.1712) die *Gefühls-* und *Naturseite* des KREBSES. Er prägte den Slogan »Zurück zur Natur«, der auch in unserer heutigen hochtechnisierten Welt wieder Zuspruch findet. ROUSSEAU rief damit zum *einfachen* Leben auf. Seine wichtigsten literarischen Werke sind vom KREBS geprägt: »*Julie oder Die neue Héloise*« ist ein *empfindsamer* Briefroman mit *einfühlsamer Naturschilderung* und dem Plädoyer für eine *natürliche Entfaltung* des heranwachsenden Menschen. In »*Emil oder Über die Erziehung*« stellte er dar, daß eine naturgemäße Erziehung das Gute im Menschen zu fördern vermag.

KREBS-Geborene haben in der Regel eine starke *soziale Ader*, die aus der

Fähigkeit des *Mitfühlens* erwächst. KREBS-Geborene neigen zum *Bemuttern*, auch wenn das nicht unbedingt nach außen in Erscheinung treten muß. Je nach Aszendent, der die Außenwirkung bestimmt beziehungsweise die Art und Weise, die Charaktermerkmale des SONNEN-Zeichens auszudrücken, wird die starke emotionale Note des KREBSES sich manifestieren. Wird sie unterdrückt, dann verwandelt sich die Fähigkeit zu *Mitgefühl* in eine Beherrschung durch die Gefühle, die als Stimmungen und Launen den Betreffenden etwas Unberechenbares verleihen oder diesen wie einen Spielball in den Wellen des Unbewußten hin und her werfen. Deshalb ist das eigentliche Zeichen für soziales *Engagement* nicht der KREBS, sondern das Erdzeichen JUNGFRAU, das im positiven Fall neben der Fähigkeit zum Mitgefühl auch noch die Verstandeskräfte gebraucht, um das soziale Engagement sinnvoll und effektiv einzusetzen, was bei KREBS-Geborenen zuweilen nicht der Fall ist.

In unserer Zeit, in der das KREBS-Prinzip (Natur, Gefühle, Seele) unterdrückt wird, ist es nicht leicht, mit dieser Konstellation zu leben. Man hat sich, will man seinem Wesen gerecht werden, gegen die vorherrschenden Normen und Werte (wie Leistungszwang, Konkurrenz, Oberflächlichkeit) zu behaupten. Da KREBS-Geborene in der Regel nicht gerade nach außen gerichtete Kämpfernaturen sind, wird *Rückzug* und *Verinnerlichung* häufig die Folge sein. Die *Introversion* des KREBSES wird durch Konflikte meist noch verstärkt. Dem verdrängten KREBS-Archetypen wieder mehr Gehör zu verschaffen, ist für viele Betroffene nicht einfach, wenn die große Sensibilität und Verletzbarkeit sie daran hindern.

Hat der KREBS-Geborene jedoch sein individuelles KREBS-Rätsel gelöst, wird er zum Anwalt und Streiter für die KREBS-Seite des Lebens, für die innere und äußere Natur, wie zum Beispiel der bekannte deutsche Journalist und Fernsehmoderator FRANZ ALT (17.1.1938). Er scheut sich nicht, in aller Öffentlichkeit für inneren wie äußeren Umweltschutz einzutreten. Und er ist ein prominentes Beispiel dafür, daß es kein Widerspruch sein muß, Politik und Seele in einem Atemzug zu nennen und damit für eine Synthese von Außenwelt (STEINBOCK) und Innenwelt (KREBS) einzutreten (nachzulesen etwa in seinem Buch über die Bergpredigt oder in seinem Bekenntnis zur Traumarbeit; siehe dazu auch sein Vorwort in »*Die Rätsel des Lebens*«).

Da der KREBS als Wasserzeichen der weiblichen Seite angehört, ist die Wesensart dieses Sternzeichens für Frauen in der Regel einfacher zu leben als für Männer; zumindest solange die KREBS-Qualitäten wie *Gefühle* und *Sensibilität* in unserer Gesellschaft noch überwiegend auf die Frau projiziert werden. Man muß schon sehr stark und mutig sein, um als Mann in aller Öffentlichkeit KREBS-Eigenschaften zu zeigen und beispielsweise Tränen zu vergießen, da man leicht als Weichling oder als gefühlsduselig abgestempelt wird. Als Mann *auch* Frau sein zu dürfen (und umgekehrt), ist nach wie vor ein Tabu unserer Zeit. Die Neigung, die jeweils gegengeschlechtliche eigene Seite körperlich auszuleben, drückt sich in Homo- oder Bisexualität aus.

Die Extreme in der Art, eine KREBS-SONNE zu leben, reichen von einer rigiden Ablehung und Verdrängung einerseits bis hin zu einer Überflutung des Bewußtseins von den dunklen Seelenmächten andererseits. Beispiel einer solchen Polarität sind die beiden bereits genannten KREBS-geborenen Schriftsteller HEMINGWAY und KAFKA. Während HEMINGWAY sein KREBS-Wesen verdrängte und nach außen hin eine massive »Männlichkeitsfassade« aufbaute, stand KAFKA völlig unter dem Bann des dunklen Archetypen, wie in seiner atmosphärisch-dichten und düsteren Dichtung deutlich spürbar wird.

Wie bei jedem Sternzeichen ist auch hier der »goldene Mittelweg« die Lösung des Lebensrätsels. In der Mitte zu wandeln, bedeutet für den KREBS-Geborenen, eine Position zwischen KREBS und STEINBOCK (dem gegenüberliegenden Zeichen) einzunehmen und sowohl zu seelischer Nähe als auch zu notwendiger Distanz fähig zu sein.

Die Verbindung zum Unbewußten und damit auch zu den Träumen ist bei KREBS-Geborenen eine natürliche Fähigkeit – zumindest wenn die KREBS-Energie nicht verdrängt wird. Kann sich der KREBS-Geborene dazu motivieren, mit den Träumen zu arbeiten, schöpft er aus einer wundervollen, unerschöpflichen Quelle der Inspiration. Zunächst mag er einige Anstöße von außen brauchen, denn so natürlich seine Verbindung zu den Träumen sein mag, so motivierungsbedürftig kann er/sie doch sein, um sich mit seinen nächtlichen Begleitern auch *auseinanderzusetzen*. Aber gerade in der Traumarbeit wird dieser Mensch eine bestens geeignete Möglichkeit finden, KREBS und STEINBOCK, also Innenwelt und äußere Realität, Wunsch und Wirklichkeit einander anzunähern. Auch die Astrologie ist gerade für ihn ein passendes Medium der Selbsterfahrung, weil sie als geistige Methode zum seelischen KREBS-Archetypen ein gutes Gegengewicht setzt und ihn aus unbewußten Verstrickungen herausführen kann.

Nachfolgend einige bekannte KREBS-Geborene, an deren Beispiel individuelle Ausdrucksweisen der KREBS-Energie als zentrales Lebensrätsel kurz skizziert werden.

Politiker/Staatsmänner:

GAJUS JULIUS CAESAR (13.7.100 v. Chr.), römischer Feldherr und Staatsmann; war als KREBS-Geborener stark geprägt vom *Mutter*-Thema. CAESARS Inzesttraum, den er in der Nacht vor dem Angriff auf seine Geburtsstadt Rom hatte, ist dafür symptomatisch. Der geträumte Geschlechtsverkehr mit seiner Mutter bezieht sich allerdings weniger auf die leibliche Mutter als auf seine Mutterstadt Rom, der er durch sein Machtstreben Krieg bescherte. Aus dieser *Vereinigung* von CAESAR (als Symbol für die männliche YANG-Kraft) und Rom (hier als YIN-Symbol) entstand ein mächtiger Sohn: das großrömische Reich.

NELSON MANDELA (18.7.1918), populärer südafrikanischer Politiker, der gegen die Rassentrennung (Apartheid) in Südafrika kämpft. Er fungiert als Medium für den KREBS-Archetypen, der *Zusammenwirken* und gegenseitige *Befruchtung* der Pole (hier: Schwarz und Weiß) anstrebt. Auf der Subjektstufe ist damit die Überwindung der gedanklichen »Schwarzweiß-Malerei« und auf der Objektstufe das Zusammenleben der Rassen gemeint.

WALTER SCHEEL (8.7.1919), deutscher Bundespräsident von 1974 bis 1979; als Architekt der neuen Ostpolitik (zusammen mit der SPD) dreht sich sein zentrales politisches Engagement um Fragen des KREBS-Themas *Heimat*. Der *Volksseele* entsprach er in seiner Rolle als »singender Präsident«, der dem deutschen *Heimat*- und *Volkslied* zu neuem Ansehen verhalf.

NORBERT BLÜM (21.7.1935), deutscher CDU-Politiker, *Bundesarbeits-* und *-sozialminister*. Sein Bemühen um sozial vertretbare Lösungen entspringt seinem KREBS-Wesen und brachte ihm in den eigenen Reihen den Spottnamen »Herz-Jesu-Sozialist« ein.

HEINRICH VIII. (28.6.1491), König von England von 1509 bis 1547; galt als *unberechenbar* und *launisch*. Die Projektion seines KREBS-Wesens auf die reale Frau ließ ihn hintereinander sechs Frauen ehelichen; von vieren trennte er sich durch Scheidung oder Hinrichtung.

Da der Bereich der Politik und Öffentlichkeit dem oppositionellen STEINBOCK-Prinzip entspricht, ist der KREBS jedoch eher ein untypisches Zeichen für Politiker.

Film und Fernsehen:

GINA LOLLOBRIGIDA (4.7.1927), italienische Filmschauspielerin; *Weib* mit »Leib und Seele«.
DONALD SUTHERLAND (17.7.1934), kanadischer Schauspieler; wurde vor allem durch Rollen in Filmen mit *mythisch-magisch* anmutender Atmosphäre bekannt, wie »*Wenn die Gondeln Trauer tragen*« oder »*Klute*«; spielte überzeugend Rollen mit *irrationalem* Charakter (»*Busters Bedroom*«).
ROBIN WILLIAMS (21.7.1952), US-amerikanischer Schauspieler, dessen KREBS-Wesen in vielen *gefühlsbetonten* Rollen zum Ausdruck kommt (»*Zeit des Erwachens*«, »*Der Club der toten Dichter*«, »*Good Morning Vietnam*«). Hatte großen Erfolg mit dem Film »*Mrs. Doubtfire*«, in dem er in die *weiblich-mütterliche* Rolle einer Haushälterin schlüpft.
ALFRED BIOLEK (10.7.1934), deutscher Show- und Talkmaster, der mit überdurchschnittlichem *Einfühlungsvermögen* auf seine Gäste und Themen eingeht; *Humanist*; gleichzeitig auch KREBS-Aszendent, der seinem KREBS-Wesen entsprechend Außenwirkung verleiht. Er ist bekannt dafür, daß er sein *Privatleben* sorgfältig vor der Öffentlichkeit abschirmt.
INGMAR BERGMAN (14.7.1918), schwedischer Regisseur; verarbeitete eigene *traumatische Kindheitserfahrungen* in seinen Filmen, die in erster Linie das Motiv der *Einsamkeit* darstellen; er gilt als »Analytiker der menschlichen *Seele*«.

Musiker/Sänger:

RINGO STARR (6.7.1940), britischer Musiker, Ex-Beatle; hatte die Rolle eines liebenswerten Gegenpols zu dem intellektuellen JOHN LENNON (WAAGE-Geborener) inne: etwas *dümmlich*, dafür aber *gefühlvoll*, stets zu Späßen aufgelegt, dem KREBS entsprechend eher *irrational* und von *Stimmungen* geführt.
CARLOS SANTANA (20.7.1947), mexikanischer Musiker und Gründer der weltbekannten Band »Santana«; gefühlvolle Musik (»Samba pa ti«).

Dichter/Schriftsteller:

ANTOINE DE SAINT-EXUPÉRY (29.6.1900), französischer Romancier und Erzähler; verlor mit vier Jahren den Vater. Zitat: »Die falsche Realität der mechanisierten Zivilisation hält der Prüfung in der kosmischen Einsamkeit des Fliegens nicht stand.«

FRANZ KAFKA (3.7.1883), österreichischer Schriftsteller; galt als *einsamer, sensibler*, hochneurotischer und unverstandener Einzelgänger, der zeitlebens unter dem Eindruck des gefürchteten Vaters stand. Sein literarisches Grundthema war bestimmt von der Bedrohung des Individuums durch *verborgene, anonyme* Mächte (des Unbewußten). Über seine beiden bekanntesten Romane »*Der Prozeß*« und »*Das Schloß*« schreibt GEORG POPP in »*Die Großen der Welt*«: »Sinnlos die Handlung beider Romane, verworren? Für den ersten Augenblick mögen die dürren Worte der Inhaltsangabe es so erscheinen lassen, aber wir ahnen vielleicht, daß den so seltsam unwirklich erscheinenden Handlungen bei aller Realistik der Einzelepisoden ein starker Symbolgehalt zukommt ... Klar und durchsichtig ist seine Sprache, schwer und dunkel sind die Bilder, die er uns vor Augen führt. ›Ich bin Ende oder Anfang‹, sagt er einmal von sich selbst. Trotz vieler Deutungsversuche wissen wir immer noch nicht mit Sicherheit, wo wir den großen Einsamen einordnen sollen.«

Leicht einordnen (Ordnung entspricht dem Erdelement) läßt sich der KREBS als Wasserzeichen sicherlich nicht, wie am Beispiel Kafkas deutlich wird. Sein dunkler Symbolismus läßt die »dunkle Seite des MONDES« anklingen ...

MARCEL PROUST (10.7.1871), französischer Schriftsteller (»*Auf der Suche nach der verlorenen Zeit*«); sein *psychologisches Feingefühl* und seine Betonung der *subjektiven* Zeit, die assoziativ anstatt chronologisch verläuft, prägten die moderne Weltliteratur. In seiner Schulzeit wurde er wegen seiner *sensiblen, femininen* Art von seinen Mitschülern häufig verspottet. Die *übergroße Empfindsamkeit* steigerte sich in eine Allergie gegen unbekannte Düfte und laute Geräusche. Seine Bisexualität war kein Geheimnis.

HENRY DAVID THOREAU (12.7.1817), US-amerikanischer Schriftsteller; bekanntestes Werk: »*Walden oder Hüttenleben im Walde*«; sein zentrales Anliegen war, die *Natur* und sich selbst zu beobachten. Sein Problem mit dem oppositionellen STEINBOCK drückt sich im Zitat aus: »Wer einen Beruf ergreift, ist verloren.« Der große Naturliebhaber pries das *einfache Leben* und war ein Meister im Schildern der *wechselnden Stimmungen*. Er erkannte, daß im Kleinen und Alltäglichen die Rätsel und die Schönheit des Daseins sichtbar werden.

GEORGE ORWELL (25.6.1903), englischer Schriftsteller; zeichnete in seinem weltbekannten Roman »*1984*« das Bild der Schreckensvision des totalitären Staates. Als KREBS-Geborener warnte er damit eindringlich vor einer

Übermacht der STEINBOCK-Energie (= Prinzip von Staat, Gesetz, Ordnung, Disziplin, Begrenzung), wenn der Seele des Menschen (KREBS) kein Raum mehr zur individuellen Entfaltung gelassen wird. Auch in seinem Roman »*Animal Farm*« machte er sich zu einem Fürsprecher der »*Naturseite*« und zeigte die Mechanismen der Unterdrückung auf.

RICHARD BACH (23.6.1936), US-amerikanischer Schriftsteller, den sein *stimmungsvoller*, »*beseelter*« Roman »*Die Möwe Jonathan*« weltbekannt machte.

HERMANN HESSE (2.7.1877), deutsch-schweizerischer Dichter, Literatur-Nobelpreisträger; *einfach-eindringliche* und *musikalische* Sprache. Der SCHÜTZE-Aszendent verlieh seinem KREBS-Wesen einen idealistischen, philosophischen und zuweilen pathetischen Anstrich. Zentrales Anliegen war seinem KREBS-Wesen entsprechend die seelische beziehungsweise symbolische Seite des Lebens. Er formulierte die Erkenntnis, daß alle Phänomene der irdischen Welt neben ihrer konkreten Bedeutung gleichzeitig *stellvertretend* für eine *innere* Wahrheit stehen, in seinem Märchen »*Iris*« mit poetischen Worten: »Jede Erscheinung auf Erden ist ein Gleichnis, und jedes Gleichnis ist ein offenes Tor, durch welches die Seele, wenn sie bereit ist, in das Innere der Welt zu gehen vermag, wo du und ich und Tag und Nacht alle eines sind. Jedem Menschen tritt hier und dort in seinem Leben das geöffnete Tor in den Weg, jeden fliegt irgendeinmal der Gedanke an, daß alles Sichtbare ein Gleichnis sei, und daß hinter dem Gleichnis der Geist und das ewige Leben wohne ...« (»*Gesammelte Werke*«, Band 6, Seite 113).

Maler:

PETER PAUL RUBENS (28.6.1577), flämischer Maler; viele seiner über dreitausend Bilder sind *Frauen*darstellungen, meist »nackt, wie Gott sie schuf« (Nacktheit ist hier im Sinne von *Natürlichkeit* zu sehen). KENNETH CLARK schrieb: »Rubens' Frauen sind empfänglich und verschlossen zugleich ... glücklich, aber keineswegs befangen.« Siehe auch Seite 88.

MARC CHAGALL (7.7.1887), russischer Maler, dessen hauptsächlich von der Bibel inspirierte Bilder eine *irrationale Symbolsprache* sprechen, welche die Seele eigentümlich *berühren* und von der Raum- und *Zeitlosigkeit* des KREBSES zeugen. So trägt ein bekanntes Bild den Titel »Die Zeit ist ein Fluß ohne Ufer«. Chagalls KREBS-Wesen drückt sich auch in seiner Weltsicht aus: »Unsere ganze innere Welt ist Wirklichkeit, mehr vielleicht als die sichtbare Welt. Wenn wir alles, was uns unlogisch erscheint, als phanta-

stisch, als Märchen oder Hirngespinste bezeichnen, geben wir damit zu, daß wir die Natur nicht verstehen.«
Seine Verbundenheit mit dem KREBS verlieh ihm ein inniges Gefühl für *Heimat, Familie, Vergangenheit*; aus dieser Quelle schöpfte er die Kraft für sein Werk. Bei der Einweihungsfeier einer Synagoge in Jerusalem, für die er seine berühmten zwölf Glasfenster geschaffen hat, sagte er: »Wie kann es sein, daß Luft und Erde meiner Geburtsstadt Witebsk und eines viele tausend Jahre währenden Exils sich in der Luft und Erde von Jerusalem vereinen? Wie hätte ich wissen können, daß nicht nur meine Hände mit ihren Farben mich in meiner Arbeit leiten, sondern die armen Hände meiner Eltern und vieler anderer? Wie hätte ich wissen können, daß sie sich hinter mir versammelten und mit ihren stummen Lippen und geschlossenen Augen flüsterten, gleichsam als wünschten auch sie an meinem Leben teilzuhaben?«
REMBRANDT (15.7.1606), niederländischer Maler, dessen künstlerische Entwicklung seinen Höhepunkt in der Realisierung des KREBS-Archetypen fand: in einem Grad von *Einfachheit* und *Verinnerlichung*, »die das Bildnis seiner Landleute nicht verfremdete, sondern vertiefte« (Obige Zitate aus: *»Die Großen der Welt«* von Georg Popp).

Wissenschaftler:

ALFRED CHARLES KINSEY (23.6.1894), US-amerikanischer Zoologe und Sexualforscher, der durch die beiden *»Kinsey Reports«* weltbekannt wurde. In diesen Reporten veröffentlichte Kinsey die Ergebnisse seiner Erforschung des Sexuallebens von Männern und Frauen. Als KREBS-Geborener widmete er sich dem KREBS-Thema des *Intimlebens* seiner Mitmenschen. Dadurch drang er in den persönlichsten Seelenraum ein, der bislang gut gehütet und abgeschottet von der Außenwelt ein Dasein im *»Verborgenen«* des *Privatbereiches* führte. Entsprechend groß war zunächst auch die Entrüstung über seine Arbeit.
ARTHUR JOHN EVANS (8.7.1851), britischer Archäologe und Leiter der Ausgrabungen zur minoischen Kultur auf Kreta; lebte das KREBS-Thema *»Zurück in die Vergangenheit«* auf beruflicher Ebene.
STANISLAV GROF (1.7.1931), tschechischer Psychiater und Psychoanalytiker, beschäftigt sich in seinen Forschungen vor allem mit Bereichen des *Unbewußten*, jenseits des Faßbaren.
HERBERT MARCUSE (19.7.1898), US-amerikanischer Sozialphilosoph deutscher Herkunft, für den Qualitäten wie *Sensibilität, Phantasie* und der Ver-

zicht auf Konkurrenzkampf überragende Bedeutung hatten. Er prangerte vor allem die Fremdbestimmung und Leistungszwänge (unerlöstes KREBS-STEINBOCK-Thema) der modernen Gesellschaft an.

Unternehmer:

GIORGIO ARMANI (11.7.1934), italienischer Modezar; übertrug sein KREBS-Thema in seine Modeschöpfungen, zum Beispiel, indem er die Herrenmode *farblich* belebte (Farbe an sich ist eine KREBS-Entsprechung!) und den Anzugstil des Mannes ins *Feminine* umsetzte.
JOHN FOWLER (15.7.1817), britischer Ingenieur, Erbauer der U-Bahn in London (KREBS-Thema: *Untergrund,* das *Unbewußte*).

Zusammengefaßt ist das zentrale Lebensrätsel der KREBS-Geborenen die *Integration des Unbewußten* beziehungsweise die *Meisterung der Gefühle.* Dazu gehört auch die Entwicklung eines *Selbstbewußtseins* gegenüber den Stimmungen, Launen und Phantasien, die als eigenständige seelische Wesen begriffen werden. Gerade dadurch soll und kann der KREBS-Geborene seine Persönlichkeit entwickeln und sein Selbst entdecken. Eine erlöste KREBS-SONNE verleiht dem Betreffenden eine *wundervolle »Seligkeit«* und die Fähigkeit, mit *schlafwandlerischer* Sicherheit durch das Leben zu gehen, nach dem Motto »Den Seinen gibt's der Herr im Schlafe«, ohne die anderen Aspekte des Lebens deshalb zu vernachlässigen.

Weitere Anregungen zum Thema SONNE finden Sie im LÖWE-Band; die dort gemachten Aussagen ergeben, kombiniert mit dem KREBS-Thema, weitere Ausdrucksvarianten für KREBS-Geborene.

Mit dem MOND im KREBS ist – im Gegensatz zum männlichen SONNEN-Wesen (Bewußtsein und Individualität) – die *weiblich-mütterliche* Wesensseite (das *persönliche Unbewußte*) mit dem KREBS-Archetypen verbunden. In dieser Konstellation liegt daher eine *gefühlhafte* Beziehung zur KREBS-Energie vor, und die KREBS-Themen werden von den Betreffenden mehr als *Ahnung* erlebt und *unbewußt* ausgedrückt. Trotzdem wird ein KREBS-MOND zunächst stärkeren Einfluß auf die Gesamtpsyche des Betreffenden ausüben als eine SONNE im kardinalen Wasserzeichen, da die Menschheit noch in den »Kinderschuhen« ihrer Bewußtseinsentwicklung steckt.

Die These, daß der MOND im Horoskop einer Frau eine stärkere Wirkung habe als in dem eines Mannes, trifft auf unsere heutige Zeit nur noch begrenzt zu. Inzwischen beginnen auch – wenngleich zaghaft – die männlichen Vertreter der Gattung Homo sapiens den MOND-Bereich zu realisieren und zu integrieren. Dagegen kommt dem MOND im Horoskop eines Kindes nach wie vor erstrangige Bedeutung zu, schließlich ist die Kinderseele eine »zarte Pflanze«, die sorgsam gehütet und gepflegt werden will und noch stark in *magisch-symbiotischer* Verbundenheit zu ihrer Umgebung steht. Eine zu stark auf Intellekt und Leistung angelegte Erziehung wird dem Kleinkind daher nicht gerecht! Für das Kind ist die starke Betonung der MOND-Seite eine notwendige Phase der *Aufnahme* von Erfahrungen beziehungsweise der Widerspiegelung der Welt. Vor allem kleine Kinder sind deutliche Spiegel für ihre Umwelt, das heißt, ihre spontanen Reaktionen sind häufig *Widerspiegelung* der (unterdrückten) Stimmungen ihres Umfeldes. Dieser Mechanismus sollten wir unbedingt in unseren Erziehungsgrundsätzen berücksichtigen!

Der MOND ist im KREBS »zu Hause« und kann sich dort seinem Wesen gemäß entfalten – wenn wir ihn lassen! Menschen mit KREBS-MOND haben in der Regel einen guten Draht zum Unbewußten, wenn nicht gegenläufige Konstellationen (etwa eine spannungsreiche Häuserposition oder ein konträres SONNEN- beziehungsweise Aszendenten-Zeichen) auf eine Blockade hinweisen. »Normalerweise« ist ein KREBS-MOND im Fluß, und die seelischen Prozesse gehen ihren natürlichen Gang. Die *Anima* von KREBS-MOND-Geborenen verleiht deren Wesen eine geheimnisvolle, sphärische Wirkung. Das mag den Betreffenden gar nicht bewußt sein – schließlich haben wir es hier ja nicht mit dem SONNEN-Zeichen, sondern mit dem MOND-Zeichen zu tun. Frauen mit KREBS-MOND geben daher oft besonders gute Projektionsflächen für die *Anima* der Männer ab – sie sind Medium und Verkörperung des dunkel-geheimnisvollen *Anima*-Prinzips.

Natürlich ist ein KREBS-MOND – wie jede andere Astrokonstellation auch – nicht von vornherein *qualitativ* zu bewerten, etwa daß alle Betroffenen besondere »Seligkeit« erlangen würden. Es mag sogar im Gegenteil der Fall sein, daß ein Mensch durch eine schwierige MOND-Position weitaus stärker zur Lösung seiner Lebensrätsel angetrieben wird, während Zeitgenossen mit scheinbar günstiger MOND-Position gar nicht auf die Idee kommen, an sich zu arbeiten, einfach weil sie sich zu wohl fühlen. Das heißt natürlich nicht, daß es uns zwangsläufig schlechtgehen müßte, um auf dem Individuationsweg voranzukommen! Tatsache jedoch ist, daß uns Schwierigkeiten, Krisen und Blockaden weit stärker antreiben und dazu motivieren, den beschwerlichen Erlösungsweg der Menschwerdung zu gehen.

Die Ambivalenz eines KREBS-MONDES liegt also zwischen einer natürlichen Beziehung zum Unbewußten einerseits, aus der wir auf unserem Weg Inspiration und Kreativität schöpfen, und einer unbewußten »Glückseligkeit« als Weigerung des »inneren Kindes«, erwachsen zu werden, andererseits. Jeder einzelne muß bei sich selbst prüfen, wo er/sie in dieser Polarität steht.

Personen mit KREBS-MOND verbreiten eine Aura des Geheimnisvollen und sind Medium der *unbewußten Seelenkräfte*. Im Gegensatz zu KREBS-Geborenen besteht auf MOND-Ebene zunächst kein Bedürfnis und keine Notwendigkeit, die KREBS-Seite des Lebens zu erhellen und sich bewußt damit zu identifizieren. Der MOND wird unbewußt gelebt, er ist schließlich MOND und nicht SONNE. Vielmehr reflektiert der KREBS-MOND auf Gefühlsebene das »Licht« unserer inneren SONNE.

Der MOND im KREBS fühlt sich wie ein Fisch im Wasser; er ist, wie gesagt, hier in seinem Element. Die Betreffenden werden sich gefühlsmäßig zu KREBS-Bereichen hingezogen fühlen und ein starkes Bedürfnis nach Geborgenheit, Mütterlichkeit oder anderen KREBS-Entsprechungen entwickeln beziehungsweise gute Projektionsflächen dafür abgeben. Träume aufzuschreiben und darüber zu reden, wäre eine gute Möglichkeit, die Schätze eines derart reichen Gefühlslebens auch für das Bewußtsein und im Alltag zu nutzen.

Menschen mit dem *Aszendenten* im KREBS wirken nach außen hin so (der »Schein«), wie die KREBS-Geborenen von ihrem Wesen her im Grunde sind (das »Sein«). Der Aszendent in dem kardinalen Wasserzeichen verleiht der Außenwirkung häufig etwas Geheimnisvolles, Träumerisches, aber auch Irrational-Ungreifbares und Introvertiertes. Als Zeichen mit betont weiblicher Wirkung ist diese Konstellation für Männer zunächst schwieriger als für Frauen, es sei denn, die Betreffende hat Probleme mit ihrer ausgesprochen *femininen* Wirkung; sie mag sich ja selbst ganz anders erleben, etwa wenn ihre SONNE im WIDDER steht und sie sich (unbewußt) mit der männlich-aktiven Trieb- und Tatkraft identifiziert.

Ein Aszendent im Wasserzeichen ist nicht gerade zu oberflächlicher Kommunikation angetan, was in Situationen Probleme schafft, in denen die leichte Ebene des zwischenmenschlichen Kontaktes angesagt ist. Andererseits fühlen sich besonders solche Personen von einem KREBS-Aszendenten angezogen, die großen Wert auf Gefühle und atmosphärische Schwingung legen. Ob der Mitmensch mit KREBS-Aszendent diese Gefühls-Projektionen dann auch erfüllen kann oder will, hängt wiederum stark von seiner SONNEN-Position ab. Ist diese ebenfalls im KREBS »stationiert«, wird dieser »Doppel-KREBS« ein besonders »vollblutiger« (besser gesagt: »vollwäßriger«) Vertreter dieses Archetypen sein.

Wenn wir davon ausgehen, daß der Aszendent auch Symbol für die Art und Weise unseres »Weges« ist, dann ist der Weg für KREBS-Aszendenten in besonderer Weise gefühlsbetont und gleicht einer Reise in die Vergangenheit, mit allen Gefahren und Möglichkeiten. Ja, die Betreffenden mögen selbst ein Stück »Vergangenheit« nach außen hin darstellen und für ihre Mitmenschen im positiven Falle ein »offenes Tor« zur *Inwendigkeit* sein. KREBS-Aszendenten sind herausgefordert, mit Spürsinn und Vertrauen dem Dasein zu begegnen, um dann »mit schlafwandlerischer Sicherheit« durchs Leben zu gehen und mit Zartgefühl ihr SONNEN-Wesen zu entfalten. Das Selbst-Bewußtsein der Betreffenden mag durchaus konträr dazu sein, etwa wenn die SONNE in einem Erd- oder Feuerzeichen steht, was dann auf einen Konflikt innerhalb der Psyche hinweisen kann. Nehmen wir das Beispiel einer STEINBOCK-SONNE, dann besteht eine Opposition zwischen dem KREBS-Aszendenten und dem SONNEN-Zeichen. Der Weg und die Beziehung zur irdischen Welt stehen für den Betreffenden zunächst im Gegensatz zum Selbst-Bewußtsein und zur Wesens-Mitte. Während er etwa sehr gefühlvoll und träumerisch nach außen hin wirken kann und sich besonders in KREBShaften Situationen und heimeligem Ambiente »zu Hause« fühlen mag, ist er im Grunde seines Herzens doch eher Realist und an Regeln und Ordnungen orientiert. Verliert er sich im Aszendentenbereich – hier also im KREBS –, wird eine wesentliche Seite unterdrückt, und es entsteht ein Ungleichgewicht.

Wenn wir den Aszendenten weiterhin als Ausdruck der Verbundenheit mit der irdischen Welt und damit als das Erden-Ich (im Gegensatz zum Selbst des SONNEN-Wesens) ansehen, dann gilt für KREBS-Aszendenten zunächst, daß der KREBS-Bereich für sie im besonderen Maße »Ego-besetzt« ist. Das wird man dann aber erst einmal nicht so wahrnehmen, denn zum einen ist der KREBS ja ein Zeichen des Unbewußten, und zum anderen brauchen wir eben unsere Zeit, um die Ego-Anhaftungen aufzulösen und zur Selbst-Findung zu gelangen. KREBS-Aszendenten werden demnach eine starke Verbindung mit Familie, Vergangenheit und Kindheit haben. Ein Ratschlag für KREBS-Aszendenten lautet: Sie sollten Wunsch und Wirklichkeit nicht miteinander verwechseln.

Beispiele für prominente Persönlichkeiten mit KREBS-Aszendent sind SALVADORE DALI, der das Anliegen seiner STIER-SONNE, sich mit Form und Gestalt auseinanderzusetzen, auf KREBShafte Weise in seinen »*irrationalen*« Bildern ausdrückte, oder ERICH VON DÄNIKEN, der das Thema *Anfang, Beginn* seiner WIDDER-SONNE dadurch angeht, daß er mit seiner Forschungsarbeit (KREBShaft) in die *Vergangenheit* (der Menschheit) zurückreist. (Näheres zum Aszendenten finden Sie im WIDDER-Band.)

Der nachfolgende Lebenslauf einer KREBS-Geborenen mit KREBS-Aszendent zeigt beispielhaft auf, wie eine solche Konstellation erlebt werden kann und wie sie im Dasein Gestalt annimmt. Dabei wird auch deutlich, daß vor allem die familiäre Umwelt als *Medium* dient, unsere Konstellationen zu »aktivieren«, und daß es daher keinen Sinn macht, rückwirkend Schuldzuweisungen an Eltern und Erzieher auszusprechen:

»Es fällt mir schwer, mein KREBS-Wesen in Worte zu fassen. Kein Wunder – ich lebe nicht im Kopf, sondern ›aus dem Bauch heraus‹. Ich kann oft nicht sagen, was gestern war oder was morgen auf dem Plan steht. Ich fühle mich im Moment. Durch meine Gefühle stehe ich mit der Außenwelt in Verbindung. Meine erste, wichtigste Frage ist: Wie fühle ich mich dabei, damit, hier...? Als Kind war ich abhängig von Situationen, in denen ich mich wohl gefühlt habe. Ich wollte diese Zustände um jeden Preis aufrechterhalten. Die Familie war mein zentraler Punkt. Gab es Krieg zwischen den Eltern, so war das der Weltuntergang. Oft hab' ich mit Mittelohrentzündungen im Bett, dem schönsten Ort der Welt, gelegen, habe die Außenwelt abgeblockt und bin in meine heile Traumwelt untergetaucht. Später als Jugendliche hatte ich keine Pubertät. Ich wußte gar nicht, was das sein sollte; ich hatte ja gar kein Bedürfnis, gegen meine Eltern zu rebellieren. Mit der Zeit hatte ich häufiger Magenbeschwerden. Ich hab' viel in mich reingefressen, keine Wut rausgelassen. Meine Mutter hat ja auch immer betont, wie lammfromm ich bin, und da konnte ich nicht anders sein. Was meine Mutter sagte und tat, war für mich unanfechtbar. Um so schwerer war für mich auch die Abnabelung von ihr. Viele Widersprüche mußte ich auflösen. Wenn meine Mutter sagte: ›Da bist du jetzt bestimmt überglücklich‹, und ich fühlte mich eigentlich leer, hatte ich den Verdacht, daß bei mir etwas nicht in Ordnung war. Meine ersten Verehrer haben mich kaltgelassen. Da meine Mutter wieder der Meinung war, ich sei überglücklich, hab' ich meinen Gefühlen lange mißtraut, mich oft vom Kopf aus entschieden. Die zentrale Aufgabe für mich war also die Entdeckung *meiner eigenen, wahren* Gefühle. Nach Jahren der Unsicherheit kann ich mich heute durch die Hilfe meiner Träume auf meine Gefühle verlassen. Beispielsweise möchte ich mich seit Monaten beruflich umorientieren. Zuerst war die Idee da, doch ich spürte genau, daß es noch nicht an der Zeit ist. Seit kurzem fühlt es sich ganz anders an. Die Träume zeigen Veränderung an. Also hab' ich jetzt meine inneren Antennen ausgestreckt und warte auf den richtigen Moment.

Ein wichtiges Thema ist für mich, daß meine Träume wahr werden. Mir ist in meinem Leben alles in den Schoß gefallen, und mittlerweile kann ich Zustände, die mir nicht gefallen, so lange aushalten, bis ich spüre, daß es an der Zeit für etwas Neues ist. Ich brauche nichts zu erzwingen, mir kein Bein mehr auszureißen. Ich kann mich dem Strom des Lebens anvertrauen und fand im richtigen Moment den Mann meines Lebens, den Job, der mich weiterbringt und mir Spaß macht, sogar die passende Wohnung. Zu Zeiten, da ich unbewußt gelebt habe, hat man mir mein KREBS-Sein kilometerweit angesehen: sensibel, launisch, tolpatschig, häuslich, schüchtern, Typ Mauerblümchen – ein typischer ›Zuckerstückchen-Krebs‹.

Durch meine langjährige Traumtherapie sieht man mir den KREBS nicht mehr so stark an, und das ist gut so. Meine Schattenseiten konnte ich zu Stärken weiterentwickeln. Ich trage meine Gefühle nicht mehr öffentlich herum, sondern schöpfe aus diesem verborgenen Schatz meine Kräfte. Ich wirke nach außen überzeugend. ›Ich denke immer, du wirst schon recht haben‹, ist das Zitat eines Freundes. ›Wenn du reinkommst, geht die Sonne auf‹, ist das Kompliment einer Freundin, die meine SONNE am Aszendenten wohl deutlich wahrnimmt. Ich schaue jetzt wohlgelaunt und zuversichtlich in die Welt. Es kann kommen, was will, meine Gefühle sind mein Leitorgan.«

2
Entsprechungen und Ausdrucksweisen des KREBS-Archetypen

In diesem Kapitel wird an vielerlei Beispielen aufgezeigt, wie sich der KREBS-Archetyp beziehungsweise die MOND-Energie in unserer Welt in den unterschiedlichen Daseinsbereichen ausdrückt. Die entsprechenden Themen und Aussagen beziehen sich sowohl auf die äußere Existenz als auch auf innerpsychische Vorgänge und Träume. Wenn also beispielsweise unter der Rubrik »Berufe« die *Kindergärtnerin* genannt ist, dann ist auch ihr Auftreten im Traum als KREBS-Entsprechung zu deuten. Damit ist jedoch noch keine Wertung verbunden, denn die Frage, ob ihr Erscheinen als positiv oder negativ, erlöst oder unerlöst gewertet werden kann, hängt vom Traumkontext ab, und die Bedeutung wird durch die Einfälle der Träumerin oder des Träumers und ihre/seine aktuelle Lebenssituation zum Traumzeitpunkt modifiziert. Das gleiche gilt natürlich auch für die Alltagsebene.

Zur Vertiefung der einzelnen hier skizzierten Themen sei auf die umfangreiche Fachliteratur verwiesen. Für unsere Fragestellung mag es genügen, die Verbindung zum KREBS aufzuzeigen, und zwar einerseits, um dadurch das KREBS-Prinzip zu beleuchten, und andererseits, um die Aufgaben der einzelnen Lebensbereiche sowie die Traumrätsel zu lösen. Über die bloße Wissensvermittlung hinaus geht es mir in diesem Buch darum, ein Gefühl und Bewußtsein für das Lebensrätsel KREBS zu vermitteln.

Die nachfolgenden Beispiele sind als Anregung gedacht und erheben keinen Anspruch auf Vollständigkeit.

Die Definitionen der zentralen KREBS-Themen

Die Seele/Das persönliche Unbewußte

KREBS ist das *Urbild* der *Individualseele,* und der MOND ist die *lebendige Seele* innerhalb der Totalität unserer Gesamtpsyche. Die Seele, das ist »die zum See Gehörende« – nach altgermanischer Vorstellung wohnten die ungeborenen Seelen im Wasser. Im übertragenen Sinne ist die Seele das »Innere eines Dings«.

Über die Seele zu sprechen ist ein schwieriges Unterfangen, denn immerhin handelt es sich um eine Seite des Daseins, die sich dem rationalen Verstand völlig entzieht. Und trotzdem ist sie da und führt ein autonomes Dasein neben Verstand und Ich-Bewußtsein. Erst die »Beseelung« erweckt den physischen Körper zum Leben. Ein Dasein ohne Seele entspricht dem Zustand einer Maschine, die lediglich das ihr eingegebene Programm abspult, ohne Gefühle, ohne Lebendigkeit.

Weil das seelische Wirken nicht im Bewußtsein stattfindet, dürfen wir den von SIGMUND FREUD geprägten Begriff des *Unbewußten* – der von C.G. JUNG als »persönliches Unbewußtes« vom »kollektiven Unbewußten« unterschieden wird – im Zusammenhang mit der Seele bringen. Hier ist die Dimension, wo die Seele lebt und wirkt.

Kann man jedoch über etwas sprechen, das nicht bewußt ist, das sinnlich-rational nicht greifbar ist? Die JUNG-Mitarbeiterin MARIE LOUISE VON FRANZ schreibt dazu: »Von philosophischer Seite her, besonders von den Existentialisten, wird oft der Einwand erhoben, daß wir über das Unbewußte so sprechen, als wäre es etwas, obwohl es nur ein negativer Begriff ist. Ihrer Ansicht nach begehen wir den gleichen Fehler, als würden wir philosophisch die Begriffe von Sein und Nichtsein aufstellen und dann plötzlich den Begriff des Nichtseins hypostasieren (›als vorhanden unterstellen‹, der Verf.) und über es sprechen, als wäre es etwas... Können wir sagen, daß das Unbewußte eine Realität ist, da es nur für das steht, was nicht bewußt ist? Wir können zweifellos sagen, daß ein einzelner Inhalt entweder unbewußt oder bewußt ist, aber können wir dies hypostasieren und über *das* Unbewußte sprechen, als wäre es ein *ens reale,* etwas Existierendes? Schon allein die Tatsache, daß ein Inhalt, der über die Schwelle geht und unbewußt wird, in seiner Quali-

Die Definitionen der zentralen KREBS-Themen 55

tät verändert wird und daß er, wenn er über die Schwelle hochkommt und ins Bewußtsein zurückkehrt, wieder verändert wird, ist einer der Gründe, weshalb wir uns das Unbewußte als ein Etwas vorstellen dürfen. Wenn ich etwas fallen lasse, und es ist naß, wenn ich es wieder aufhebe, dann kann ich wohl annehmen, daß unten Wasser ist, und die Schwelle ist nicht nur eine imaginäre Linie, sondern oben ist Luft, und unten ist Wasser. So ist es mit psychischen Inhalten. Wenn sie zum Beispiel vergessen werden oder verdrängt, bleiben sie nicht in genau der gleichen Form erhalten; sie fangen an, sich im Unbewußten zu verändern, und umgekehrt. Wenn wir sie ins Bewußtsein heraufholen, verändern sie sich qualitativ wieder ... Gerade wegen dieser Schwellenphänomene wird man dazu veranlaßt, sich das Unbewußte als etwas Reales an sich vorzustellen.« (Aus: »*Schöpfungsmythen*«, Seiten 74–75.)

Mich persönlich spricht der Begriff *Seele* als Bild für die inwendige Lebendigkeit der Gefühle mehr an als der eher »technische« Begriff des Unbewußten, der als negativ mißverstanden werden kann. Über die Seele kann man viel sagen und schreiben, doch um wirklich zu wissen, worum es dabei geht, was sie ist, muß man sie *erfahren*: individuell über ihre Ausdrucksformen der Gefühle, Träume und spontanen Phantasien, die über die »Schwelle« ins Bewußtsein gelangen, und kollektiv über die Menschheitsmythen und Volksmärchen.

Der nachfolgende Traum einer Klientin mag einen Eindruck von dieser zutiefst innigen Wesenskraft, jenseits aller rationalen Erwägungen, geben. Er wurde im KREBS-Monat geträumt, also während der »Hoch-Zeit« der Seelenkraft im Jahreslauf. Typisch für die Begegnung mit »Botschaftern der Seele« ist die *gefühlsmäßige Ergriffenheit*. Der Traum trägt den Titel »Die Offenbarung – mehr als ein Traum«.

»Kurz vor diesem Traum, gegen sechs Uhr früh, wachte ich auf und drehte mich genüßlich auf die andere Seite. Ich betete für meine Freundinnen und mich, daß es den einen weiter so gutgehen möge (sie haben gut funktionierende Partnerschaften) und uns anderen, die wir in Trennung und Scheidung leben, sich auch bald passende Partner finden werden. Darüber schlief ich wieder ein und träumte: Ich sitze plötzlich auf einem Balkon an einem Tisch gegenüber einer jungen, langhaarigen Frau mit Zopf und richte jetzt an sie meinen Wunsch und meine Bitte. Die Frau, die einen verinnerlichten Eindruck auf mich macht, schüttelt daraufhin sachte den Kopf. ›Warum nicht?‹ will ich wissen. ›Es ist noch nicht soweit, da sind noch einige Hindernisse; die Männer sind vielleicht noch nicht genug entwickelt; es ist noch zu früh, es braucht noch Zeit‹, antwortet sie. Ich schaue sie beschwörend an und bin ganz dicht an ihrem Gesicht. Es fühlt sich alles unbeschreiblich nah und intim an. Ich fühle mich, als sei das Innere nach außen gewendet. Nah an ihrem Ohr sage ich: ›Bitte laß mich nicht so lange warten, du weißt doch, für mich ist ein Tag schon lang.‹ Sie nickt und ruft mich zurück, als ich gehen will. ›Du hast doch diese Klebstreifen noch?‹ fragt sie. Ich weiß, was sie meint, und will den kleinen ... holen. Sie folgt mir. ›Bringe das da noch dorthin‹, sagt sie, ›dort ist ein junger Mann, der wird dich verführen.‹ Bei dem Wort ›verführen‹ drehe ich mich erschrocken zu ihr um und rufe aus: ›Aber dann ist das ja wieder nichts Richtiges!‹ Sie sieht mich traurig an und antwortet: ›Eben!‹ ›O nein, warum dann das alles?‹ frage ich sie aufschluchzend. Sie legt den Arm um mich und sagt liebevoll: ›Du hast doch das alles so wunderbar selbst erkannt‹, und ich gebe selbst die Antwort: ›Um unabhängig zu werden. Aber warum tut es dann so schrecklich weh?‹ frage ich sie weinend, den Kopf an ihre Schulter gelehnt. ›Die Höhlen müssen erst ausgeräumt werden, und das ist nun mal ein schmerzhafter Prozeß‹, antwortet sie sanft und voller Verständnis. Ich wache weinend auf.«

Noch voller Ergriffenheit erzählte die Träumerin diese nächtliche Offenbarung, deren Wirkung so intensiv war, daß sie mehrere Tage nachklang. Sie meinte aber auch, daß unsere Sprache diese Erfahrung nicht wiederzugeben vermag. Wir müssen uns also vor allem in die Bilder einfühlen, wollen wir die Dimension dieses Traumes erfassen. Aber so ist das nun einmal mit allen seelischen Erlebnissen – sie berühren auf *Gefühlsebene*.

Natürlich ist *jeder* Traum eine Brücke zum Unbewußten, zur Seele. Doch die Begegnungen in der inneren Welt hinterlassen – ähnlich den Zusammentreffen in der äußeren Welt – eben ganz unterschiedliche Wirkungen. Neben oberflächlichen Kontakten mit geringem Effekt und Einfluß auf unser Dasein gibt es die Sternstunden unserer Existenz, wenn eine Begegnung wesentliche Dinge in unser Leben bringt oder revolutionäre Umwälzungen bewirkt. Ein entscheidendes Merkmal bei *direkten* Kontakten zu den lichten Seelenmächten ist die *Innigkeit* und *Gefühlsbetontheit* der Erfahrung, die in der Gewißheit stattfindet, *daß man es gut mit uns meint*.

Die Träumerin hatte diesen Trost nötig – die Beendung einer langjährigen Partnerschaft ist schließlich eine existentielle Angelegenheit und herausfordernde Krisenzeit. Als WIDDER-Geborene tut sie sich zusätzlich schwer damit, daß dieser Prozeß in ihren Augen so furchtbar langsam fortschreitet.

Sie würde sich wünschen, daß es »Schnipp!« macht und der »richtige« Partner vor ihr steht, mit dem sie dann ein glückliches Leben verbringen kann. Im Laufe der Traumarbeit hat sie begriffen, wie wichtig es für sie zunächst ist, eine gewisse innere Unabhängigkeit zu erreichen, anstatt sich kopfüber in die nächste Beziehung zu stürzen. In diesem Traum wird ihr Zwiespalt deutlich: Einerseits erkennt sie genau, worum es jetzt vorrangig geht, und andererseits quält sie der Schmerz des Alleinseins und sie wünscht sich nichts sehnlicher als eine neue Partnerschaft. So wurde ihr dieser Traum geschickt, um Seelentrost zu spenden, ihr zu zeigen, daß sie nicht allein ist, und sie zu bestärken auf ihrem Weg zu sich selbst.

Im Gegensatz zur äußeren Kommunikation auf der intellektuellen Ebene geschieht die »Seelenkommunikation« auf unbewußter Ebene direkt, spontan und absolut ehrlich; hier machen wir uns nichts vor und können uns auch nichts vormachen, weil diese Vorgänge autonome Prozesse sind. Dem Unbewußten ist nichts zu verheimlichen – und das ist auch gut so! »So wie die Kinder alles vom Familiengeschehen mitbekommen, ohne zu wissen, was, so erfährt Unbewußtes vom Unbewußten alles ›irrtumslos‹.« (Aus: MICHAEL LUKAS MÖLLER, *»Die Wahrheit beginnt zu zweit«*, Seite 34.)

Auf unbewußter Ebene wird die Wahrheit gesprochen – gerade deshalb ist jeglicher Versuch, die Seele von außen zu beeinflussen, kritisch zu betrachten. Meistens steckt hinter Methoden, dem Unbewußten etwas zu suggerieren oder gewaltsam etwas auf seelischer Ebene erreichen zu wollen, ein grundlegendes Mißtrauen in die Wirkweise und das Wohlwollen der autonomen Seelenkräfte; oft ist es auch Ungeduld und modernes Leistungsdenken, was schnell Erfolg und Resultate sehen will. Es ist etwas grundlegend anderes, ob wir uns den Äußerungen der Seele annehmen, darauf eingehen und ihre Autonomie akzeptieren (so wie wir ja auch die Eigenständigkeit unserer äußeren Ansprechpartner normalerweise nicht in Frage stellen) oder ob wir gewaltsame Manipulationsmethoden anwenden, um die Wahrheit nicht hören zu müssen.

Auch die Frage »Kann und darf ich meine Träume steuern?« gehört hierher. Wer sich von dieser Fragestellung angesprochen fühlt, sollte zunächst in sich gehen und sich selbst ganz ehrlich nach den Motiven fragen.

Vor allem die *Hypnose* kann als gewaltsamer Zugang zum Unbewußten mißbraucht werden, weil im hypnotisierten Zustand der freie Wille zumindest eingeschränkt ist. Zudem läßt sich nicht mit Sicherheit bestimmen, was dadurch auf seelisch-unbewußter Ebene ausgelöst wird. Ob eine Hypnosesitzung aus therapeutischen Gründen sinnvoll, hilfreich und ohne schädliche Nebenwirkungen ist, läßt sich vom Kopf allein meist kaum entscheiden. Am besten ist es, wenn die Seele selbst nach Hypnose verlangt, etwa in einem *unzweifelhaften* Traum, der eine solche Behandlungsmethode empfiehlt und möglichst auch noch den passenden Hypnotiseur aufzeigt. Kontinuierliche Traumarbeit im Sinne einer Traumtherapie dürfte jedoch in den meisten Fällen unserer »alltäglichen Neurosen« Hypnosebehandlungen überflüssig machen.

Wenn wir von unserer »*Naturseite*« sprechen, dann ist damit ebenfalls ein Bereich im Unbewußten gemeint. GOETHE schrieb: »Die Natur ist immer wahr, immer ernst, sie versteht keinen Scherz und kennt auch keine Kompromisse. Sie hat immer recht, während die Fehler und Irrtümer immer von den Menschen gemacht werden.« In diesem Sinne: Unsere Träume, Gefühle, Phantasien – als Ausdruck der inneren Naturseite – irren nie, sagen immer die Wahrheit über uns, egal, wie uns das passen mag. Die Frage ist nur, ob wir diese seelischen Ausdrucksformen verstehen (wollen) und wie wir damit umgehen, welche Konsequenzen wir daraus ziehen.

Wie schon MARIE LOUISE VON FRANZ feststellte (siehe oben), lernen wir die unbewußte Psyche am besten durch ihre Äußerungen kennen, die über die Bewußtseinsschwelle gelangen. FREUD bezeichnete in dieser Hinsicht unsere Träume als »Königsweg ins Unbewußte«. Sie geben uns Auskunft über die inneren Zustände und unseren Bezug zu den verschiedenen Wesensseiten (die den individuellen Konstellationen der Astrologie entsprechen). Darüber hinaus wird uns im Traum auch »kollektive Wahrheit« in Form von Kunst und Genialität gezeigt, die wahre Künstler über die Schwelle zu bringen und uns vor Augen zu führen vermögen. So sagte beispielsweise ALBRECHT DÜRER: »Ach wie oft seh ich große Kunst und gut Ding im Schlaf, desgleichen mir wachend nit fürkommt!« (Aus seinem Nachlaß.) HÖLDERLIN ließ ebenfalls keinen Zweifel an der Dimension der seelischen Traumwelt: »Ein Gott ist der Mensch, wenn er träumt, ein Bettler, wenn er nachdenkt.« (Aus: »*Hyperion I*«, 2.)

Und schließlich haben wir durch die Traumbeobachtung die Möglichkeit, die »Vorformung des Schicksals« auf seelischer Ebene zu erkennen und rechtzeitig zu handeln, um unserem Ich und dem Körper unnötige leidvolle Erfahrungen zu ersparen. Was ist das sogenannte Schicksal (STEINBOCK-Prinzip) auch anderes als das, was wir heimlich im tiefsten Inneren unserer Seele selbst gewebt haben und was dann scheinbar schicksalhaft von außen auf uns zukommt?!

Die Definitionen der zentralen KREBS-Themen

Angesichts dieser großen Bedeutung der Seele und der seelischen Sprache wundert man sich, weshalb diesem Bereich in unserer heutigen Zeit so wenig Aufmerksamkeit geschenkt wird. Selbst in der sogenannten Seelenkunde, der Psychologie als wissenschaftlicher Disziplin, scheint das Wissen um die Seele beziehungsweise deren Existenz nur eine untergeordnete Rolle zu spielen, schaut man sich die Studienpläne für angehende Psychologen an. C.G. JUNG sagte zur Beziehung von Psychologie und Seele: »In der Psychologie von heute muß man sich zur Erkenntnis durchringen, daß das Seelische als das Unmittelbarste das Unbekannteste ist, obschon es das Allerbekannteste zu sein scheint.« (»*Gesammelte Werke*«, Band 6.)

Weil der freudsche Begriff des Unbewußten auch heutzutage noch an einen »inneren Mülleimer« denken läßt, an einen ausschließlich dunklen, stinkenden und gefährlichen Bereich – der zweifelsohne auch existiert, aber eben nur als kleiner Teilbereich in der unbewußten Psyche, nämlich als das dunkle Verlies der verdrängten, »verhexten« Kräfte –, sollen abschließend noch drei »Fürsprecher« der seelisch-unbewußten Dimension zu Wort kommen. Zunächst GEORG GRODDECK, der einst als »Enfant terrible« der dogmatischen Psychoanalyse galt: »Denn was unser Leben und Wesen gestaltet, ist nicht bloß der Inhalt unseres Bewußten, sondern in viel höherem Grad unseres Unbewußten. Zwischen beiden, der Region des Bewußten und der des Unbewußten, ist ein Sieb, und oben im Bewußten bleiben nur die groben Dinge zurück, der Sand für den Mörtel des Lebens fällt in die Tiefe des Es, oben bleibt nur die Spreu, während drunten das Mehl für das Brot des Lebens gesammelt wird, drunten im Unbewußten.« (Aus: »*Das Buch vom Es*«, Seite 101.)

Es sei angemerkt, daß das »Es« in der Psychoanalyse einen autonomen Bereich innerhalb der unbewußten Psyche charakterisiert.

Das bekannte US-amerikanische Medium JANE ROBERTS schreibt in einem ihrer Bücher, »*Dialog der Seele*« (Seite 347): »Das Unbewußte ist der ständige Schöpfer unserer Individualität und nicht sein Usurpator (›Thronräuber‹; der Verf.); es ist nicht der finstere König, der stets darauf aus ist, uns zugrunde zu richten und sein eigenes Königreich zu errichten. Ohne das Unbewußte gäbe es gar kein Königreich des Bewußtseins. Der Glaube an die bedrohlichen Elemente des Unbewußten versetzt uns in Angst vor der Quelle unseres eigenen Seins und beeinträchtigt eine umfassendere Entfaltung der Individualität ...«

Besser als jede rationale Deutung der Seele vermag ein Dichterwort von ANGELUS SILESIUS anzurühren:

»Die Seel ist ein Kristall, die Gottheit ist ihr Schein,
der Leib, in dem du lebst, ist ihrer beider Schrein.«
(Aus: »*Der cherubinische Wandersmann*«)

Die alltägliche Magie der Dinge

Alle Wesen mit einer Seele beeinflussen sich auf seelisch-unbewußter Ebene gegenseitig. Der Mensch besitzt darüber hinaus die Fähigkeit, auch die Dinge der sogenannten unbelebten Natur zu »beseelen«, wie wir das vor allem als Kinder spontan getan haben, als wir unseren Puppen und Stofftieren »Leben einhauchten«. Natürlich waren diese Puppen nicht real, das heißt auf körperlicher Ebene lebendig, aber für die Seele des Kindes war das keine Frage. Es ist daher keine Seltenheit, wenn die Lieblingspuppen in den Träumen unserer Sprößlinge sprechen können und ein Eigenleben führen.

Und auch als Erwachsene beseelen wir die Dinge, die uns sehr am Herzen liegen, und verbreiten »unsere« Atmosphäre in den Räumen, in denen wir uns häufig aufhalten. Ziehen wir unsere Gefühle von dem jeweiligen Objekt allmählich zurück, etwa wenn wir älter werden und die Puppe nicht mehr interessant ist oder wenn wir umziehen, dann verlieren diese Dinge ihren »Zauber«. Die Puppe, vormals ein wichtiger Freund und Begleiter, ist dann bloß noch ein x-beliebiger Gegenstand, und die Wohnung, aus der wir ausziehen, wird um so unpersönlicher, je mehr wir unsere Aufmerksamkeit davon abziehen und dem neuen Domizil zuwenden. JANE ROBERTS berichtet von einer solchen Erfahrung während eines allmählichen Umzuges: »Als wir eines Nachmittags in unsere Wohung in der Water Street zurückkehrten, stellte ich fest, daß sie rasch an Magie verlor; sie schien nicht mehr die ›unsere‹ zu sein. Wir zogen uns auf merkwürdige Weise daraus zurück.« (Aus: »*Dialog der Seele*«, Seite 273.)

Wir erfahren das Leben in dem Licht, mit dem wir es beleuchten. Sind wir verliebt, »hängt der Himmel voller Geigen«; trauern wir, erscheint uns das Dasein trüb. Das ist die natürliche »Magie« des Lebens, die unbeabsichtigt ständig stattfindet. Im Verlauf der Individuation emanzipieren wir uns schrittweise aus einer unbewußten Fixierung der magischen Welt, wobei das Pendel in unserer Zeit zu sehr in die Richtung einer extremen Rationalität ausgeschlagen hat. So gilt es für uns moderne Menschen, aktiv und bewußt an der »Wiederverzauberung der Welt« im Sinne der Integration des Seelischen zu arbeiten.

Die Definitionen der zentralen KREBS-Themen 61

In der Phase der frühen Kindheit durchleben wir noch einmal das magische Stadium der Menschheitsentwicklung. Magische Ängste, die uns im Erwachsenenalter noch zu schaffen machen, stammen aus dieser frühkindlichen Zeit und warten auf Erlösung. Nachfolgend ein Traum aus dem KREBS-Monat, der um die magischen Ängste des Seminarteilnehmers kreist, mit dem Titel »Magische Rituale«.

»Ich bin im Zimmer meiner Frau. Es sind Brandstellen und Aschehäufchen von (schwarz-)magischen Ritualen auf dem Boden. Sie weiß, daß ich auch magische Fähigkeiten habe, und will zusammen mit mir einen Zauber vollziehen. Dann will sie ohne mich vorübergehend weggehen, jemand besuchen. Vorher ging es noch darum, eine vorerst letzte Waschmaschinenladung für meine Mutter zusammenzustellen, weil meine Eltern dann auch in Urlaub gehen können.«

Dieser Traum konfrontiert den Mann mit der zuweilen irrationalen Wesensart seiner KREBS-betonten Ehefrau. Er, der sich als »Bewußtseinsmensch« bezeichnet, berichtet, daß ihm das gefühlsbetonte, oftmals rational nicht nachvollziehbare Verhalten seiner Frau früher sehr verunsicherte. Sie hatte auch eine konträre Einstellung zu Pflicht und Ordnung (STEINBOCK-Prinzip): Was sie als kreatives Chaos bezeichnete, empfand er als unangenehmes Durcheinander. Mittlerweile hat er die Vorzüge dieser (KREBS-) Seite erkannt, vor allem seit ihm durch die Träume bewußt wurde, daß seine Ängste vor der ungreifbaren Welt der Gefühle noch aus seiner Kindheit stammen und auf Erlösung warten. Die Ehefrau bot unserem Teilnehmer bislang eine gute Projektionsfläche für seine »magischen Ängste«. Er erinnert sich daran, daß er oft den Eindruck hatte, sie treibe hinter den Kulissen ein Spiel mit ihm und übe subtile Macht aus. Dieses Gefühl kannte er aus seiner Kindheit. Solche Projektionen, die als unbewußte »magische Rituale« die Beziehung vergiften, gestalten das Miteinander äußerst schwierig.

Die Empfänglichkeit für jede »magische Beeinflussung« oder für eine subtile Machtausübung durch den Partner hängt entscheidend vom Bezug des Betreffenden zu seiner eigenen irrationalen, MONDhaften Seite ab. Wird diese abgelehnt und verdrängt, sind wir den Manipulationsversuchen unserer Umwelt, die sich auf der unbewußten Gefühlsebene abspielen, hilflos ausgeliefert.

Inzwischen hat der Träumer bemerkt, daß auch er diese »magische Seite« in sich trägt. In seinem Traum erkennt die Ehefrau ihn als gleichwertigen »Magier« an und will mit ihm zusammen zaubern. Voraussetzung für diese

Veränderung ist die Bereinigung der inneren Mutterproblematik des Träumers, die im Bild der schmutzigen Wäsche, die gewaschen werden soll, ihren Ausdruck findet. Eine letzte Ladung noch, dann kann die Mutter in den wohlverdienten Urlaub fahren.

Diese Passage ist ein hoffnungsvoller Ausblick darauf, daß sich ein entspannter Zustand zwischen den Eheleuten einstellen wird. Aus seinem Tagebuch zitiert er in diesem Zusammenhang die jüngste Eintragung: »Heute war ein schöner Tag, vor allem weil es sich derzeit so gut und unkompliziert mit meiner Frau anfühlt. Ich schätze die Nähe und die Gefühle, die wir miteinander aufgebaut haben. Ich empfinde sie sehr weich und weiblich. Sie fühlt sich so an, wie ich sie einst kennen- und liebengelernt habe.«

Diese Feststellungen sind für den Träumer keineswegs alltäglich, denn in der Vergangenheit überwogen die Konfrontationen mit der Ehefrau. Weil aber beide Partner guten Willen zeigten und auch in Zeiten des Beziehungskampfes an sich arbeiteten, stellt sich allmählich ein freieres Gefühl ein. Im Traum will die Ehefrau vorübergehend weggehen, was auf keine Einwände beim Träumer trifft. Wie die Aschehäufchen zeigen, ist so manche falsche Einstellung, die zu den Beziehungsproblemen führten, im reinigenden Feuer des Bewußtwerdens verbrannt und zu Asche geworden. Der »Zauber der Beziehung« kehrt in dem Maße zurück, in dem die »verhexten« Anteile erlöst werden.

Über den engen Zusammenhang von *Magie* und *Ritual* schreibt HANS TAEGER in »*Astroenergetik*« (Seiten 164–165): »Die magische Handlung, das Ritual beruht auf einem geistigen Vorgang, bei dem die Seele kooperativ die gefühlsmäßige Komponente, die tiefe Ergriffenheit von Vorstellungsbildern oder gefühlsmäßig besetzten Einbildungen beisteuert. Die Vorstellungsgabe, Fantasie und tiefe Berührtheit (rein subjektive Eigenschaften), die Kraft und Intensität der Aufladung der seelischen Bilder steht in direkter Wechselwirkung mit der Intensität und somit der Wirksamkeit magischer Praxis. Sowohl auf- als auch abwertend kann man also sagen: Magie beruht auf Einbildung... In diesem Sinne sind wir alle Hobbymagier, ob wir dies nun wissen oder nicht ...«

Gefühle

Wenn wir hier von den Gefühlen als Ausdrucksmittel des *inneren Wasserelementes* sprechen, ist es zunächst nötig, diese gegenüber der Triebkraft des WIDDERS, den Sinneswahrnehmungen des STIERS und der gedanklichen

Die Definitionen der zentralen KREBS-Themen 63

Ebene der ZWILLINGE abzugrenzen. Im alltäglichen Sprachgebrauch werfen wir gerne alle inneren Regungen in einen Topf und sprechen unterschiedslos von »Gefühlen«, wenn wir so Verschiedenes wie Aggression, Empfindsamkeit, Körperwahrnehmung, Intuition, Stolz oder Trauer meinen. Wollen wir hier differenzieren, vermag die Astrologie zu helfen. Bei einem Kleinkind sind die Gefühlsreaktionen noch kurz, heftig, schnell wechselnd und ungehemmt – es ist noch ganz »Trieb« (WIDDER-/MARS-Kraft). Damit sich sein Gefühlsleben (MOND) entwickeln und entfalten kann, braucht es vor allem positive Zuwendung, ein Gefühl von Geborgenheit, Zärtlichkeit sowie Anregungen und Ermutigungen.

Jene inneren Regungen, die wir im Zusammenhang mit dem KREBS-/MOND-Prinzip »Gefühl« nennen, sind die Bewohner der »seelischen Wasserwelten«. Tauchen sie aus dem Wasserelement an die Oberfläche, dann treten sie für einen Moment in die lichte Sphäre des Bewußtseins ein, um erkannt und bewußt wahrgenommen zu werden. Die Seele spricht zu uns – auch und vor allem durch die Gefühle, den lebendigen Botschaftern der Seele.

KREBS als kardinales Wasserzeichen legt uns nahe, daß die Gefühle *persönlicher Art* und an sich zunächst *unbewußt* sind. Das »Bewußtseinsprinzip« LÖWE/SONNE ist dann das Stadium der bewußten Realisation und Integration des vormals »nur« Gefühlten. Doch zunächst erfahren wir die Gefühle als *Empfindung*, mehr als *Ahnung* denn als Gewißheit. Im Gegensatz zur starken Emotionalität der WIDDER-/MARS-Energie, die sich etwa in einem Aggressionsausbruch entlädt, sind das, was wir hier »Gefühle« nennen, zarte, sensible Wesen, die uns ihre Botschaften »zuflüstern«. Gefühle hängen eng mit *Vertrauen* zusammen. Vertrauen wir, kommen sie wie scheue Rehe aus ihrem Versteck. Vertrauen und Gefühle brauchen wie Pflanzen Zeit und günstige Bedingungen zum Wachsen. »Vertrauen ist eine zarte Pflanze. Ist es zerstört, so kommt es so bald nicht wieder.« Dieses Zitat von BISMARCK verdeutlicht, daß wir behutsam und vorsichtig mit unseren Gefühlen und denen unserer Mitmenschen umgehen sollten. Dies sei vor allem den Feuerzeichen ans Herz gelegt, die oft vorschnell reagieren und unbedacht mühsam gewachsene Vertrauenspflanzen ausrupfen.

Da die Gefühle dem Wasserelement angehören, sind sie von sehr *veränderlicher* Wesensart, ständig im Fluß und zunächst von »kühler Qualität« – erst ihre Bewertung macht uns »warm« oder »heiß«! Lehnen wir eine bestimmte Empfindung ab, ist das eben eine ganz andere Reaktion, als wenn wir sie akzeptieren und zulassen können. Hier wird deutlich, ob wir die ZWILLINGE-Energie integriert haben und eine *Offenheit* für alle unsere inneren Regungen entwickeln konnten.

Zu empfinden und zu fühlen heißt nicht gleichzeitig zu bewerten. Mache ich gerade ein seelisches Tief durch, kann ich dennoch diesen Zustand akzeptieren. Weigere ich mich (unbewußt) jedoch und lehne eine bestimmte Art von Gefühl ab, raubt mir das Lebenskraft und kann zu Depressionen oder depressiven Verstimmungen führen. Dieser Zustand kommt dann einer oppositionellen Haltung gegenüber dem ursprünglichen, natürlichen Gefühlszustand gleich.

Gefühle sprechen, wie die Träume, immer die Wahrheit! SCHILLER schrieb an GOETHE: »Auch ist nicht zu leugnen, daß die Empfindung der meisten Menschen richtiger ist als ihr Räsonnement. Erst mit der Reflektion fängt der Irrtum an.« Die Angst vor den Gefühlen in unserer Zeit entspricht der kollektiven Verdrängung der weiblich-seelischen Naturseite. Um diesen Zustand der seelischen Starre aufzulösen, den Gefühlsfluß wieder in Gang zu bringen, gilt es, Gefühle wieder zuzulassen, ohne dabei ins Extrem einer mimosenhaften Wehleidigkeit und Gefühlsduselei zu verfallen. Das Risiko besteht in seelischer Verletzung, der Lohn in einer wundervollen seelischen Harmonie, wenn wir mit einem Menschen unsere Gefühle teilen können. JEAN PAUL, ein Dichter der deutschen Romantik, meinte: »Wer nicht zuweilen zuviel und zu weich empfindet, der empfindet gewiß immer zuwenig.«

Die literarische Sprache der Gefühle ist die Poesie. Sie eignet sich am besten dazu, Gefühle auszudrücken. RAINER MARIA RILKE ist einer der begnadeten Dichter, die in wundervollen Sprachbildern die Wahrheiten der Seele aussprechen konnten. Hier das Gedicht »Fortschritt« aus seinem »*Buch der Bilder*«:

> »Und wieder rauscht mein tiefes Leben lauter,
> als ob es jetzt in breiteren Ufern ginge.
> Immer verwandter werden mir die Dinge
> und alle Bilder immer angeschauter.
> Dem Namenlosen fühl ich mich vertrauter:
> Mit meinen Sinnen, wie mit Vögeln, reiche
> ich in die windigen Himmel aus der Eiche,
> und in den abgebrochenen Tag der Teiche
> sinkt, wie auf Fischen stehend, mein Gefühl.«

Die Definitionen der zentralen KREBS-Themen 65

Im Umgang mit der Astrologie ist darauf zu achten, daß diese nicht zur Gefühlsverdrängung (Rationalisierung) mißbraucht wird. Etwa wie dies eine Seminarteilnehmerin tat, die ihren Ehefrust mit den Worten rationalisierte: »Aber mein Mann hat doch den MOND im STEINBOCK im ersten Haus!« Damit fegte sie zunächst alle innere Betroffenheit über ihre Situation vom Tisch. Als sie anschließend einen Phantasiedialog mit ihrem Mann wagte, kamen bald echte Gefühle zum Vorschein. Erst wenn die zurückgehaltenen Tränen fließen konnten, die verdrängte Wut sich entladen hat, ist es für den Betreffenden sinnvoll, eine Situation zu analysieren! (Der dazugehörige »Kontaktflüssigkeitstraum« ist im ZWILLINGE-Band besprochen.)

Stehen wir in guter Beziehung zu unseren Gefühlen, dann besitzen wir die Gabe des *Einfühlungsvermögens* (damit dieser Segen nicht zum Fluch wird, ist gleichzeitig Abgrenzungsfähigkeit vonnöten!). Um uns besser in Mitmenschen, Situationen oder uns selbst einfühlen zu können, träumen wir davon und werden dadurch auf seelischer Ebene berührt und vorbereitet. Erinnern wir den Traum und fühlen wir uns im Wachzustand bewußt in die Traumpersonen, Situationen oder eigenen Wesenszüge ein, kann es uns leichter fallen, auch deren reale Entsprechungen besser zu verstehen. Erst wenn wir uns unserer eigenen Gefühle sicher sind, wird es uns gelingen, uns in unsere Mitmenschen hineinzuversetzen und Mitgefühl zu empfinden!

Natur

Triebnatur, Körpernatur, Gedankennatur, Gefühlsnatur – so viele Naturen und noch viel mehr kennen wir in unserem Sprachgebrauch. Doch was bedeutet der Begriff Natur an sich? Das »Duden-Herkunftswörterbuch« definiert Natur folgendermaßen: »...das ohne fremdes Zutun Gewordene, Gewachsene ... häufig übertragen gebraucht im Sinne von ›Wesen, Art; Anlage‹.« Natur ist demnach also etwas, das ohne den Menschen und im übertragenen Sinne ohne das menschliche Ich-Bewußtsein existiert: die äußere Natur wie auch die innere Seelennatur im Unbewußten. Das Selbst-Bewußtsein (LÖWE) formt sich erst aus diesem »wesenhaften« Naturbereich allmählich heraus.

Das »*dtv-Brockhaus*«-Lexikon definiert Natur als »... die ursprüngliche Art oder eigentümliche Beschaffenheit eines Seienden ... metaphysisch das ›realste‹ Sein als Urprinzip der Wirklichkeit überhaupt.« Die äußere Natur ist somit Symbol für die innere Naturseite, die ihrem Wesen gemäß immer ein *Inneres* ist (Wasserelement!). Astroenergetisch unterscheiden wir die äußeren Formen der Natur – etwa die verschiedenen Landschaftsformen –, die Ausdruck des Erdelementes (STIER) sind, von dem eigentlich naturhaften Wesen der lebendigen Seele, die die Gebilde der Natur beseelt. Es ist also einseitig, wenn wir von der Naturzerstörung reden und damit nur die Vernichtung der äußeren Form der Tiere, Pflanzen und Bäume meinen. Da die Natur etwas Inneres, das heißt eine nicht-physische Kraft ist, läßt sie sich auch nicht zerstören, wie man etwa einen Baum fällen kann. Es ist vielmehr so, daß wir Menschen heutzutage unseren Bezug zur Naturkraft – auch und vor allem in uns selbst! – verloren haben und ihn deshalb nur *in uns* wiederfinden können. Es ist unfraglich überlebenswichtig für unsere physischen Körper, daß beispielsweise der tropische Regenwald gerettet wird, doch wird uns das mißlingen, wenn wir nicht gleichzeitig darangehen, die Ursache der Krankheit, die in uns selbst liegt, auch an dieser Stelle zu heilen, individuell wie kollektiv!

Die äußere Form der Natur etwa in einer schönen Landschaft, einem Wald oder See zu erleben, bedeutet nicht automatisch, auch in deren inneres Wesen einzudringen und die eigentliche Naturkraft zu erleben. Letzteres ist eine Offenbarung, wie GOETHE sagte:

»Was kann der Mensch im Leben mehr gewinnen,
als daß sich Gott-Natur ihm offenbare,
wie sie das Feste läßt zu Geist gerinnen,
wie sie das Geisterzeugte fest bewahre?«

Weiterhin stellte GOETHE in seinem »*Faust I*« fest, daß sich diese Offenbarung des Inneren der Natur nicht erzwingen läßt:

»Geheimnisvoll am lichten Tag,
läßt sich Natur des Schleiers nicht berauben,
und was sie deinem Geist nicht offenbaren mag,
das zwingst du ihr nicht ab mit Hebeln und mit Schrauben.«

Daß in dem natürlichen Prozeß der Schöpfung ein Sinn waltet, betonte schon ARISTOTELES: »Die Natur macht nichts vergeblich.« Daher ist auch jede Äußerung der inneren Natur in Gefühlen, Träumen und Phantasien sinnvoll und nützlich. Sogenannte *Natur*wissenschaftler, die noch immer das Gegenteil behaupten, haben mit Sicherheit noch nicht versucht, der Sprache ihrer Seele zu lauschen und diese zu verstehen.

Subjektivität

Die seelisch-gefühlsmäßige Dimension ist das subjektive Element des Daseins. Die Subjektivität unserer Seele wird am deutlichsten durch die Subjektivität unserer Empfindungen fühlbar.

Ein Beispiel: Stellen Sie sich vor, Sie sitzen mit elf weiteren Personen in einem Raum und hören ein Musikstück. Sie hören alle dieselben Töne und Klangfolgen, und doch wird jeder der zwölf Hörer etwas anderes dabei empfinden, assoziieren, phantasieren, wie sich in einem anschließenden Gespräch leicht feststellen läßt. Durch den Filter Ihrer Subjektivität erleben Sie Ihre individuelle Aufführung; was dabei in Ihnen vorgeht, können nur Sie selbst wissen.

Ebenso verhält es sich mit der Energetik unseres Daseins. Die Energien, die unser Leben ausmachen, sind ständig in Bewegung und bewirken Veränderungen; damit ist der kontinuierliche Fluß des Lebens gemeint, der sich in den Zyklen der Himmelskörper widerspiegelt und den die Astrologie zu deuten versucht. Unser Musikstück wäre in dieser Hinsicht ein Gleichnis der »kosmisch-energetischen Sinfonie«, deren »Melodien« unablässig und in steten Variationen erklingen. Dies ist ein objektiver Faktor – die jeweilige Zeitenergetik (Zeitqualität) ist, wie sie ist, und die Astrologie kann sie benennen. Unsere persönlichen Reaktionen darauf sind entsprechend unserer individuellen Konstellationen dagegen subjektiv.

Musik

In der Musik haben wir eine wundervolle Entsprechung der inneren Gefühlspalette. Wie die Gefühle an sich *Transportmittel* für seelische Inhalte sind, »transportiert« die Musik die unterschiedlichsten Gefühle und aktiviert entsprechende Regungen in uns. RICHARD WAGNER meinte: »Die Musik spricht nicht die Leidenschaft, die Liebe, die Sehnsucht dieses oder jenes Individuums in dieser oder jener Lage aus, sondern die Leidenschaft, die Liebe, die Sehnsucht selbst.«

Die Abwendung vom dominierenden Wasserelement (das sich in einem magischen Weltbild und in einer innigen seelischen Verbundenheit mit der Natur manifestierte) ist im musikalischen Bereich durch das Steigen des Kammertons zu erkennen. Orientierte sich dieser Ton in Barock und Klassik noch am »MOND-Ton« (an der MOND-Schwingung), wurde er mit Beginn der Aufklärung um 1820 erhöht, um die Musik »glanzvoller« (SONNEN-Prinzip) zu machen.»Dadurch aber verließ die abendländische Musik immer stärker das Resonanzfeld des Mondes, der nach alter Überlieferung in besonderem Maße für Kunst und für Künstler ›zuständig‹ ist. Der Stimm- und Kammerton der heutigen westlichen Musik steht in keiner einzigen Beziehung mehr zu irgendeiner kosmischen Schwingung.« (Aus: Beitext zur Klangkassette »*Der Ton der Erde, der Sonne, des Mondes*...« von JOACHIM ERNST BERENDT.)

Regression

Um die »psychischen Knoten« und energetischen Blockaden aufzulösen, die sich irgendwann in der Vergangenheit manifestiert haben, müssen wir an deren Ursprung zurückgehen. Dabei geht es nicht darum, sich in längst Vergangenem zu verlieren. Eine »Reise in die Vergangenheit« kann und soll gegenwartsbezogen gelebt werden, wenn unsere Jetztsituation in Zusammenhang mit einem ungelösten Komplex aus vergangenen Tagen steht. Das Zurückgehen ist ein Symbol, eine Beschreibung für das eigentliche *Nach-innen-Gehen*, bis wir an den »seelischen Ort« gelangen – an das Gefühl! –, das empfunden und damit erlöst werden will.

Der Begriff Regression, der von lateinisch *regressio* abstammt und »Rückgang« bedeutet, bezeichnet hier solche Zustände des Zurückgehens in frühere Entwicklungsstadien.

SIGMUND FREUD benutzte den Begriff hauptsächlich, um einen psychischen Abwehrmechanismus auszudrücken, erkannte aber auch regressive Zustände als Teil des schöpferischen Prozesses. »Vor neuen wissenschaftlichen und künstlerischen Leistungen befinden sich ihre Autoren oft in Zuständen primitiverer Realitätsbezüge. Sie verlassen vorübergehend konventionelle und etablierte Vorstellungsbahnen und stoßen auf unerwartete, mit den geläufigen Vorstellungen nicht ohne weiteres übereinstimmende Ideen oder Gedanken. Die Autoren finden aber nach dieser Regressions-(oder Inkubations-)Phase wieder den Zugang zur vollen und komplizierten Wirklichkeit ihres Tätigkeitsbereiches.« Dieses Zitat aus dem *»Lexikon der Psychologie«* (Herder-Verlag) schildert das vorübergehende Eintauchen in den KREBS-Bereich, das vordergründig und vorläufig als Entwicklungs-Rückschritt gesehen werden mag, aber letztlich dazu dient, in die eigene Tiefe zu gelangen, um aus der eigenen inneren Quelle neue Inspirationen zu schöpfen ...

Die zentrale Entwicklungsphase der KREBS-Energie

Ausgehend vom Sechsjahreszyklus der Felderwanderung (nach BRUNO und LOUISE HUBER), befinden wir uns im Alter zwischen achtzehn und vierundzwanzig Jahren auf unserer symbolischen Wanderung durch den Häuserkreis (des Horoskops) im KREBS-Haus (viertes Haus). Es ist die zentrale KREBS-Phase der menschlichen Entwicklung. Dieses Lebensalter, das sich an die Pubertätszeit anschließt, ist vor allem geprägt durch die Ablösung vom Elternhaus und den allmählichen Eintritt ins Erwachsenendasein. Die Voraussetzung dafür ist die *Integration der eigenen Gefühlswelt*. Der junge Erwachsene beginnt, seine *seelische Eigenart* zu entdecken – die Erwartungen, Normen und Werte der Eltern beziehungsweise der Gesellschaft verlieren dabei notwendigerweise an Bedeutung. Eine bewußtere Differenzierung ist die Folge, die dann in der nächsten Lebensphase (im LÖWE-Haus) angesagt ist.

Aber noch ist es nicht so weit, daß der junge Erwachsene sich selbst entdeckt hat. Zunächst findet er seine Gefühle in der *Projektion* auf das geliebte, in der Regel gegengeschlechtliche Wesen. Die allmähliche Abwendung vom Freundeskreis, der in der vorangegangenen ZWILLINGE-Phase noch eine große Rolle spielte, zugunsten eines Intimpartners setzt jetzt ein. Kuscheln, zärtlich sein, sich in ein Nest zurückziehen, um dort miteinander intim zu werden – das steht jetzt im Mittelpunkt des Interesses und erleichtert die Abnabelung vom Elternhaus. Jetzt ist auch die Zeit, in der die meisten jungen Menschen von daheim ausziehen, in ihre erste eigene Wohnung oder Wohngemeinschaft. Und als die Frauen noch in erster Linie Mutter zu sein hatten, trat die eigene Mutterschaft in der Regel in diesem Zeitraum ein.

Jetzt gewinnen auch die Träume für den jungen Menschen an Bedeutung – das heißt, wenn es zugelassen wird! –, da er allmählich ein Bewußtsein für die innere, symbolische Ebene des Daseins entwickelt. Natürlich kann und sollte ein spielerischer Umgang mit den Träumen auch schon in jüngeren Jahren erfolgen, doch ein wirkliches Erfassen dieser seelischen Botschaften setzt eine gewisse Reife voraus, die in dieser Entwicklungsphase erreicht wird.

Während der KREBS-Zeit im Jahreslauf wird unser Bewußtsein durch Alltagserleben und die Träume verstärkt auf diese Lebensphase gerichtet. Die Bewußtseinsfähigkeit in diesem Bereich ist jetzt besonders stark, so daß wir erkennen können, ob wir die entsprechenden Rätsel gelöst und integriert haben oder überfällige Entwicklungsschritte nachholen müssen.

Der KREBS-Archetyp bei C. G. JUNG

Der KREBS-Archetyp findet natürlich auch im Werk C. G. JUNGS gebührenden Ausdruck, wenngleich dieser selbst keine astrologische Zuordnung seiner Erkenntnisse vornahm. Die KREBS-Ebene seines Werkes besteht vor allem darin, dem modernen Menschen einen neuen, erweiterten Zugang zum Unbewußten und zu dessen Ausdrucksweisen und Symbolen zu vermitteln. Neben FREUD war er einer der entscheidenden Traumpioniere, der die nächtliche, innere Welt ins Blickfeld der Aufmerksamkeit gerückt hat. Sein gesamtes Werk kreist um das Thema des Unbewußten und dessen weitestmöglicher Bewußtmachung und Integration. Er trug wesentlich zur Aufwertung der unbewußten Psyche bei, indem er deren Sinngehalt, Tiefe und Transzendenz herausstellte; die Träume spielten für ihn dabei eine zentrale Rolle: »Der Traum ist die kleine verborgene Tür im Innersten und Intimsten der Seele, welche sich in jene kosmische Urnacht öffnet, die Seele war, als es noch längst kein Ichbewußtsein gab, und welche Seele sein wird, weit über das hinaus, was ein Ichbewußtsein je wird erreichen können ... Alles Bewußtsein trennt; im Traume aber treten wir in den tieferen, allgemeineren, wahreren, ewigeren Menschen ein, der noch im Dämmer der anfänglichen Nacht steht, wo er noch das Ganze, und das Ganze in ihm war, in der unterschiedslosen, aller Ichhaftigkeit baren Natur.« (Aus: »*Gesammelte Werke X*«, Seite 168.)

Vor allem auch was das Traumverständnis betrifft, befand er sich im Gegensatz zu seinem einstigen Vorbild und Lehrer SIGMUND FREUD, etwa mit der Meinung: »Träume sind keine beabsichtigten und willkürlichen Erfindungen, sondern natürliche Phänomene, die nichts anderes sind, als was sie eben darstellen. Sie täuschen nicht, sie lügen nicht, sie verdrehen und vertuschen nicht, sondern verkünden naiv das, was sie sind und meinen. Sie sind nur darum ärgerlich und irreführend, weil wir sie nicht verstehen. Sie wenden keine Kunststücke an, um etwas zu verbergen, sondern sagen das, was

Der KREBS-Archetyp bei C.G. JUNG 71

ihren Inhalt bildet, in ihrer Art so deutlich wie möglich. Wir vermögen auch zu erkennen, warum sie so eigentümlich und schwierig sind: Die Erfahrung zeigt nämlich, daß sie stets etwas auszudrücken bemüht sind, was das Ich nicht weiß und nicht versteht.« (Aus: »*Gesammelte Werke XVII*«, Seite 121.)

Außerdem entspricht der von JUNG festgestellte *Archetyp der Großen Mutter* sowie sein Modell der *Anima* (in Verbindung mit der WAAGE – siehe dort) dem KREBS-Prinzip. Sein Verständnis von der *Anima* als »Frau im Manne« ist, astroenergetisch gesehen, auf die »Frau in der Frau« zu erweitern. Der *Anima*begriff vereinigt die weiblichen MOND- und VENUS-Kräfte in sich, die ja im Horoskop sowohl des Mannes als auch der Frau konstelliert und daher psychische Realität sind. Die MOND-Seite der *Anima* ist deren weiblich-empfangender, irrationaler Aspekt.

Nachfolgendes Traumbeispiel eines Klienten soll das Gesagte veranschaulichen, es handelt sich um einen Traum vom 11.7.93 mit dem Titel »Die reiche Frau«:

»In einem großen Haus sind mehrere Menschen versammelt, die darauf warten, daß eine reiche junge Frau bekanntgibt, wem sie wieviel Geld vererbt beziehungsweise schenkt (stiftet). Ich bin auch unter den Anwesenden und gehe davon aus, eine stattliche Summe zu erhalten. Die reiche Frau legt ein unangenehmes, herrisches und arrogantes Verhalten an den Tag. Sie läßt die Leuten spüren, daß sie das Geld hat. Lakonisch gibt sie in aller Kürze ihre Vergabeentscheidung bekannt. Sie nennt einige Namen, unter anderem einen Jugendfreund von mir und andere, die sie sich anscheinend gerade ausgedacht und nicht einmal gründlich überlegt hat. Die Beträge sind zudem für ihren unermeßlichen Reichtum – ihr Eigentum beläuft sich auf etwa 300 Millionen DM – lächerlich gering und betragen jeweils nur einige tausend Mark. Ich gehöre nicht zu den Beschenkten, während diejenigen, die etwas erhalten haben, meiner Meinung nach wirklich nicht darauf angewiesen sind.«

Dieser Traum zeigt den unermeßlichen energetischen Reichtum, der in jenem weiblichen Wesensteil der Gesamtpsyche begründet liegt, den C.G. JUNG als *Anima* bezeichnet hat. Hier hat die *Anima* des Träumers die Gestalt einer jungen unbekannten und reichen Frau angenommen. Es stellt sich dann die Frage, weshalb sich die »innere Frau« des Träumers so abweisend ihm gegenüber verhält und warum er nicht in den Genuß des erwarteten Geldsegens kommt. Gerade in der Erwartungshaltung liegt aber das Problem, das die *Anima* so herrisch erscheinen läßt. Diese von unserem bewußten Ego unabhängige weibliche Seite begegnet jeglicher Art von Erwartungshaltungen mit Abwehr und »Trotz«. Sie, die ja dem Wasserelement angehört, will »fließen« dürfen. Dann offenbart sie der bewußten Persönlichkeit all ihre Schätze. Doch sobald wir sie unter Druck setzen, wehrt sie sich dagegen und gibt uns, wie wir im geschilderten Traum sehen, nicht die erwünschten Gaben. Es geht dabei vor allem um Gefühle, genaugenommen um den Zustand der »Seligkeit«, der uns abhanden gekommen ist.

Der Träumer hat sich bislang schwergetan, seine Gefühle zuzulassen und mitzufließen mit dem lebendigen Leben. Seine starke Betonung des Feuer- und des Erdelementes machte es ihm nicht leicht, loszulassen und das Leben anzunehmen, »wie es eben ist« – als Resultat eines Defizites an seelischer Nähe und innerer Geborgenheit in seiner Kindheit. Ist die Beziehung zur *Anima* gestört, fehlt uns die seelische Sphäre des Lebens. Der Träumer berichtet, daß er das Leben oft als Gedankenvorstellung, also vom Kopf her, erlebt. Er sagt, daß sich die Dinge dann irgendwie hohl und leer anfühlen, weil sie eben nur »gedacht« werden.

Die Gabe des Einfühlens und eine reiche, bunte Palette an Empfindungsmöglichkeiten zur Verfügung zu haben, ist nun gerade der Reichtum, der in der *Anima* ruht. Können wir sie lassen, wie sie ist, dann zeigt sie sich großzügig und verschwenderisch. Das Leben *fühlt* sich dann an, wie wenn wir uns in weichem, warmem Wasser befinden würden. Ein Gefühl, das wohl der Embryo im Mutterleib hat, nur eben nicht an ein äußeres Objekt (Mutter, Partner etc.) gebunden, sondern in sich selbst realisiert.

Die Integration der *Anima*, von C.G. JUNG als das Meisterstück auf dem Individuationsweg bezeichnet, ist eines der wesentlichen Lebensrätsel, die wir auf dem Weg zur Entfaltung des Menschseins zu lösen haben.

Vor dem Hintergrund dieser Überlegungen verstehen wir, warum im Gegensatz zum Träumer (zu dessen Traum-Ich) die anderen Traumpersonen Geldgeschenke von der *Anima* erhalten. Sie fordern nicht und erwarten nicht, sondern sind offen und aufnahmebereit. Daß der Träumer damit nicht einverstanden ist, zeigt sein Verhaftetsein in seinen Wertungen und Vorstellungen, die ihm suggerieren wollen, was richtig ist und was falsch. Auf seelischer Ebene gelten jedoch andere Gesetze als die Logik des Verstandes. Erkenntnisse der Ratio können von der Seele ganz anders, ja sogar konträr bewertet werden. Was unser Kopf als gut und richtig für uns befindet, mag die Seele, die den Menschen in seiner Ganzheit »sieht«, ganz anders beurteilen.

Allzugern spielt sich die Ratio, die als Diener engagiert wurde, um die Gestaltung des irdischen Lebens zu organisieren, als Herr auf und fordert geradezu den Widerstand der *Anima* heraus.

Das Traum-Ich, das die bewußte Persönlichkeit des Träumers verkörpert, darf sich dabei natürlich ebensowenig von der *Anima* abhängig machen. Eine herrische *Anima* drückt jenes Problem beim Mann aus, das JUNG als *Anima*-Besessenheit charakterisiert hat. Eine übermächtige weibliche Seite, der das männliche Prinzip nicht genügend Stärke entgegenzusetzen hat, läßt den Mann als unmännlich und weibisch erscheinen. Dagegen ist der Mensch mit sich im Einklang, wenn die männlichen und weiblichen Kräfte ihren wesensgemäßen Platz einnehmen. Konkret bedeutet das einen richtigen Einsatz der männlichen und weiblichen Energien in der Lebensbewältigung: daß wir dort einfühlsam, weich und passiv reagieren, wo dies möglich ist, und dort »kampfbereit« sind und uns zu distanzieren vermögen, wo eben dies notwendig erscheint.

Im geschilderten Traum ist es das unerlöste SATURN-/STEINBOCK-Prinzip, das den Träumer an die Ratio fesselt. Sein übergroßer Ehrgeiz und sein Leistungsdruck sind dabei unpassende Mittel, um Anerkennung und Zuwendung zu erhalten. Er erreicht damit das genaue Gegenteil: Die eigene weibliche Seite, die allein imstande ist, ihm ein dauerhaftes Anerkennungsgefühl zu vermitteln, wendet sich von ihm ab. Aufgerüttelt durch diesen Traum, ging der Träumer in sich und kümmerte sich mehr um die eigenen Gefühle. Die Seele quittierte diese Bemühungen unter anderem mit folgendem Traumstück:

»Ich bekomme unerwarteterweise mehrmals Geld von mir unbekannten Frauen. Einmal sind es sogar große Goldmünzen, die ich geschenkt bekomme und freudig entgegennehme.«

Im Gegensatz zu dem vorigen Traum erwartet er hier nicht und bekommt gerade deswegen das Geld, das in Form der runden Münzen für Ganzheitlichkeit und als Gold symbolisch für Bewußtwerdung steht.

Die Farben des KREBSES

Alle Farbtöne sind innig mit dem KREBS verbunden; sie symbolisieren im Alltagsleben und im Traum *Gefühlszustände*. Den vier Elementen als der Grundlage der Tierkreiszeichen sind folgende Farben astroenergetisch zugeordnet: Feuerelement – Rot, Erdelement – Gelb, Luftelement – Grün, Wasserelement – Blau. Da drei Tierkreiszeichen von jedem Element existieren, repräsentieren verschiedene Schattierungen der jeweiligen Farbe die einzelnen Zeichen. Lassen wir diese Farben auf uns wirken, können sie uns einen inneren Zugang zu dem jeweiligen Prinzip vermitteln. Umgekehrt demonstriert unsere subjektive Reaktion auf Farbtöne unseren individuellen, gefühlsmäßigen Bezug zu den jeweiligen Energien.

Schon GOETHE hat erkannt, wie eng Farben mit der menschlichen Seele verbunden sind; und die Farbtherapien der heutigen Zeit tragen dem Rechnung. Durch die Beobachtung der individuellen astrologischen Konstellationen und der Traumbotschaften werden wir in die Lage versetzt, uns bewußt mit den Farben zu beschäftigen, die uns gerade besonders berühren.

Die speziellen Farben des KREBSES nun sind *wäßrig-kühle* Farben mit Tiefenwirkung, vor allem die *Blautöne* des Wasserelementes, die beim kardinalen Wasserzeichen KREBS besonders »frisch« und klar sind. Vor allem, wenn es um die Seele geht, ist ein tiefes Himmelblau die entsprechende Farbgebung, wie etwa bei vielen Mariendarstellungen. Weiterhin ist das *Silber* des Mondes krebstypisch, und auch *Rosa*, wenn es darum geht, eine kindlich-naive Weltsicht auszudrücken, etwa durch die sprichwörtliche »rosarote Brille«. Geht es um die Darstellung der vegetativen Naturkräfte, sind kräftige *Grüntöne* eine Entsprechung.

Aquarellfarben vermögen die Wasserzeichen am treffendsten auszudrücken. Und mit *Pflanzenfarben* zu malen oder sich selbst aus Pflanzen Farben herzustellen, kann für KREBS-betonte Menschen ein besonderes Erlebnis sein.

Auch im Traum verkörpern obengenannte Farben KREBS-Qualitäten und -Thematiken. Wer träumend beispielsweise ein blaues Kleid anziehen soll, der wird vermutlich mit der »kühlen« Gefühlsseite konfrontiert und soll diese integrieren, wie das an folgendem Beispiel vom 24.6.1993 gezeigt wird. »Das blaue Kleid«:

Die Farben des KREBSES 75

»Karolin, eine Bekannte von mir, zeigt mir ein knallig orangefarbenes Kleid mit einfachem Schnitt, das sie gerade erstanden hat. Ich probiere es an. Es ist recht eng, aber paßt mir. Als ich es anhabe, hat es sich in ein Kleid von tiefblauer Farbe verwandelt, das jetzt wie ein Ballkleid aussieht. Darunter habe ich ebenfalls blaue Nylonstrümpfe mit Strapshaltern an. Eine unbekannte Frau mit etwa siebenjähriger Tochter kommt dazu, aber es ist mir nicht sonderlich unangenehm, so gesehen zu werden. Dann will ich das Kleid wieder ausziehen, was nicht so leicht geht, weil es recht eng ist. Ich bitte Karolin um Hilfe dabei.«

Dieser Traum stammt von einem männlichen Seminarteilnehmer, der gerade dabei ist, seine weibliche Gefühlsseite zu integrieren. In dem Bild des blauen Kleides und der dazugehörigen Damenunterwäsche probiert er aus, wie es sich anfühlt, eine Frau zu sein. Er reagiert sehr spontan auf den Impuls seiner Bekannten und zögert nicht, die Probe aufs Exempel zu machen. Es ist ihm auch nicht peinlich, von der anderen, unbekannten Frau und deren Tochter gesehen zu werden. Im übertragenen Sinne zeigt das seine Selbstsicherheit, die er im Umgang mit seiner Gefühlsseite (MOND-Bereich) entwickelt. Es fällt auf, daß außer ihm nur Frauen in der Traumhandlung auftreten; Frauen in verschiedenen Altersgruppen: die siebenjährige Tochter, deren Mutter, die er auf Mitte vierzig schätzte, und die fünfunddreißigjährige Karolin.

Der Traum zeigt den individuellen Bezug des Träumers zu seiner weiblichen Seite und die verschiedenen Entwicklungsstadien der Integration. Er ist nach einer längeren Zeit des »Beziehungkampfes« in seiner Lebensrealität so weit gereift, daß er die Mutter-Projektion auf seine Partnerin mehr und mehr zurücknehmen und in sich selbst entdecken kann, was er von ihr vergeblich zu bekommen hoffte. Das knallige Orange des Kleides am Anfang steht in Verbindung mit der WIDDER-SONNE Karolins. Es ist die Farbe der SONNE beziehungsweise des Feuerelementes und entspricht dem YANG-Impuls nach Bewußtsein, Aktivität und emotionaler Reaktion. Diese Seite der Medaille bildete bislang den Vordergrund des Lebens und Erlebens des ebenfalls feuerbetonten Träumers. Die Aspekte am anderen Ende des Spektrums, die der »kühlen« Sphäre des Wasserelementes (des Unbewußten), blieben oft auf der Strecke, sie wurden von der SONNE »überbelichtet«. Die Gabe des Fühlens, Empfindens und Erspürens einer Situation – ohne immer gleich alles wissen zu wollen! – konnte sich dadurch nicht genügend entfalten. Als Resultat ließ der Träumer die seelischen Entwicklungen nicht lange genug in sich reifen, was einer »seelischen Abtreibung« entspricht. Karolin beschreibt uns der Teilnehmer als ungeduldige Frau, die gerne mit dem Kopf durch die Wand geht, wie das WIDDER-betonte Menschen zuweilen tun, die dann jedoch ratlos sind, weshalb sie Kopfschmerzen haben. Vor dem Hintergrund dieser Informationen ist die Verwandlung des Kleides im Traum um so positiver zu bewerten: zum einen in ein weiblicheres Modell, und zum anderen vom aktiven Orange zum passiven Blau. In seinem individuellen Fall ist diese Veränderung ein notwendiger Schritt in die richtige Richtung. Sie bedeutet einen Zuwachs an seelischer Energie, eine Erweiterung seines Einfühlungsvermögens und Urvertrauens und die Fähigkeit, seelische Entwicklungen zuzulassen, »cool« zu bleiben, auch wenn es (scheinbar) kritisch wird.

Der Traum zeigt zunächst die »Anprobe«. Das Kleid ist noch recht eng, und der Träumer muß wohl noch einige andere anprobieren, um das »Seelenkleid« zu finden, das ihm entspricht.

Die Integration der (weiblichen) MONDhaften Wesensseite setzt die Entwicklung einer starken Männlichkeit voraus. Wie wir im Traum sehen, ist Initiative und Mut nötig, um diese ungewöhnliche Handlung zu vollziehen und den Blicken fremder Menschen standzuhalten. Ist es doch in unserer heutigen rationalen und gefühlsarmen westlichen Welt gerade für den Mann meist noch tabu, Gefühle, das heißt weibliche Seiten, zu zeigen.

Der Träumer konnte aus eigener Erfahrung gut nachvollziehen, daß die Integration der männlichen und die der weiblichen Kräfte Hand in Hand gehen. Um der irrationalen Kraft des KREBS-Archetypen standzuhalten und nicht deren magischer Sogwirkung zu unterliegen, ist ein gutentwikkeltes Selbstbewußtsein vonnöten. Schließlich kann es ja nicht darum gehen, daß die Männer jetzt alle »weibisch« werden. Je mehr man sich selbst (sein Selbst) gefunden hat, desto »ungefährlicher« und bereichernder ist das Zulassen der Impulse des Unbewußten, in dem Traum durch das Anziehen des tiefblauen Kleides symbolisiert.

Menschen mit KREBS-Betonung wird eine entsprechend kolorierte Kleidung gerecht. Aber auch um die KREBS-Seite zu stärken, um einen Bezug zum inneren Wasserelement herzustellen und eine notwendige »kühle Note« in unser Dasein zu bringen, kann es hilfreich sein, sich (vorübergehend) auf blaue oder silbrige Farbtöne in Kleidung oder Wohnungsdekoration einzulassen. Um ein Übergewicht des Wasserelementes auszugleichen, sollten gelegentlich konträre Farben gewählt werden, bei Antriebsschwäche etwa das Rot des Feuers, bei Realitätsverlust das Braun der Erde.

Körperliche Entsprechungen und Krankheitsbilder

Sind wir nicht fähig oder bereit, die Lebensrätsel der KREBS-/MOND-Energie innerhalb der Psyche zu lösen, schlägt sich diese Disharmonie früher oder später in entsprechenden Körperstellen und -organen nieder. Das körperliche Leiden wird dabei zu einem *somatisierten Symbol* des eigentlichen seelisch-energetischen Problems.

Krankheiten als Verkörperungen seelischer Blockaden sind die »Warnblinkanlage« der Psyche. Besser und wirkungsvoller, als diese Signale (Symptome) abzustellen, ist die Suche nach den Ursachen und deren Aufarbeitung. Damit soll jedoch keinem krampfhaften Körpersymbolismus das Wort geredet werden, dem jeder Schnupfen verdächtig ist! Nicht selten entscheidet sich die Seele dafür, eine (energetische) Lektion körperlich zu bearbeiten und zu lösen. Beziehen wir die Symbolbedeutung der »Körpersprache Krankheit« in die ärztliche Diagnose ein, erweitert sich unser Bewußtseinsfeld und wir werden darangehen, auch die seelische Ebene bei der Behandlung zu berücksichtigen. Jede Energie, die sich nicht ihrer Art gemäß entfalten kann, wird sich früher oder später entsprechend als Körperleiden ausdrücken. Die Kenntnis der Zusammenhänge zwischen den einzelnen Körperregionen und -organen und den psychischen Energien kann deshalb eine große Hilfe sein bei der Suche nach dem eigentlichen – dem seelischen! – Problem.

Folgende Bereiche können bei KREBS-/MOND-Entsprechungen betroffen sein:

Der *Magen*, der auf Körperebene das leistet, was der MOND in der Psyche bewirkt: die *Aufnahme* und *Verdauung* der verinnerlichten Eindrücke

(Nahrung). *Magen-* beziehungsweise *Verdauungsbeschwerden* plagen uns, wenn wir zu schwer verdauliche Kost zu uns nehmen, wenn wir Gefühle (meist Ärger) in uns hineinfressen, statt sie herauszulassen, Gefühle verdrängen oder insgesamt mehr Informationen »konsumieren«, als wir verarbeiten können. Manche Angelegenheiten, die für uns unverdaulich sind, scheiden wir besser auch unverdaut wieder aus, anstatt sie uns einzuverleiben. Der folgende »Salamitraum« ist ein Beispiel dafür:
»Ich esse eine kleine ganze Salami. Sofort danach muß ich aufs Klo, und als ich in die Schüssel blicke, liegt sie unverdaut als ganzes Stück drin. Mit leichtem Bauchgrummeln wache ich mitten in der Nacht auf.«

Die Träumerin fragte sich bei der Rekapitulation dieses kurzen Traumes gleich, was sie in ihrer momentanen Lebenssituation nicht *verdauen* kann oder will. Erst nach einer unangenehmen Begegnung mit einem Arbeitskollegen am folgenden Tag dämmerte ihr die Bedeutung der Traumsalami. Der Kollege ist im Gegensatz zu der jungen Träumerin ein langjähriger Mitarbeiter der Firma. Er vermittelte ihr unmißverständlich, daß er sie für die verantwortungsvolle Tätigkeit, die ihr von der Firmenleitung übertragen wurde, nicht für geeignet hielt. Diese ablehnende Haltung gab ihr zu denken, und sie fragte sich, ob sie sich wohl überschätzte. Doch dann fiel ihr der Traum wieder ein, und sie konnte sich von der negativen Botschaft des Kollegen distanzieren.

In der Salami, die hier als *Phallussymbol* für männliche Dominanz erscheint, erkannte sie das machohafte Verhalten, das der Kollege bei der Arbeit an den Tag legt. Als einfühlsamer Mensch will sie diese Arbeitsweise keinesfalls übernehmen. Seine Verhaltensmuster und Einstellungen will sie sich nicht einverleiben und deshalb auch nicht verdauen. Daß ihr dies gelingt, sehen wir in dem Bild am Klo, als die Salami praktisch unverdaut als ganzes Stück wieder herauskommt. Hätte sie – bildlich gesprochen – die für sie unbekömmliche, weil unzerkaute Salami (das heißt die damit verbundenen Einstellungen) nicht gleich wieder ausgeschieden, dann hätte ihr dies auch real auf den Magen schlagen können. Als KREBS-Geborene neigt sie zu einem empfindlichen Magen und muß sich um so mehr vor unverdaulicher physischer und psychischer Kost, wie hier den arroganten Ansichten des Kollegen, schützen. Im realen Bauchgrummeln beim Aufwachen nach diesem Traum wird die enge Verbindung von Körper und Seele deutlich.

Der Zusammenhang von MOND und Magen besteht in beider Eigenart der stetigen Zu- und Abnahme. Wie der MOND sein Antlitz wandelt, ist auch der Magen einem beständigen Rhythmus der Fülle und Leere ausgesetzt. Die zunehmende Phase von MOND und Magen entspricht dabei der Integration von Erfahrungen, Informationen beziehungsweise psychischer und physischer Nahrung, bis der Höhepunkt beim Vollmond (»Vollmagen«) erreicht ist. Im Stadium der Abnahme geschieht die Verdauung und Weiterleitung der verarbeiteten Informationen beziehungsweise des verdauten Speisebreies, bis der Neumond (»Leermagen«) erreicht ist.

Das *Ohr* ist eine weitere Ausdrucksform der KREBS-/MOND-Energie auf Körperebene. Im Gegensatz zum Mund und den Augen ist das Ohr immer *geöffnet*. Es ist das allzeit offene Tor zwischen innen und außen. KREBS-betonte Mitmenschen, die unter zu großer Beeindruckbarkeit und Sensibilität leiden, werden das zuweilen durch Probleme im Ohrbereich zu spüren bekommen. Auch in diesem Falle ist die Entwicklung von männlichen Kräften wie Distanzierung und Kampfbereitschaft notwendig. In Phasen besonderer Sensibilität kann es zuweilen hilfreich und notwendig sein, sich zum Beispiel durch Ohrenstöpsel vorübergehend auch körperlich von der Außenwelt abzuschotten.

Da KREBS/MOND das weiblich-mütterliche Prinzip darstellt, ist es naheliegend, dem KREBS die entsprechenden Organe des weiblichen Körpers zuzuordnen: die *Brustdrüsen, Eierstöcke, Gebärmutter* und die *weiblichen Geschlechtsorgane*. *Schwangerschaftsprobleme* weisen häufig auf eine (unbewußte) Angst vor dem Mutterwerden hin; *Menstruationsbeschwerden* stehen meist mit einer unbewußten Ablehnung der weiblichen Naturseite in Zusammenhang. Weiterhin gehören die *Schleimhäute* sowohl des weiblichen als auch des männlichen Körpers in diesen Bereich.

Das körperliche Abbild der Seelenseite ist das *vegetative Nervensystem*. Es sorgt laut Definition des »*dtv Brockhaus*«-Lexikons »nicht nur für zweckmäßigen Ablauf aller unbewußten Lebensvorgänge, es ist auch das Bindeglied zwischen Seele und Leib«.

Nachfolgend der Traum eines Seminarteilnehmers, der über Probleme im seelisch-vegetativen Bereich klagt, beispielsweise über permanent zu niedrigen Blutdruck, verbunden mit Abgrenzungsschwierigkeiten und zuweilen mimosenhafter Empfindlichkeit. Wie ihm die traumhafte Verwandlung zeigt, befindet er sich auf dem Wege der Besserung; Zusammenhänge zwi-

schen psychischem »Fehlverhalten« (unerlöste KREBS-Seite) und entsprechenden Körperreaktionen werden ihm bewußt. Der Traum vom 21.7.1993 trägt den Titel »Verwandlung«:
»Ich befinde mich in einem früheren Wohnort. Eine attraktive junge Frau läßt mich ins Haus herein. Sie hat eine durchsichtige Unterwäsche an, so daß man ihre Schamhaare sehen kann. Sie will mich zu einer besonderen Frau mit übersinnlichen Kräften bringen, die auch hier auf diesem Anwesen in einem anderen Gebäude wohnt. Zuerst bringt sie mich in eine Art Scheune, in der mehrere Tischtennisplatten aufgestellt sind, an denen jeweils zwei Personen Pingpong spielen. Hier finde ich sie also nicht. Dann bringt mich die junge Frau zu einem anderen Gebäude. Als ich mich der ›Aura des Hauses‹ nähere, spüre ich bereits körperlich die magische Ausstrahlung, die von dem Haus beziehungsweise der Bewohnerin ausgeht. Und als ich an der Türe bin, spüre ich einen stechenden Schmerz kurz unterhalb des Knies an der Wade und am Fußrücken des linken Beines. Urplötzlich bohren sich aus beiden Schmerzpunkten, die sich wie Pickel zu röten beginnen, je eine wurstförmige Substanz heraus (wie wenn man einen Mitesser ausdrückt). Die Substanz, die meinem Fußrücken entweicht, verwandelt sich blitzartig in eine blühende Löwenzahnpflanze mit mehreren Blüten, die wächst und etwa dreimal so groß wird wie normal. Die Frau mit den übersinnlichen Kräften, die normalerweise gar nicht so gerne Besuch hat, kommt jetzt dazu und scheint sich für dieses Phänomen zu interessieren. Ich sage ihr, daß ich so ein ähnliches Erlebnis schon einmal hatte, bei dem Schmetterlinge oder Falter aus dem Bein ausgetreten wären, nachdem die Substanz sich in solche Insekten verwandelt hätte. Die Handlung spielt sich in der Nacht des Heiligen Abends ab, weshalb ich Bedenken habe, ob meiner Frau das recht ist, wenn ich außer Haus bin. Beim Aufschreiben habe ich jedoch den Eindruck, daß sie am Schluß des Traumstückes mit dabei war, mir bei meinen seltsamen ›Anwandlungen‹ beistand.«

Dieser Traum zeigt auf symbolische Weise den Weg des Träumers zu seiner weiblichen Seite, die in engem Zusammenhang mit den vegetativen (pflanzlichen) Seelenkräften steht. Die durchsichtige Unterwäsche seiner »Führerin« werten wir als ein Zeichen dafür, daß der weibliche Bereich für den Teilnehmer allmählich transparent wird. Das gilt sowohl für den Bezug zur realen Frau als auch gegenüber der weiblich-seelischen Wesensseite. Auf dem Weg zu der besonderen Frau mit den übersinnlichen Kräften – seiner *Anima*, die eine zentrale Rolle im Unbewußten spielt – wird er zunächst durch eine

Scheune geführt. In dem Pingpong-Spiel erkennt er das Hin und Her zwischen den Gegensätzen, zwischen männlicher und weiblicher Seite, das sich im Außen vor allem in der Partnerschaft mit seiner Ehefrau zeigte. Nach jahrelangen Auseinandersetzungen hat der Träumer jetzt eine stabile und dennoch lebendige partnerschaftliche Beziehung. Diese anstrengende Zeit war als Durchgangsstadium notwendig, um zu der anschließenden Wandlung zu gelangen. So wird er im Traum erst durch die Scheune geführt, die (als Lagerraum) als Symbol eines Energiespeichers verstanden werden kann. Und um Energie beziehungsweise Energiemangel drehten sich für ihn auch die körperlichen und psychischen Probleme. Die »Beziehungskämpfe« und die Arbeit an der Partnerschaft hatten zwar viel Kraft gekostet und ihn zuweilen bis an den Rand der Erschöpfung gebracht, doch der Einsatz war nicht vergebens. Resultat seiner Bemühungen ist die Geburt der *Löwenzahnpflanze* aus dem wurstförmigen Gebilde, das seinem Fuß entweicht. Es ist eine große und kräftige Pflanze, deren Name auf Löwenkräfte anspielt. Diese neue Stärke wird im *vegetativen Bereich* der Psyche des Träumers geboren. Vor dem Hintergrund seiner besonders großen Labilität im vegetativen (Gefühls-)Bereich ist es für ihn ein ermutigendes Zeichen, das auf Besserung seiner Leiden hinweist. Das astrologische Prinzip des LÖWEN ist vor allem Ausdruck unseres Selbst beziehungsweise Selbst-Bewußtseins. In dem Erscheinen des Löwenzahns wird die Geburt eines neuen, starken Selbstbewußtseins angezeigt. Sein mimosenhaftes Wesen wandelt sich zum unverwüstlichen Löwenzahn. Die wurstförmige Substanz macht den Eindruck eines Phallussymboles. Für den Träumer bedeutet das auch die Wandlung einer zwanghaften Sex-Fixierung, die ihn unfrei machte und Kräfte raubte. Sein Selbstbewußtsein, das in großem Maße von permanenter sexueller Bestätigung abhängig war, ist nun durch den Löwenzahn auf pflanzlicher Ebene neu geboren. Drei Frauen sind an diesem Wandlungsakt beteiligt: die Führerin, die geheimnisvolle Frau, und am Schluß des Traumes wird auch noch die Gattin des Träumers erwähnt. Sie stehen für die inneren weiblichen »Geburtshelfer«, die ihn auf diesem Weg bisher begleitet und unterstützt haben.

Die Krankheit *Krebs* erweckt durch ihren Namen den Eindruck, ebenfalls zum KREBS-Zeichen zu gehören. Durch ihr »heimtückisches«, zerstörerisches Wesen, das gleichzeitig aber eine dramatische Transformation der Seele bewirkt, erscheint mir eine Zuordnung zum SKORPION angemessener (siehe dort!).

Die Therapie der obengenannten Krankheiten richtet sich zunächst danach, ob ein Übergewicht oder ein Mangel im KREBS-Bereich diagnostiziert wurde. Entsprechend dem Wesen des KREBSES können Behandlungen mit Wasser (Bäder, Güsse und so weiter) in Frage kommen. Vor allem wird jedoch die Ebene der Seele zu berücksichtigen sein, und psychische Therapieformen (vor allem Traumtherapie) können hilfreich sein. Bei allen medizinisch-therapeutischen Fragen empfiehlt es sich natürlich, zuerst einen erfahrenen Naturheilkundler oder (homöopathischen) Arzt zu konsultieren! Die Hinweise dieses Kapitels wollen dazu anregen, möglichst bewußt und eigenverantwortlich am Heilungsprozeß mitzuarbeiten; Näheres zum Thema Diagnose und Therapie erfahren Sie im JUNGFRAU-Band.

Auch wenn wir es in der Traumbotschaft mit einer der oben aufgeführten Körperentsprechungen oder einem der Krankheitsbilder zu tun haben, ist damit meist ein KREBS-Thema angesprochen. Weist uns der Traum auf eine Erkrankung hin, kann es natürlich auch ratsam sein, dies von einem Fachmann untersuchen zu lassen. In der Regel wird der Traumregisseur jedoch damit (auch) auf ein entsprechendes psychisches Problem aufmerksam machen wollen oder seine Handlung sprichwörtlich verstanden wissen. Wir können uns dann fragen, was uns im übertragenen Sinne auf den Magen schlägt, worauf wir nicht hören wollen und so weiter.

KREBS-Entsprechungen in der Bibel

Die KREBS-Ebene der biblischen Geschichten ist deren *Symbolhaftigkeit* für ein immerwährendes Geschehen, das sich in der Seele des Menschen abspielt. Dies stellt beispielsweise der Theologe und Kirchenkritiker EUGEN DREWERMANN in zahlreichen Veröffentlichungen dar.

Das Neue Testament

Maria, die »Mutter Gottes«, ist (neben ihrer sprichwörtlichen Bedeutung der »jungfräulichen Reinheit« – siehe JUNGFRAU-Band) in erster Linie die christliche Entsprechung der mythologischen »Großen Mutter«, des MOND-Bereiches. Sie wird auf vielen Bildern im Zusammenhang mit dem

MOND, vor allem auf der Mondsichel sitzend, dargestellt (wie beispielsweise auf Seite 84). Im Mittelalter wurde sie als Himmelskönigin und höchste Fürsprecherin der Menschen vor Gott verehrt. Wie der MOND die Strahlen der SONNE (Gottesprinzip!) aufnimmt und reflektiert, so wurde im Bild der christlichen Mythologie Maria von Gott »geschwängert«. Im Lukasevangelium lesen wir: »Der Engel aber antwortete ihr und sprach zu ihr: Der Heilige Geist wird über dich kommen, und die Kraft des Höchsten wird dich überschatten; darum wird auch das Heilige, das von dir geboren wird, Gottes Sohn genannt werden.« (Lukas 1, 34–35)

Hier ist der kosmische Vorgang der Vermählung von »Himmel und Erde« und die damit verbundene Zeugung der göttlichen Seele ausgedrückt. Ein Vorgang, wie er sich immer wieder in der Psyche des Menschen abspielt, wenn wir ihn zulassen. Maria ist das Seelenprinzip, das wie der MOND *empfangsbereit* ist für die Strahlen des göttlichen SONNEN-Prinzips.

Über Marias Reaktion auf die Botschaft des Engels heißt es bei Lukas: »Maria aber behielt alle diese Worte und bewegte sie in ihrem Herzen« (2,19). Dies ist ein Plädoyer für den KREBS-Bereich, ein Beispiel für die Wichtigkeit, *aufnahmebereit* zu sein für die Botschaften des (göttlichen) Geistes und anschließend mit unseren Eingebungen zunächst »schwanger« zu gehen, sie in uns wirken und reifen zu lassen, damit dann tatsächlich etwas »Göttliches« daraus entstehen kann ...

Das Symbol Mariens ist die *Lilie*, als Zeichen der vollkommenen Liebe in der Vereinigung von Mensch (Erde) und Gott (Himmel). »Wenn auch gut verschlüsselt, so hat im Bilde der Gottesmutter Maria die Große Mutter, die sich in fast allen Mythologien und Religionen findet, überlebt ... Sie gebar einen Gott, wie jede Mutter ein Christuskind zur Welt bringt in dem Sinne, daß in jedem Kind eine Seele schlummert, die durch die Erfahrung der Vergänglichkeit der Welt sich aufschwingen kann zu Gott.« (Aus: »*Lexikon der Symbole*« von Bauer/Dümotz/Golowin.)

Die *Seele* als das *Innerste*, die unsterbliche Substanz des Menschen und Bindeglied zu Gott, ist ein zentrales Anliegen des christlichen Glaubens: »Was hülfe es denn den Menschen, wenn er die ganze Welt gewänne und nähme doch Schaden an seiner Seele« (Matthäus 16,26). Wie der Mond der Strahlen der Sonne bedarf, um zu leuchten, so bedarf die Seele der »Erquickung« durch Gott. Lesen wir dazu im Psalm 23: »Er weidet mich auf einer grünen Au und führt mich zum frischen Wasser. Er erquicket meine Seele.«

Damit die Seele auch ein seliges Leben führen kann, damit wir »selig« werden, zählt Jesus in den *Seligpreisungen* der Bergpredigt (Matthäus 5, 3-11) auf, welche »Tugenden« ein seliges Leben bedingen. Der Leser wird feststellen, daß die Voraussetzungen dafür allesamt KREBS-Qualitäten beinhalten; zum Beispiel geistige Armut (im Sinne von Freiheit von allzugroßer Intellektualität und Rationalismus), Sanftmütigkeit, Traurigkeit (im Sinne von Trauerfähigkeit) und Barmherzigkeit.

Weitere Beispiele für KREBS-Entsprechungen:
o »Wer Ohren hat zu hören, der höre.« (Matthäus 11,15)
o Unter den zwölf Aposteln entspricht der weiblich anmutende Phillipus dem KREBS-Archetypen.
o Mitleid und Mitgefühl im Gleichnis vom barmherzigen Samariter (Lukas 10,25-37).
o »Seid barmherzig, wie euer Vater barmherzig ist.« (Lukas 6,36)
o »Freut euch mit den Fröhlichen und weint mit den Weinenden. Habt einerlei Sinn untereinander. Trachtet nicht nach hohen Dingen, sondern haltet euch herunter zu den Niedrigen.« (Römer 12, 18-19)

Das Alte Testament

Das *Paradies* der Genesis (1. Buch Mose) symbolisiert den unbewußten, »seligen« Zustand der Seele beziehungsweise des Menschen. Es ist kein Reich aus ferner Vergangenheit, sondern existiert nach wie vor, zum Beispiel für das Kind im Mutterleib und mit Einschränkungen auch noch nach der Geburt – wenn es geliebt wird! – in der Symbiose mit der Mutter, der irdischen Entsprechung des biblischen Paradieses. Die »Vertreibung aus dem Paradies« setzt ein, wenn wir uns von der unbewußten und deshalb illusionären heilen Welt der Kindheit verabschieden müssen. Und jede neue Desillusionierung (»Erkenntnis von Gut und Böse«) ist ein Stück dieser Vertreibung. Unsere »kosmische Pilgerschaft« durch Raum und Zeit führt uns dann dem Ziel entgegen, vollbewußt ins Paradies zurückzukehren. Auf irdische Verhältnisse übertragen, bedeutet es, das Paradies einer »seligen Seele« in unser Erwachsensein, ins Alltagsleben zu integrieren. Wenn Jesus sagt, daß wir wieder werden müssen wie die Kinder, damit wir ins Himmelreich kommen, dann ist damit das bewußte Wiederfinden des vormals unbewußt erlebten seelisch-paradieshaften Zustandes in unserer Innenwelt gemeint.

Adams Weib *Eva* nimmt die Rolle der biblischen *Urmutter* ein und ist damit Archetyp der weiblich-seelischen Wesenskraft: »Adam nannte seine Frau Eva (Leben), denn sie wurde die Mutter aller Lebendigen« (1. Buch Mose 3,20). Die Offenheit und Aufnahmebereitschaft der MONDhaften Eva auch für die Einflüsterungen der Schlange (als Symbol des Verführers) initiierte den Leidens- und damit auch Entwicklungsweg des Menschen.

Die ausführlich dargestellten *Ahnenreihen* im Alten Testament weisen auf die Bedeutung der *Vergangenheit* für die Gegenwart hin.

Weiter gehören dem KREBS-Bereich die *Träume* an, die zahlreich in der Bibel erzählt werden, sowohl im Alten als auch im Neuen Testament; etwa der Traum des Nebukadnezar (Daniel 2); Jakobs Traum von der Himmelsleiter (Genesis 28, 12), der vielzitierte Traum des Pharao (Genesis 41,1–36); Josef, der »Ur-Traumdeuter«, und dessen Träume (zum Beispiel Genesis 37,5–9). Auch Gott spricht zu den Seinen im Traum, etwa zu Salomo (3 Könige 3,5–15), und im Buch Hiob wird uns mitgeteilt, daß Gott den Menschen im Traum vor falschen Wegen warnt (Job 33, 15–18). Und aus Psalm 127 ist das Sprichwort »Den Seinen gibt's der Herr im Schlafe« entstanden.

Zum KREBS-Thema *Barmherzigkeit* finden sich in der Bibel zahlreiche Stellen, etwa Psalm 41,2: »Wohl dem, der sich des Schwachen annimmt«, oder Sirakuser 4,2: »Die darbende Seele enttäusche nicht.« Und als Zwiesprache mit der Seele beziehungsweise Seelentrost bieten sich viele der biblischen Psalmen an.

Menschen, die in der Aura einer christlichen Sozialisation aufgewachsen sind, finden in ihren Träumen nicht selten biblische Symbole wieder. Dabei spielt es keine Rolle, ob man dieser Religion positiv gegenübersteht oder nicht, denn die biblischen »Sinnbilder« beruhen wie die Volksmärchen und Mythen auf archetypischer Grundlage. Zuweilen erscheinen uns paradiesisch anmutende Traumorte, etwa harmonische Gärten, die uns gerade in Krisenzeiten ein Gefühl für die seelische Welt zurückbringen wollen. Oder wir erkennen in einer entsprechenden Traumhandlung, ob wir die Wesenszüge des »barmherzigen Samariters« auch in uns wiederfinden. Und wem Maria im Traum erscheint, der mag vor dem Hintergrund des KREBSES ganz besonders dafür angeregt werden, wie die »Gottesmutter« aufnahmefähig für »göttliche« beziehungsweise lichte Impulse zu sein.

Mythen und Märchen

Mythen, in denen das KREBS-Rätsel im Vordergrund steht, drehen sich vor allem um die in den meisten frühen Kulturen verehrte *Große Mutter*. Im weiteren Sinne sind es die *Göttermütter* oder *Muttergottheiten* wie die altgermanische *Frigg*, die alle Menschenschicksale kennt. *Jörd*, die Mutter Erde, ist eine der ursprünglichsten Naturgottheiten und weit älter als Odin (der das LÖWE-Prinzip des Selbst-Bewußtseins verkörpert, das wesentlich jünger ist als das Unbewußte, aus dem es hervorgeht).

Die *Mondgöttinnen* stehen ebenfalls in engem Zusammenhang zum KREBS. Ihre bekanntesten Vertreterinnen sind wohl die altgriechische *Selene* und die römische *Diana*.

Die Abbildung auf der nächsten Seite zeigt *Luna*, die mythologische Göttin der Nacht, zugleich Herrin der Jagd und der Natur. Sie galt als Beschützerin der jungen Tiere und der Kinder, Sinnbild von Fruchtbarkeit und Keuschheit.

Die altgermanischen *Nornen* (römisch: *Parzen*, griechisch: *Moiren*), die den Schicksalsfaden spinnen, gehören wie alle Mondgöttinnen zu den Weberinnen des Schicksals. Sie verkörpern die Macht der Seelenkräfte, die im Unbewußten daran weben, was uns dann später scheinbar von außen als Schicksal widerfährt. Über unsere Träume wird uns gezeigt, welche Lebensmuster tief im Inneren entstehen. Negative, destruktive Muster lassen sich dadurch rechtzeitig erkennen und durch verändertes Verhalten in andere Bahnen lenken. Wer seine Träume kennt, der kennt sein Schicksal und hat Einfluß darauf!

Von *Achill*, dem griechischen Helden, ist unsere sprichwörtliche »Achillesferse« entlehnt, der »wunde Punkt«, die KREBS-Entsprechung der *Sensibilität* und *(seelischen) Verletzbarkeit*.

Den Mythen verwandt sind die überlieferten Volksmärchen, wie sie vor allem von den Gebrüdern Grimm im deutschsprachigen Raum gesammelt wurden. Die Volksmärchen, die dem seelisch-irrationalen Bereich des kol-

»*Die drei Parzen spinnen den Schicksalsfaden*« (Gemälde von Peter Paul Rubens, siehe Seite 45).

lektiven Unbewußten entspringen, sind voll der Symbolik. Schauplatz vieler Märchen ist der *Wald* als Symbol für die *magische* und *naturhafte* Seite, und die Handlung mutet zumeist zauberhaft an. Die *Prinzessin*, die es für den Helden zu erringen gilt, ist die *Anima*, die durch das Lösen der Rätsel wachgeküßt, erobert und geheiratet (integriert) wird.

KREBShaft sind auch die *Fabelwesen* und *Naturgeister*, die als hilfreiche Kräfte (des Unbewußten) dann erscheinen, wenn sie vom Märchenhelden akzeptiert werden, wie etwa in »*Die drei Federn*«. Tauchen Geschwister auf, ist es in der Regel – wie eben hier – der »Dummling«, der das Rätsel löst und die Aufgabe mit Hilfe der unbewußten Seelenkräfte meistert. In diesem Märchen findet er den Eingang zur Unterwelt, wagt sich hinunter und trifft dort auf den Archetyp der »Großen Mutter« in Gestalt einer großen dicken Kröte, die ihm hilft, sein Königreich zu finden. Seine als klüger und welterfahrener geltenden Brüder ziehen den kürzeren, weil sie diese innere Verbindung nicht haben. Im Gegensatz zum Dummling leben sie ein veräußerlichtes Leben, suchen im Außen nach den Schätzen, die doch nur innerlich zu finden sind.

Der Dummling kommt in vielen Märchen vor – meist hat der jüngste Sohn diese Rolle inne. Es ist damit ein Bewußtseinszustand gezeichnet, der nicht aus intellektueller Überlegenheit, sondern mit »schlafwandlerischer Sicherheit« die gestellten Aufgaben meistert. Vor allem KREBS-Qualitäten wie *Aufnahmebereitschaft* und *Barmherzigkeit* zeichnen ihn aus. Diese Art von Märchen ist für alle diejenigen ein Seelentrost, die scheinbar benachteiligt sind und in unserer heutigen Zeit als gefühlsbetonte Mitmenschen in keinem hohen Ansehen stehen, oft als »Dummlinge« abgewertet werden. Der Dummling im Märchen belehrt die Welt eines Besseren und zeigt durch sein Beispiel, womit man wirklich sein inneres Königreich findet.

Märchen wie »*Die Heinzelmännchen von Köln*« oder »*Die Wichtelmänner*« handeln von der segensreichen Wirkung des Unbewußten. Nachts, wenn alle Menschen schlafen, kommen diese Wesen heraus aus ihrem Versteck und nehmen den Menschen die Arbeit ab. Diese »Gestalten des Unbewußten« werden immer dann aktiv und tragen zu unserem Wohlergehen bei, wenn wir das zulassen. Stören wir sie jedoch bei ihren Aktivitäten und lassen wir das Unbewußte nicht in Ruhe wirken, berauben wir uns der wundervollen Möglichkeit, das Leben mit Leichtigkeit zu meistern.

Schlimm ergeht es in den Märchen den Ignoranten, die das Getier quälen oder bettelnde Zwerge abweisen, wie in dem Märchen »*Das Wasser des Lebens*«. Wer sie ablehnt, der bekommt das negative, verschlingende beziehungsweise verwünschende Antlitz der Naturkräfte zu sehen; ebenso richtet sich das Unbewußte gegen die eigene Person, wenn es abgelehnt statt integriert wird.

»*Frau Holle*« ist ein Märchen, in dem die Heldin der »Großen Mutter« in Gestalt der Frau Holle begegnet und für ihr engagiertes Handeln, das als Symbol für innere Entwicklung gesehen werden kann, fürstlich belohnt wird. Aus dem Bereich des Unbewußten (KREBS) wird ihr im Goldregen ein Zuwachs an Bewußtheit und Selbst-Wert (LÖWE) zuteil.

In »*Dornröschen*« begegnet uns das KREBS-Thema im *hundertjährigen Schlaf*, der als Phase der Regression und Regeneration gedeutet werden kann. Dieses Versinken ins Unbewußte ist zuweilen ein notwendiger Rückschritt auf unserem Individuationsweg, um Kräfte für einen kommenden geistig-seelischen Evolutionssprung zu sammeln. In negativer Hinsicht – wenn wir in dieser unbewußten Position verharren – ist es meist die Weigerung, erwachsen zu werden und Eigenverantwortung zu übernehmen. Wie das Märchen aber hoffnungsvoll verkündet, ist jede Verzauberung, auch wenn sie hundert Jahre dauern mag, einmal zu Ende. Mit dem Prinz betritt das SONNEN-Prinzip (siehe den LÖWE-Band) die Bildfläche, um die Prinzessin (*Anima*, Seele, MOND) wachzuküssen.

KREBS-Entsprechungen im *I Ging*

In dem altchinesischen Weisheits- und Orakelbuch *I Ging*, von dem HERMANN HESSE sagte, daß in ihm »ein System von Gleichnissen für die ganze Welt aufgebaut« sei, finden wir eine Fülle von bildhaften Anregungen zum Verständnis der Lebensrätsel. *I Ging* und Astrologie sind zwei »Gerüste« mit unterschiedlicher Sprache, aber demselben Anliegen, nämlich Hilfestellungen bei der Lösung der Lebensrätsel zu geben. Ordnen wir die jeweiligen Hexagramme und Passagen des *I Ging* den Tierkreiszeichen zu, erweitern wir durch die inspirierenden Gedanken des Orakels unser Verständnis für die astrologische Symbolik. *I Ging*-Hexagramme, die zur Erhellung des KREBS-Rätsels beitragen und als Orakelantwort anzeigen, daß bestimmte Aspekte des KREBS-Prinzips gerade im Mittelpunkt stehen, sind unter anderem:

Hexagramm Nr. 2: »Das Empfangende«

Dieses Zeichen setzt sich aus lauter geteilten Linien zusammen, die der »schattigen, weichen, rezeptiven Urkraft des YIN« entsprechen. Es bedeutet *Empfänglichkeit, Hingebung, Natur, weiblich-mütterliche* Qualität. Erhalten wir bei einer Orakelbefragung dieses Zeichen, werden wir dazu aufgefordert, uns *führen zu lassen*; das KREBS-/MOND-Prinzip steht dann im Vordergrund.

Im *I Ging* lesen wir dazu: »Man ist nicht in selbständiger Stellung, sondern als Gehilfe tätig. Da gilt es etwas zu leisten. Nicht führen zu wollen – dadurch verirrte man sich nur –, sondern sich führen zu lassen, ist die Aufgabe. Wenn man es versteht, dem Schicksal gegenüber sich hingebend zu verhalten, so findet man sicher eine entsprechende Leitung. Der Edle läßt sich leiten. Er geht nicht blindlings voran, sondern er entnimmt den Verhältnissen, was von ihm verlangt wird, und folgt dieser Weisung des Schicksals.«

»Blindlings voranzugehen« ist eine unentwickelte Entsprechung des WIDDER-/MARS-Prinzips. Wollen wir den Weg der Seele gehen, dann müssen wir die WIDDER-Impulse (Triebkraft) wachsen lassen, bis sie unsere Seele berühren und wir innerlich spüren, wo es langgeht. Der »Gehilfe«, von dem das *I Ging* spricht, ist unser Ego, das sich der inneren Führung anvertrauen soll.

Natürlich gibt es auch Situationen im Leben, wo es angebracht und hilfreich ist, auf den Rat vertrauter Mitmenschen zu hören, vor allem wenn die Beziehung zu unserer Inwendigkeit gestört ist. Das Empfangende signalisiert eine solche Zeit, in der wir die Tugend der Hingabe und Aufnahmebereitschaft entwickeln sollten.

Hexagramm Nr. 48: »Der Brunnen«

Der Brunnen ist ein Symbol für die unerschöpfliche Quelle unseres inneren Seelengrundes. Mit diesem Zeichen erinnert uns das *I Ging* daran, daß es zur »Bildung unseres Wesens« notwendig ist, aus dieser Quelle zu schöpfen beziehungsweise »bis auf die Grundlagen des Lebens« hinunterzugehen. Es ist jetzt keine Zeit der Oberflächlichkeit.

»So verschieden die Anlagen und Bildungen der Menschen sind, die menschliche Natur in ihren Grundlagen ist bei jedem dieselbe.« Das Zeichen sagt uns, daß im Gegensatz zu Intellekt und Ratio, die uns unterscheiden und trennen, die seelische Ebene ein (unbewußtes) Bindeglied zwischen den Menschen ist.

I Ging: »Der Brunnen. Man mag die Stadt wechseln, aber kann nicht den Brunnen wechseln.« Es ist zwecklos, vor unserer Innenwelt zu flüchten. Wenn wir Probleme haben und diese in der Projektion auf die Außenwelt erleben, dann macht uns dieses Zeichen darauf aufmerksam, daß die eigentlichen Probleme *innen* liegen.

»Sie kommen und gehen und schöpfen aus dem Brunnen. Wenn man beinahe das Brunnenwasser erreicht hat, aber noch nicht mit dem Seil drunten ist oder seinen Krug zerbricht, so bringt das Unheil.« Dies ist eine Mahnung für den Weg in die Inwendigkeit. Haben wir diesen erst einmal beschritten, das heißt, begeben wir uns in den transformativen Prozeß der seelischen Aufarbeitung und Weiterentwicklung, dann gibt es einen Punkt, an dem ein Zurück in »alte Zustände« nicht mehr möglich ist. Gerade dann, wenn ein Durchbruch, eine seelische Berührung kurz bevorsteht, wenn man beinahe das »Brunnenwasser« erreicht hat, gibt es noch einmal ein »Staraufgebot« von Widerständen und Ängsten. Und wenn man dann stehenbleibt, in dieser ungünstigen Lage verharrt, »seinen Krug zerbricht«, mit dem man das Wasser des Lebens schöpfen könnte, »so bringt das Unheil«. Biblisches Beispiel dafür ist der Auszug Lots und seiner Familie aus der dem Niedergang geweihten Stadt Sodom. Lots Weib kann trotz der Warnung Gottes nicht widerstehen, blickt zurück und erstarrt daraufhin zur Salzsäule. Dies ist ein

Sinnbild für die Gefahr, seelisch zu erstarren, wenn wir gerade in kritischen Momenten von der Vergangenheit nicht loslassen können.

Hexagramm Nr. 33: »Der Rückzug«

»Die Kraft des Schattigen ist im Aufsteigen begriffen. Das Lichte zieht sich vor ihr in Sicherheit zurück, so daß jene ihm nichts anhaben kann. Es handelt sich bei diesem Rückzug nicht um menschliche Willkür, sondern um Gesetze des Naturgeschehens. Darum ist in diesem Fall der Rückzug die richtige Art des Handelns, die die Kräfte nicht aufreibt.«

Dieses Zeichen entspricht der Sommersonnenwende zu Beginn des KREBS-Monats, wenn die Lichtkräfte wieder abnehmen und die »Kräfte der Dunkelheit« zunehmen. Erhalten wir dieses Orakel, ist angezeigt, uns vor widrigen Verhältnissen nach innen zurückzuziehen (wie es dem KREBS entspricht). Die Kunst besteht darin, zu erkennen, wann die rechte Zeit ist zu kämpfen (WIDDER) und wann, sich zurückzuziehen (KREBS). Die richtige Weise, den Rückzug durchzuführen, ist auch beschrieben: »So hält der Edle den Gemeinen fern, nicht zornig, sondern gemessen.«

Orakelbenutzer mit einem guten Zugang zu der altchinesischen Bilderwelt mögen vielleicht entdecken, daß Zahlen, die in einer Traumbotschaft genannt werden, Anspielungen auf *I Ging*-Hexagramme enthalten und der jeweilige Text als Ergänzung und Anreicherung des Traummateriales gelesen werden kann. Die oben genannten Hexagramme wären dann wieder im Sinne der KREBS-Thematik auf den Traum zu beziehen.

Die angeführten Zitate entstammen der Übersetzung von RICHARD WILHELM in »*I Ging – Das Buch der Wandlungen*«, erschienen im Eugen Diederichs Verlag. Weitere Gedanken zur Kombination von Astrologie und *I Ging* finden Sie im Einführungsband »*Die Rätsel des Lebens*«.

Redensarten, Sprichwörter und Zitate

Redensarten sind Wortbilder, die in oft drastischer Weise hauptsächlich die unerlösten Aspekte des Daseins ausdrücken, um uns vor (unnötigen) Schwierigkeiten zu bewahren. Probleme und Geschick im Umgang mit der KREBS-Energie spiegeln unter anderem folgende Redewendungen wider:

- »Sich auf dem absteigenden Ast befinden«: den Höhepunkt überschritten haben, sich im Niedergang befinden (wie die Sonne, wenn sie zur Sommersonnenwende ins Zeichen KREBS eintritt!).
- »Mit etwas baden gehen« oder »Etwas fällt ins Wasser«: Es geht schief – oft auch, weil unser inneres Wasserelement, die Seele, einen anderen Weg gehen will als unser Verstand.
- »Auf der Bärenhaut liegen«: faulenzen; eine Qualität, die heutzutage nicht hoch im Ansehen steht, obwohl es vielen unserer streßgeplagten Mitmenschen sehr guttun würde, mitunter die »Seele baumeln zu lassen« (Bär ist als Muttersymbol KREBS-Entsprechung).
- »Die Sache hat einen langen Bart«: Etwas ist altmodisch, langweilig = Vergangenheitsbezug des KREBSES, wenn der Betreffende von der Vergangenheit nicht loslassen kann.
- »Mit dem linken Bein zuerst aufgestanden sein«: schlechter Laune sein; Launenhaftigkeit des KREBSES, links ist die Seite des Unbewußten, der Gefühle.
- »Das Bett hüten«: krank sein; Regression und Regeneration; Bett als KREBS-Ambiente.
- »Eine weiche Birne haben«: dumm sein; KREBS als Gegenzeichen des Ratioprinzips, das Irrationale, das heutzutage als dumm abgewertet wird. Wie uns die Volksmärchen zeigen, bekommt aber gerade der Dummling die Prinzessin (siehe Märchen); Birne als weibliches Symbol.
- »Im gleichen Boot mit jemand sitzen«: in derselben Lage sein, Freud und Leid mit jemand teilen (müssen); Nähe, Gefühlsbezug – möglicherweise auch unfreiwillig (KREBS ist jenseits des Egos!).
- »In den Brunnen fallen«: etwas wird zunichte; Versinken im Unbewußten (Brunnen = KREBS-Symbol).
- »Es ist etwas im Busch«: Etwas Verborgenes ist im Gange; der hintergründige Aspekt des KREBSES, das verborgene Wirken des Unbewußten oder unserer Mitmenschen, eventuell Täuschung.
- »Jemand behandeln wie ein rohes Ei«: ihn sehr behutsam behandeln; gilt für die empfindsame KREBS-Natur.
- »Eine Prinzessin auf der Erbse sein«: überempfindlich sein, Prinzessin als *Anima*-Symbol.
- »Grillen haben«: launisch und wunderlich sein; irrationales Verhalten an den Tag legen und sich die Zeit mit (für den Verstand) unnützen Dingen vertreiben.

Redensarten, Sprichwörter und Zitate 95

o »Den Krebsgang gehen«: Rückschritte machen, sich verschlechtern.
o »Die beleidigte Leberwurst spielen«: gekränkt sein und schmollen.
o »Hinter dem Mond leben«: wirklichkeitsfremd oder altmodisch sein.
o »In den Mond gucken«: leer ausgehen; vermutlich weil man zu wenig Engagement oder Vernunft (beides Prinzipien, die zum KREBS im Spannungsaspekt stehen) zeigte.
o »Ein Nachtwächter sein«: ein geistesabwesender, schläfriger Typ.
o »Eine feine Nase für etwas haben«: ein gutes Gespür haben.
o »Unter dem Pantoffel stehen«: abhängig und unselbständig sein; gilt vor allem für noch nicht abgenabelte Muttersöhnchen (unerlöstes KREBS-Prinzip).
o »Den Seinen gibt's der Herr im Schlaf«: ohne Anstrengung etwas erreichen; wenn wir uns der Führung des Unbewußten anvertrauen und unsere Träume beachten und leben.
o »Ein stilles Wasser sein«: ruhig und verschlossen sein.
o »Etwas geht einem unter die Haut«: Wir sind von einem Ereignis gefühlsmäßig sehr getroffen. Etwa wie der Seminarteilnehmer, der träumt, daß ein guter Freund gestorben sei. Dieser Freund erscheint dann im weiteren Traumverlauf, und unser Träumer spricht mit ihm. Währenddessen bemerkt er eine schmerzende Kugel unter seiner Haut am linken Bein. Deutung: Der Freund hatte einseitig die Beziehung absterben lassen, was den Träumer »getroffen« hat und ihm im Symbol der (Gewehr-)Kugel gefühlsmäßig unter die Haut gegangen ist.

Sprichwörter erheben – im Gegensatz zu den Redensarten – den moralisierenden Zeigefinger und drücken Tugenden und Erkenntnisse aus, wie mit dem Leben am besten zu verfahren ist. Zentrale KREBS-Themen enthalten zum Beispiel folgende Sprichwörter:

o »Der Apfel fällt nicht weit vom Stamm«: Vererbung;
o »Trautes Heim – Glück allein«: Geborgenheit;
o »Nachts sind alle Katzen grau«: Undurchsichtigkeit;
o »Quäle nie ein Tier zum Scherz, denn es fühlt wie du den Schmerz«: weist auf die Empfindsamkeit hin, die uns Menschen mit den Tieren gleich ist! Wir unterscheiden uns zwar im Bewußtsein, auf seelischer Ebene fühlen die Tiere wie wir; im übertragenen Sinne ist damit unsere Naturseite gemeint;

- »Einen Tag ungestört in Muße zu verleben, heißt einen Tag lang ein Unsterblicher zu sein« (chinesisches Sprichwort): Sich dem Innenraum der Seele anzuschließen, läßt unser Ich an ihrer Zeitlosigkeit teilhaben.
- »Wer will haben gute Ruh, der höre, seh' und schweig' dazu.«
- »Warum in die Ferne schweifen, sieh, das Gute liegt so nah« – nämlich *in* uns!

Die Bilder der Redensarten und Sprichwörter begegnen uns nicht nur im alltäglichen Sprachgebrauch, sondern häufig auch in der Traumbotschaft. Erkennen wir einen sprichwörtlich zu verstehenden Trauminhalt, finden wir mit der Bedeutung des Bildes auf spielerisch-einfache Art auch die Traumbedeutung.

In der Rubrik *Zitate* finden wir als KREBS-Entsprechungen unter anderem:
- »Zwei Augen hat die Seel': Eins schauet in die Zeit, das andre richtet sich hin in die Ewigkeit.« (ANGELUS SILESIUS)
- »Wohl dem, der seiner Ahnen gern gedenkt.« (GOETHE)
- »Die Natur ist die große Ruhe gegenüber unserer Beweglichkeit. Darum wird sie der Mensch immer mehr lieben, je feiner und beweglicher er werden wird.« (CHRISTIAN MORGENSTERN)
- »Die Welt ist so leer, wenn man nur Berge, Flüsse und Städte darin denkt, aber hie und da jemand zu wissen, der mit uns übereinstimmt, mit dem wir auch stillschweigend fortleben: Das macht uns dieses Erdenrund erst zu einem bewohnten Garten.« (GOETHE, »*Wilhelm Meisters Lehrjahre*«)
- »Die Nacht, die uns der Augen Dienst entzieht, macht, daß dem Ohr kein leiser Laut entflieht. Was dem Gesicht an Schärfe wird benommen, muß doppelt dem Gehör zugute kommen.«
Im übertragenen Sinne bedeuten diese Zeilen aus WILLIAM SHAKESPEARES »*Sommernachtstraum*«: Wenn die äußeren Ablenkungen der Erscheinungswelt im Schlaf wegfallen, lauschen wir um so intensiver der Stimme unseres Innern, der Seele, wie sie sich über die Träume zu Wort meldet.
- »Die beste Wärterin der Natur ist Ruhe.« (SHAKESPEARE, »*König Lear*«)
- »Nichtstun ist angenehm.« (CICERO) – Richtiges Nichtstun ermöglicht um so mehr innere Bewegung, Mitschwingen mit der Seele.
- »Die größten Ereignisse, das sind nicht unsere lautesten, sondern unsere stillsten Stunden.« (NIETZSCHE, »*Zarathustra II*«)
- »Langeweile! Du bist Mutter der Musen.« (GOETHE, »*Venezianische Epigramme 27*«) – In unserer heutigen hektischen Zeit ist das Wiedererlernen

der Kunst, sich langweilen zu können/dürfen, eine therapeutische Notwendigkeit.
o »Das Natürliche ist nicht schimpflich.« (VERGIL, »Georgica« 3,96)
o »Das steht jedem am besten, was ihm am natürlichsten ist.« (CICERO, »Drei Bücher von den Pflichten« 1,31)

Andere Lebensbereiche mit KREBS-Entsprechung

Lebensbereiche, Orte, Länder

Dem kardinalen Wasserzeichen entsprechen in erster Linie *naturnahe* Bereiche, wie Biotope, ursprüngliche Wälder und vor allem die *Gewässer* (Quelle, Bach, Fluß, See). Weiterhin sind es:
o (bergende) Innenräume (Mutterleib, Felsenhöhle, Grotte);
o Bereiche des Mütterlichen und der Vergangenheit: Zuhause, Heimat, Küche, Mutter-und-Kind-Treff, Schloß und Burg, »Mutter Kirche«;
o Räume des Unbewußten: Schlafzimmer, Keller, unterirdische Bereiche;
o auf jenseitiger Ebene: Astralbereich.

Diese Bereiche sagen uns auch als Traumorte etwas über unseren Bezug zum KREBS-Archetypen beziehungsweise über unser viertes Haus aus. Befinden wir uns im Traum in einer ursprünglichen Natur, dann ist damit unsere (intakte) Naturseite angesprochen. Baden wir in einem klaren See und fühlen uns »in unserem Element«, dann zeigt das – im Gegensatz zu einer Kloake oder Überschwemmung – einen guten Bezug zum seelisch-gefühlshaften Bereich an. Werden wir träumend zurück ins Elternhaus geschickt, will die Traumseele einen Zusammenhang zwischen Vergangenheit und Gegenwart knüpfen.

Länder, in denen das KREBS-Prinzip wesentlichen, zentralen Anteil hat, sind von ihrer Mentalität im allgemeinen zurückhaltend bis verschlossen (introvertiert), was sie nach außen kühl erscheinen läßt. Die Bewohner haben meist einen starken Bezug zu ihrer *Heimat* und der *Natur* und sind eher *gefühlsbetont*, was sich aber nicht nach außen zeigt (Gefühle zu zeigen entspricht dem LÖWEN). Es sind Länder mit inniger Bindung zur *Vergangenheit*. Das Element Wasser steht in irgendeiner Weise im Mittelpunkt, das Klima ist eher kühl und regnerisch.

Beispielsweise *Großbritannien:* historisches Inselreich und Seemacht; die Mentalität der Inselbewohner ist tendenziell »weich« und diskret (im Gegensatz zum Beispiel zu den eher »eckigen« und »ungestümeren« Deutschen = WIDDER-Nation). Der Brite an sich ist von vornehmer Zurückhaltung (»die feine englische Art«) und erlebt etwa Fragen nach seinem Arbeitseinkommen als äußerst indiskret. Ein wesentlicher Grundsatz früherer britischer Politik war die »Splendid Isolation« (wörtlich übersetzt: »glänzende Isolierung«), die die Unabhängigkeit Großbritanniens von Europa betonen sollte. Die Briten haben einen starken Bezug zur Vergangenheit, der sich in der Bindung zu Tradition und Monarchie ausdrückt. NOVALIS äußerte über die Mentalität der Inselbewohner: »Jeder Engländer ist eine Insel.« (Aus: *»Fragmente aus dem Nachlaß«.*)

Weitere KREBS-betonte Länder sind solche, in denen die Natur einen besonders breiten Raum einnimmt – vor allem durch riesige Wälder bei gleichzeitig geringer Bevölkerungsdichte wie zum Beispiel in Kanada oder in den großen Urwaldregionen von Südamerika und Asien.

KREBS-betonte Städte sind geprägt durch *Tradition* und *Vergangenheit*, was sich vor allem in einem guterhaltenen mittelalterlichen Stadtbild ausdrückt, beispielsweise in der oberfränkischen Domstadt *Bamberg* (KREBS-Aszendent). Solche Städte verfügen über eine dichte »romantische« Atmosphäre und haben etwas Zauberhaftes, Magisches – wie die Lagunenstadt *Venedig*, deren enger Bezug zum äußeren Wasserelement auch das innere »Wasser«, die Seele, anrührt. *London*, die Hauptstadt der Britischen Inseln, gehört als »Schmelztiegel der Nationen« ebenfalls schwerpunktmäßig dem KREBS-Bereich an. In dem früher berühmt-berüchtigten Londoner Nebel können wir eine Entsprechung des undurchsichtigen KREBS-Archetypen finden.

Orte und Bereiche mit KREBS-Betonung wirken sich entsprechend auf deren Bewohner aus. Menschen mit Wasserelement-Übergewicht werden von Orten mit intensiver KREBS-Schwingung »magnetisch angezogen«, während

»wasserarme« Personen solche Bereiche – beispielsweise Städte mit starker Vergangenheits-Schwingung – wohl eher meiden. »Wasser-Menschen« »baden« gerne in der dichten Atmosphäre von KREBS-Orten und -Bereichen – zuweilen auch, um den Herausforderungen des Lebens beziehungsweise einem »lästigen« Ich-Bewußtsein zu entfliehen. So wie die Gefahr besteht, daß die vom Wasserelement überfluteten Zeitgenossen nur noch tiefer ins Unbewußte abgleiten, wenn sie sich hauptsächlich im KREBS-Ambiente bewegen, finden KREBS-Geborene, die diesen Archetypen verdrängen, in KREBS-Bereichen oftmals Zugang zu ihrem Wesenskern.

Kommen KREBS-Bereiche in den Träumen vor, dienen sie meist als Kulisse für ein KREBS-Thema, das wir im Zusammenhang mit dem weiteren Traumkontext, der aktuellen Lebenssituation und unseren Einfällen zu den Traumbildern herausarbeiten.

Berufliche Entsprechungen

Wie bei allen Lebensbereichen haben auch die Berufe natürlich verschiedene Seiten. Es kann daher keinen »reinen« KREBS-Beruf geben. Dem seelischen Wasserzeichen sind unsere irdischen Tätigkeiten zudem viel zu konkret, oft zu gefühllos und »veräußerlicht«, um das Prädikat »KREBS pur« zu verdienen. Nachfolgende Kriterien weisen vielmehr darauf hin, daß es sich um eine KREBS-*betonte* Tätigkeit handelt:
o wesentliche Bedeutung des *persönlichen Unbewußten* beziehungsweise dessen Ausdrucksformen, vor allem Traum und Phantasie (zum Beispiel Traumtherapeut, Hypnotiseur oder – in Verbindung mit ZWILLINGE/MERKUR – Schriftsteller, der aus der Seele schöpft);
o *Einfühlungsvermögen*, vor allem bei *sozialen* Tätigkeiten, etwa Kindergärtnerin, Krankenschwester;
o Berufe, die *Fingerspitzengefühl* und *Sensibilität* verlangen (vor allem im Umgang mit Mitmenschen);
o *Subjektivität* kann eine wesentliche Voraussetzung sein;
o *Mutter* als Beruf (zu Hause oder in einem SOS-Kinderdorf, im Waisenhaus, als Pflege- oder Tagesmutter, Amme);
o Berufe, bei denen der *Innenbereich* im Vordergrund steht.

Häufig treffen für bestimmte Berufe mehrere dieser Kriterien zu, wenn es sich um eine KREBShafte Tätigkeit handelt. Durch Angehörige der oben genannten Berufszweige werden wir im Alltag sowie in der Traumbotschaft mit der KREBS-Seite des Lebens konfrontiert. Natürlich üben KREBS-Geborene nicht nur KREBSbetonte Berufe aus, sondern stehen auch in anderen Tätigkeiten. Schließlich eignet sich nicht jeder zur Berufs-Mutter in einem Kinderheim oder hat die Möglichkeit, als Hypnotiseur zu arbeiten. Gerade im KREBS-Bereich, wenn auf der Ebene des Unbewußten gearbeitet wird, ist die Grenze zwischen Scharlatanen und wirklichen Meistern ihres Faches fließend. Nicht jeder Traumdeuter oder Hypnotiseur tut der Seele des Klienten gut! Und schließlich ist es fraglich, ob das individuelle KREBS-Rätsel überhaupt auf der beruflichen Ebene gelebt werden soll. Träume oder Horoskop können darüber Auskunft geben; beispielsweise wenn das KREBS-Zeichen oder der MOND mit den Arbeits- beziehungsweise Berufs-Prinzipien (JUNGFRAU und STEINBOCK/sechstes und zehntes Haus) verbunden ist.

Welche Tätigkeit KREBS-Geborene auch wählen mögen – sehr wahrscheinlich werden für sie folgende Kriterien wichtig sein:
o familiäre Arbeitssituation;
o eher unselbständige Position, in der man geführt wird;
o die Möglichkeit zu bemuttern (Klienten, Patienten und so weiter) oder bemuttert zu werden (von Kollegen oder Vorgesetzten);
o sich in der Tätigkeit und dem Arbeitsbereich *wohl zu fühlen* (fühlt sich der KREBS-Geborene mit dem, was er tut und wo er ist, wohl, ist die Art der Tätigkeit oft zweitrangig!);
o keine übermäßigen intellektuellen Anforderungen.

Fühlen sich KREBS-Geborene mehr zu anderen, eventuell oppositionellen Tätigkeiten hingezogen, dann kann das als (unbewußte) Relativierung einer überstark empfundenen KREBS-Seite gewertet werden. Das träumerische Wesen vieler KREBS-betonten Mitmenschen verleitet diese zuweilen scheinbar gerade zum genauen Gegenteil dessen, was man eigentlich erwarten würde. Etwa bei der Wahl einer gleichförmigen manuellen Tätigkeit, um dabei abschalten und den Träumen nachhängen zu können. Oder es wird (bewußt oder unbewußt) ein Job gewählt, der als Ausgleich dient und zur Einhaltung von äußeren Regeln und Rahmenbedingungen nötigt. Überhaupt entspricht die Berufswelt mit ihren Zwängen und Pflichten dem genauen Gegenteil der Wassernatur, die ja am liebsten fließen beziehungsweise den Weg des geringsten Widerstandes gehen möchte.

Sogenannte »Berufsarbeitslose«, deren Beschäftigung hauptsächlich im Herumhängen oder in negativer Hinsicht auch im reichlichen Alkoholgenuß besteht, haben daher häufig eine Betonung des Wasserelementes; Feuer-, Erde- oder Lufttypen würden damit kaum auf Dauer zurechtkommen. In unserer heutigen hektischen, auf Profit, Leistung und Konkurrenz ausgerichteten Berufswelt bleiben daher vor allem die empfindsamen (Wasser-)Typen auf der Strecke. Es sei denn, sie entdecken oder schaffen sich eine Nische, in der sie ihr »Süppchen in Ruhe kochen können«, oder sie konnten den KREBS/MOND integrieren und die Überempfindlichkeit in seelische Stärke umwandeln.

Entsprechungen im Tierreich

Dem empfindsamen Seelenzeichen KREBS entsprechen im allgemeinen die zarten Tiere, die besonders *scheu* und *schutzbedürftig* sind, sich *vegetarisch* ernähren, wie etwa der *Hase*, der als »Angsthase« Eingang in die Sprachbilderwelt gefunden hat. Auch das *Reh* hat (neben seiner erotischen WAAGE-Symbolik) durch sein sprichwörtliches scheues Wesen Anteil am KREBS.

Die *Schmusetiere* wie Zierhase, Meerschweinchen oder Hamster bringen durch ihr kuscheliges Fell, das vor allem auch Kinder gerne streicheln und liebkosen, KREBS-Energie ins Haus. Die Schmusekatze hat dagegen eine ambivalente Wirkung und verbindet das weich-kuschelige Wesen des KREBSES mit der kämpferisch-aggressiven Art des WIDDERS, vor allem wenn sie ihre Krallen ausfährt und aus dem Schmusespiel plötzlich Ernst wird. Menschen mit Horoskopverbindung zwischen KREBS/MOND und WIDDER/MARS (zum Beispiel MOND im WIDDER-Zeichen) haben oft ein »katzenhaftes Wesen«. Die Verbindung der *Katze* mit dem MOND-Prinzip wird in vielen Mythen hergestellt. Katzen wurden häufig als MOND-Tiere verehrt, beispielsweise bei den Ägyptern, deren Mondgöttin Bastet selbst katzenköpfig war. Auch in der griechisch-römischen Mythologie gilt die Katze als Attribut der Mondgöttin Diana. Da Katzen *Nachttiere* sind, ist die Zuordnung zu den MOND-Kräften nicht verwunderlich.

Unter den Säugetieren ist außerdem der *Bär* ein Symbol der weiblich-naturhaften Kräfte des Unbewußten. Sein erdfarbenes, warmes, mütterliches Fell, seine Behausung in Höhlen und sein liebevoller Umgang mit den Jungtieren mögen begründen, weshalb der Traumregisseur in unserer Psyche gern das Bärsymbol verwendet, wenn es um die *weiblich-mütterliche* Seite geht. Nicht zufällig ist gerade der Teddybär das Lieblingsspielzeug der Kleinkinder.

Dem Wasserzeichen entsprechen natürlich auch die Bewohner von Bach, Fluß und See, vor allem die *Fische*, aber natürlich auch die *Krebse*, die ja das Symbol dieses Archetypen sind. Die Krebse häuten sich bis zu dreißigmal in ihrem Leben und können daher auch als Symbol für Wandlung stehen. Oft ist der Rückwärtsgang dieser Tiere ein Deutungsmerkmal, etwa wenn ein Traumkrebs uns darauf hinweisen soll, daß wir »herumkrebsen« oder uns statt nach vorne rückwärts bewegen, Rückschritte machen.

In zweiter Linie, in Verbindung mit dem Luftelement, gehören die *Wasservögel* zum KREBS, und in Verbindung mit dem Erdelement jene Tiere, die auf dem Land leben, aber auch einen guten Bezug zum Wasser haben.

Im Traum sind diese Tiere anhand der KREBS-Symbolik zu deuten; speziell die Fische verkörpern lebendige Regungen der seelisch-gefühlshaften Ebene. Die jeweilige Gattung gibt näheren Aufschluß über die Art der Gefühle, die gemeint sind. Ein Raubfisch beispielsweise wird eher Aggressivität symbolisieren, während ein Seepferdchen von zarteren Seelensphären kündet. Fische an der Angel können das Herausziehen und Bewußtwerden von Inhalten des Unbewußten bedeuten. Im sprichwörtlichen Sinne widerfährt uns besonderes Glück, wenn wir »einen dicken Fisch an der Angel haben«.

Entsprechungen im Pflanzenreich

KREBS ist der Archetyp des pflanzlichen Lebens beziehungsweise das pflanzlich-vegetative Prinzip an sich. Pflanzen symbolisieren daher seelisch-naturhafte, vegetative Seinszustände. Sind unsere Traumpflanzen am Verkümmern, dann fehlt ihnen und damit uns »das Wasser des Lebens«, die Gefühle, das Seelische. Umgekehrt ist es sehr positiv zu bewerten, wenn unser Traumgärtlein sprießt, blüht und gedeiht und wir uns liebevoll um die Traumpflanzen kümmern. Die Seele braucht eben genausoviel Hege und Pflege wie die Blumen in den Gärten. Wildwucherndes Unkraut im Traum, das die Kulturpflanzen zurückdrängt, macht uns auf die Notwendigkeit aufmerksam, die überschäumende Triebseite (MARS/WIDDER) zu bändigen, damit unsere »seelische Kultur«, die gewachsenen und weiterentwickelten zarten seelischen Regungen, bestehen kann. Eine Seminarteilnehmerin träumte, riesige Unkrautpflanzen zu jäten, und entdeckte dadurch ein Beet Chicorée-Salat unter der Erde. Diese zarteren, »bekömmlichen« und nahrhaften Seelenregungen waren bislang durch Wildwuchs der Triebseite unterdrückt worden. Über die Kraft, die in den Pflanzen (und Mineralien) steckt, dichtete SHAKESPEARE: »Oh, große Kräfte sind's, weiß man sie recht zu pflegen, die Pflanzen, Kräuter, Stein' in ihrem Innern hegen.« (Aus: »*Romeo und Julia*«.)

Mittlerweile ist es kein Geheimnis mehr, daß auch Pflanzen ein »Seelenleben« haben und zu Empfindungen fähig sind; jeder kann dies bei seinen Zimmerpflanzen selbst beobachten.

Mir wurde beispielsweise die seelische Affinität zu meinem Benjamin-Bäumchen, das seine Zweige ausladend über meinem Schlafplatz ausgebreitet hatte, während einer Krisenzeit besonders bewußt. Ich hatte körperliche Probleme mit meinen Kopf-/Nacken-Bereich als Symptom von Ängsten, die mir damals »im Nacken saßen«. Mein Bäumchen warf in dieser Zeit genau an den Zweigen über dieser problembeladenen Körperpartie seine Blätter ab und zeigte so sein »Mitgefühl«. Dieser Vorgang geschah im KREBS-Monat und brachte mir auf der Gefühlsebene die Verbindung zu der Pflanze nahe.

Pflanzen, die im besonderen dem KREBS zugehören, sind die *Wasserpflanzen*, vor allem solche, die an oder in Bächen, Flüssen und Seen wachsen. Eine Baum-Entsprechung ist beispielsweise die *Linde*. Ihr Symbolgehalt ist geprägt von KREBS-Themen wie Heimat und Kindheit. Nicht zufällig beschwört der österreichische Komponist FRANZ SCHUBERT mit seinem Lied »Am Brunnen vor dem Tore« heimatliche Gefühle im Bild des Lindenbaumes. Unter den Obstbäumen ist unter anderem der *Birnbaum* dem KREBS zuzuordnen, dessen Frucht – im Gegensatz zum männlichen Apfel-Symbol – schon wegen ihrer »weiblichen Rundungen« an das weiblich-mütterliche Prinzip erinnert. Zudem sind (reife) Birnen in der Regel weicher und süßer als Äpfel. Die Redensart »Eine weiche Birne haben« verweist auf Dummheit, ein Zuviel an KREBS-Energie am falschen Platz (»Birne« im Kopf statt im Bauch).

Beim Gemüse sind in erster Linie die *Kohl*-Gewächse und der zarte *Blattsalat* KREBS-Entsprechungen. *Nachtschattengewächse* stehen ebenfalls in enger Beziehung zur dunklen Kraft der Wasserzeichen.

Auch die zarteren Blumenarten gehören zum KREBS; einer KREBS-Frau wird man mit einem liebevoll gepflückten Strauß aus *Gänseblümchen* und *Veilchen* oftmals mehr Freude bereiten als mit einem teuren Rosenbouquet.

Die Pflanzen, die der *Wald* als KREBS-Ort beherbergt, haben ebenfalls eine Entsprechung zu dieser Energie. Vor allem der »magische Aspekt« der *Pilze* ist hier einzuordnen. Als Sinnbild für ekstatische Zustände und als Giftpilze gehören sie aber auch in die Symbolbereiche der FISCHE und des SKORPIONS.

Bei Problemen im Bereich des KREBSES können (vor allem bei einer starken Affinität zum Pflanzenbereich, etwa bei KREBS-/MOND-Betonung) Pflanzen als Unterstützung des Heilprozesses angewandt werden. Wer ein Defizit im seelischen Bereich feststellt, sollte sich mit Pflanzen umgeben, zu denen er einen guten inneren Bezug hat. Die MOND-Stellung im Horoskop kann bei der richtigen Auswahl des »Pflanzenpartners« helfen, wenn das Einfühlungsvermögen dazu nicht ausreicht. Ein WIDDER-MOND zum Beispiel wird eher stachelige Gewächse bevorzugen, während STIER-MONDE sich gerne mit Obstbäumen umgeben.

KREBS-betonte *Heilpflanzen* haben vor allem einschlaf- und entspannungsfördernde, schmerzlindernde Wirkung; auf der Ebene der pflanzlichen Rauschdrogen (vor allem *Hanf* beziehungsweise *Cannabis*) dienen sie dazu, in die Bilderwelten des Unbewußten einzutauchen, die Ratio auszuschalten und direkteren Kontakt zu den Gefühlen herzustellen. Für »eingefleischte« Rationalisten könnte ein verantwortungsvoller Umgang mit solchen Pflanzen im Rahmen einer kompetent geleiteten Therapie durchaus heilende Wirkung haben. Dr. med. Grinspoon, Professor für Psychiatrie an der Harvard Medical School in den USA, stellt in seinem Buch »*Marihuana. Die verbotene Medizin*« Untersuchungsergebnisse vor, die belegen, daß Cannabis gegen Übelkeit, Schmerzen und Muskelverkrampfung wirkt, ohne nennenswerte Nebenwirkungen zu haben. Die derzeitige einseitige Verteufelung und vor allem die Kriminalisierung des Genusses dieser Pflanzenextrakte bringt unsere Gesellschaft allerdings noch um diese Möglichkeit. Man sollte zumindest erwägen, ob eine Freigabe dieser »weichen Drogen« nicht eher positive als negative Auswirkungen hätte. Wer allerdings beim Drogengebrauch stehenbleibt und – anstatt durch innere Arbeit die *Anima* zu integrieren – sein Seelenheil im Drogenkonsum sucht und vor der Wirklichkeit flieht, der wird deren SKORPION-Seite, die (seelische) Sucht, erleiden und bei der momentanen rechtlichen Handhabung schnell in die Illegalität abgleiten.

Menschen, die stark von der MOND-/KREBS-Energie beherrscht werden, sollten lieber die Finger von Mitteln lassen, die die Seite des Unbewußten noch verstärken. Für introvertierte, in sich versunkene Träumer kämen als Gegengewicht vielmehr die Entsprechungen der Erd- oder Feuerzeichen in Frage.

Legale Heilpflanzen mit KREBS-Entsprechung sind zum Beispiel solche, die bei somatisierten KREBS-/MOND-Problemen Linderung schaffen; bei Symptomen im Magenbereich etwa die *Brombeere*, und *Frauenmantel* bei Menstruationsproblemen. Alle Pflanzen, die die entsprechenden Krankheitsbilder des KREBS-Prinzips (siehe dazu Körperentsprechungen) positiv beeinflussen, begünstigen natürlich auch auf feinstofflicher Ebene die Heilung beziehungsweise Stabilisierung des individuellen MOND-Bereiches.

Mineralien

Der Bereich der »unbelebten«, besser gesagt: seelenlosen Natur ist eher untypisch für das Wasserzeichen KREBS.

Das Metall, das dem KREBS-/MOND-Bereich zugeordnet wird, ist das *Silber*. Es hat die Farbe des Mondes und damit der weiblich-gefühlshaften Seite. In der Alchimie bedeutete es die geläuterten Gemütszustände, also die Weiterentwicklung der ungestümen WIDDER-Impulse über die »träge Sinnlichkeit« der STIER-Ebene und den intellektuellen ZWILLINGE-Bereich hin zur Seelendimension des KREBSES. Als Traumsymbol verkörpern Silbermünzen und -schmuck weiblich-gefühlshafte Werte. Erhalten oder finden wir solche Schätze, ist das als Zugewinn und Stärkung der Seele zu werten. Umgekehrt ist ein Verlust oder Raub von silbernen Gegenständen mit einem Einbruch in der Gefühlsseite in Verbindung zu bringen. Ist die »Silberkraft des Unbewußten« jedoch zu übermächtig, mag ein Tausch gegen Gold oder andere Edelsteine im Traum einen Ausgleich bedeuten.

Eine Seminarteilnehmerin träumte, ihr Silberbesteck würde von der eigenen Mutter entwendet und an die Nachbarn verschenkt – eine Erinnerung (aufgrund eines aktuellen Anlasses) daran, daß die Mutter ihre weiblich-gefühlshafte Seite »bestohlen« hatte. Das äußerte sich in der Lebensrealität der Träumerin darin, daß die Mutter die Größe ihrer Brüste so lange kritisierte, bis sie sich mittels einer schmerzhaften Operation diese verkleinern ließ.

Als »Edelstein« gehört zum KREBS die *Perle*, die ja kein Mineral im üblichen Sinne ist, sondern im Inneren einer Muschel wie durch eine »Schwangerschaft« heranwächst. Die Entsprechung zum kardinalen Wasserzeichen findet ihren Ausdruck in dem urtümlichen Volksglauben, daß die Perlen durch das Eindringen eines Blitzes in die Auster entstünden – also durch die Verbindung von Feuer (Blitz) und Wasser (Lebenselement der Auster). Mythologisch wird die Perle häufig dem MOND zugeordnet und symbolisiert die Macht des Wassers. Das Tragen von Silberschmuck oder Perlenketten mag zur Aktivierung beziehungsweise Stärkung der KREBS-/MOND-Energie beitragen.

Speisen und Getränke

Hier steht *Wasser* als die Grundlage unserer flüssigen und auch vieler fester Nahrungsmittel im Vordergrund. So sind dem KREBS vor allem Früchte und Speisen mit einem hohen Flüssigkeitsanteil zugeordnet. Dem mütterlichen Prinzip entspricht die *Milch*, in Reinform die Muttermilch für das eigene Baby, in Abwandlung auch Milchmixgetränke und Milchprodukte.

Gefühle finden ihre Entsprechung auf Nahrungsebene in der *Süßspeise* und in süßen Obstsäften; auch die *Breiarten* als Ausdruck des Weichen sind hier anzusiedeln. Vor allem Magenkrankheiten erfordern häufig eine Diät mit solcher Nahrung, die dem KREBS entspricht und dann zum Symbol einer zeitweiligen Regression wird, etwa wenn wir wieder den Haferschleim aus der Babyzeit zu uns nehmen müssen. Der Verzehr von Süßspeisen ist manchmal ein Gefühlsersatz; Süßigkeiten im Traum bringen uns ebenfalls mit dem Gefühlsbereich in Verbindung. Wir fragen uns dann, wo wir uns das Dasein mehr »versüßen« könnten oder müßten. Ein Überangebot von Naschereien kann auf Gefühlsreichtum oder aber infantile Wesenszüge anspielen.

Dem vegetativen KREBS-Prinzip entsprechen insbesondere vegetarische Speisen, vor allem die *Blattsalate*; wenn überhaupt Fleisch, dann am ehesten noch *Wassertiere*. Im KREBS-Monat des Jahres 1990 veröffentlichte der US-amerikanische Biochemiker COLIN CAMPBELL eine Untersuchung, die belegen sollte, daß der Mensch ursprünglich Vegetarier ist und erst durch den Verzehr von tierischem Eiweiß für Krankheiten wie Krebs, Knochenschwund und Herzkrankheiten anfällig wurde. Wenn KREBS-betonte Mitmenschen zum Vegetarismus neigen, dann sicher auch aus *Mitleid* mit den Tieren. Pflanzliche Nahrung im Traum weist auf die Einverleibung von seelisch-gefühlshafter »Kost« hin. Wer Mangelerscheinungen im KREBS-Bereich aufzuweisen hat, kann »kulinarisch« daran arbeiten und entsprechende Kost zu sich nehmen, wenn das gesundheitlich-medizinisch zu vertreten ist. Für verzärtelte KREBS-/MOND-Betonte mag hin und wieder etwas Handfesteres – etwa erdhafte Kost wie Kartoffeln oder ein saftiges Steak zur Stärkung der »fleischlichen Belange« – durchaus förderlich sein. Nicht selten sagen uns auch die Träume, welche Art von Nahrung wir (vorübergehend) zu uns nehmen sollten, um Mangelerscheinungen vorzubeugen und unserer individuellen Konstitution gerecht zu werden.

Literatur/Film/Musik

In bezug auf den KREBS dienen die Medien als Transportmittel für Gefühle und Botschaften des Unbewußten (des jeweiligen Verfassers beziehungsweise Künstlers). Das Medium Fernsehen ist KREBS-betonten Zeitgenossen eher zu oberflächlich, und häufig ist seine empfindsame Seele der Schnelligkeit der heutigen Bilderflut nicht gewachsen.

Die guten alten *Volksmärchen* oder – in neuerer Version – die *Fantasy*-Literatur oder -Filme gehören zum KREBS, nach dem Motto: »Je phantastischer und symbolbeladener, desto KREBS.« Bücher und Filme von KREBShafter Wesensart sind auf höherem Niveau voll geheimnisvoller, zarter *Poesie* und haben eine äußerst *irrationale* Wirkung; es kommt dabei viel weniger auf die Handlung, den »Sinn« an als auf die Gefühle und Assoziationen, die dadurch hervorgerufen werden sollen. Dem Verstand müssen solche Botschaften allerdings schleierhaft erscheinen; Rationalisten können daher meist wenig damit anfangen. Andererseits könnten gerade sie ihr Defizit an »Irrationalität« über die Medien Film oder Literatur zumindest etwas ausgleichen.

Weitere KREBS-Themen von Filmen sind Mutterschaft, das Unbewußte und dessen Ausdrucksformen in Träumen und Phantasien (inneren Bildern). Ob das Ganze dann auch KREBShaft vermittelt wird, hängt vom individuellen KREBS-Thema der »Macher« ab. So kann es durchaus vorkommen, daß ein Bericht über die Seele oder Gefühle trocken und theoretisch abgefaßt ist und nichts von dem ausdrückt, was eigentlich vorgesehen ist. Umgekehrt können jegliche Arten von Sendungen, die von KREBS-betonten Personen gestaltet und verfaßt sind, diese Energie quasi ins Wohnzimmer befördern. Der schwedische Regisseur INGMAR BERGMAN beispielsweise verstand es, die ganze Palette der zwischenmenschlichen Gefühle filmisch darzustellen.

Die »echtesten« KREBS-/MOND-Filme sind in jedem Fall die Träume, die ganz individuell von unserem inneren Bildschirm allnächtlich »ausgestrahlt« werden und deren Symbolik persönlich und intim ist. Vor allem in Wandlungs- und Krisenzeiten, wenn die Seele besonders empfindlich ist, scheint es mir nach eigener Erfahrung wesentlich stimmiger, auf das innere Filmprogramm umzusteigen, als durch die äußere Flimmerkiste die Seele mit einem Zuviel an (unpassenden) Bildern zu belasten.

Im Vergleich mit dem Fernsehen, das unserem Gehirn fertige Bilder vorsetzt, vermag die Literatur eher Phantasie und Gefühle zu beflügeln. KREBS-betonte Literatur wären beispielsweise die Werke von KREBS-geborenen Schriftstellern wie HERMANN HESSE (weitere siehe 1. Kapitel); sein SCHÜTZE-Aszendent verleiht seinen gefühlsbetonten Werken eine expressionistische Wirkung. In den Büchern des Literatur-Nobelpreisträgers nimmt die innere Seite des Lebens und der Symbolgehalt der Dinge großen Raum ein; die Macht der unbewußten Seelenkraft erahnen wir etwa in »Demian«. Den Widerstreit zwischen Gefühl/Nähe (KREBS) und Vernunft/Distanz (STEINBOCK) läßt Hesse im Roman »Narziß und Goldmund« literarische Gestalt annehmen. Als Beispiel eines großen, niveauvollen Fantasyromans sei hier noch das phantastische Werk »Stein und Flöte« von HANS BEMMAN genannt.

Musik ist im Vergleich zu Film und Literatur die »direktere« Art der KREBS-Energie-Übermittlung. Die gesamte Skala der musikalischen Möglichkeiten entspricht unserer breiten Palette gefühlshaften Erlebens. Die sogenannte »leichte Muse« wäre in diesem Sinne eine Verbindung des ZWILLINGE-Prinzips mit dem KREBS. KREBS-/MOND-Musik (relativ) »pur« ist dagegen auf einer »innigeren« Ebene angesiedelt und geht tiefer, wirkt mehr im Bauchbereich. *Italienische Opern* wären hierfür gute Beispiele, die nicht selten auch »auf die Tränendrüsen drücken«. Etwa Werke GIACOMO PUCCINIS, dessen empfindsame Seele (KREBS-MOND) seinen zeitlosen Ausdruck in den Opern »*La Bohème*«, »*Tosca*« oder »*Madame Butterfly*« gefunden hat.

Wer Opern nichts abgewinnen kann, dem wird vielleicht ein Musiker wie der KREBS-Geborene LOUIS ARMSTRONG (4.7.1900) einen Eindruck von der Gefühlsdimension des KREBSES geben. Durch seinen WIDDER-Aszendenten konnte er innere Befindlichkeiten mit einer durch Mark und Bein gehenden Stimme kraftvoll nach außen bringen. Ohne Verbindung zum Feuerelement fällt der (musikalische) Gefühlsausdruck des KREBSES wesentlich verhaltener aus, zum Beispiel als leiser, zarter Chanson. Im Bereich der Pop-Musik neueren Datums empfehle ich die schwedische Sängerin STINA NORDENSTAM, die auf ihrer CD »*And she closed her eyes*« mit einer zauberhaft zarten Stimme und stimmungsvoller musikalischer Begleitung eine wundervolle traumhafte Atmosphäre entstehen läßt. Weiterhin sind hier *Schlaf- und Wiegenlieder* wie »*Der Mond ist aufgegangen*« sowie jegliche Art von melodiösen, gefühlsbetonten Liedern bis hin zu den »Schnulzen« zu nennen.

Auch in die Traumhandlung kann ein Film- oder Buchtitel oder ein Musikstück eingeflochten sein. Entdecken wir oben genannte Kriterien, ist vermutlich ein KREBS-Thema damit angesprochen. Erkennen wir ein Defizit an KREBS-Energie in unserem Leben, beziehungsweise haben wir gerade einen Transit auf unseren Natal-MOND, der die Integration dieses Archetypen fordert, kann die Beschäftigung mit diesem Prinzip über die Medien hilfreich sein. Ich fand beispielsweise im Traum das Kinderbuch »*Peterchens Mondfahrt*« auf meinem Tisch, was mich auf die Notwendigkeit hinwies, dem seelisch-kindlichen Bereich in mir mehr Raum zu geben.

KREBS-Typen

Allgemein hat der KREBS *melancholisches* Temperament; KREBS-Geborene sind *Gefühlsmenschen*; fehlt ihnen als Ausgleich das Feuerelement, so sind sie stark introvertierte Typen, die Schwierigkeiten damit haben, aus sich herauszugehen, und ihr reiches Gefühlsleben nicht zeigen können.

Auf der entwickelten Seite sind es Persönlichkeiten mit überdurchschnittlichem Einfühlungsvermögen und Mitgefühl (»barmherziger Samariter«); eine »Seele« von Mensch; im Vordergrund stehen Naturverbundenheit, Fähigkeit zum Träumen, eine gute Beziehung zum Unbewußten beziehungsweise zur *Anima*, Mütterlichkeit, Innigkeit; es sind Künstler, die aus der Tiefe schöpfen, Poeten und so weiter.

Unterentwickelte KREBSE sind »Träumer«, Phantasten im Sinne von mangelndem Realitätssinn, überempfindliche »Mimosen«, stark muttergebundene Männer (»Muttersöhnchen«), vom Unbewußten beherrschte Naturen, Heimlichtuer, Übermütter; sie haben symbiotische Tendenzen, eine Neigung zur Unselbständigkeit, oft auch Lebensangst.

Wetterentsprechungen

Dem KREBS entspricht wechselhaftes, von den Mondphasen bestimmtes Wetter, regnerisch-feuchtes, vegetationsförderndes Klima, eine »schwangere« beziehungsweise schwüle (feucht-heiße) Atmosphäre (tropisches Klima).

Rituale

Rituale, die dem KREBS entsprechen, sind tief in der Volksseele verwurzelt und haben ihren Ursprung in einer fernen Vergangenheit. Es sind zum Beispiel *Vollmond-* und *Neumondrituale*, wie sie noch heute auf Bali und in Tibet offiziell gefeiert werden; bei uns erfreuen sie sich als private MOND-Riten vor allem bei Frauen zunehmender Beliebtheit. Auch Menstruationsrituale und ritualisiertes mütterliches Verhalten gehören hierher.

Die *Johannisfeuer* werden zur Feier der Sommersonnenwende angezündet, ein Brauch, der in Deutschland seit dem 12. Jahrhundert nachweisbar ist. Ein christliches Fest zu Beginn der KREBS-Zeit im Jahreslauf ist das von Johannes dem Täufer am 24. Juni. Dieser sagt: »Er (Christus) muß wachsen, ich dagegen abnehmen« (Johannes 3,30) – eine Widerspiegelung des kosmischen Geschehens der Sonnenwende. Auch die Rituale im Umgang mit den Träumen gehören hierher, wie sie etwa bei den malayischen Senoi-Indianern praktiziert werden, oder in moderner Fassung die westliche Traumarbeit nach FREUD, JUNG und so weiter; und auch die individuellen Einschlaf-Rituale gehören diesem Bereich an.

Zeitentsprechungen

Tageszeit: die siebte und achte Stunde nach Sonnenaufgang; KREBS-Geborene sollten nachprüfen, ob sie in dieser Zeit besonders kreativ sind beziehungsweise sein könnten.

Monat: Der KREBS-Monat beginnt im Juni, der nach *Juno*, der römischen Göttin der Frauen, benannt ist. Die altdeutsche Bezeichnung für diese Jahreszeit war »Brachmonat«. »In der alten Dreifelderwirtschaft blieb ein Drittel der Flur nach der Ernte des Sommerkorns als Stoppelweide liegen und wurde erst im folgenden Jahr gepflügt ... Der Juni heißt deshalb auch Brachet, Brachmonat ...« (»*Duden-Herkunftswörterbuch*«). Erhalten geblieben ist in unserer Sprache das »Brachliegen«. Im Zusammenhang mit dem KREBS bedeutet es das Ruhen, das für jede seelische Entwicklung notwendig ist. Ebenso wie die Natur eine Zeit der Erholung braucht und abwechselnd Teile des Ackers »in Brache« bleiben, benötigt auch die innere Natur Zeiten der Muße.

Wochentag: *Montag* – unschwer mit dem »MOND-Tag« in Verbindung zu bringen. Auch im Französischen ist der Zusammenhang zum KREBS-

Andere Lebensbereiche mit KREBS-Entsprechung

MOND-Prinzip dieses Wochentages im Wort *lundi* (Mond = la lune) leicht zu erkennen, und der englische *monday* verweist ebenfalls darauf. Im Mittelalter war dieser Wochentag der bevorzugte Totengedächtnistag (KREBS-Entsprechung des *Ahnengedenkens*). Die Bezeichnung »blauer Montag« (seit Beginn des 17. Jh.) bringt die Farbe *Blau* des Wasserelementes in Bezug zum MOND; im sprichwörtlichen Sinne bedeutet »blauen Montag machen« oder verkürzt »blau machen«, die Arbeit (als Entsprechung des Erdelementes) ruhenzulassen. »Daß man gerade den Montag als Ruhetag gewählt hat, mag damit zusammenhängen, daß an den ›Mondtagen‹, besonders bei Neu- oder Vollmond, in alter Zeit Gerichts- und Dingversammlungen stattgefunden hatten.« (Aus: LUTZ RÖHRICH, »*Lexikon der sprichwörtlichen Redensarten*«.)

Zeitalter: 8000 bis 6000 vor Christus, das Zeitalter der *Muttergottheiten*; bei Ausgrabungen im Ostirak beispielsweise wurden in der präkeramischen Siedlung Qualat Jarmo Fruchtbarkeitssymbole in Form von sitzenden Frauenfiguren entdeckt.

Lebenszeit: Kindheit/Vergangenheit; KREBS als die kindlich-MONDhafte Gefühlsdimension in uns führt uns in die Vergangenheit unserer Herkunft, Familie, Heimat, Mutter. Auch im Traum betreten wir häufig Pfade der Vergangenheit, wenn uns gezeigt werden soll, wie sich ehemalige Situationen und Taten auf gegenwärtiges Handeln und Erleben auswirken.

3
KREBS-Symbole in Alltag und Traum

Betrachten wir die Erscheinungen der Welt als Symbole, so ist ihre Bedeutung nicht mehr eindeutig; Symbole sind zumeist *mehrdeutig*! Bei den hier dargestellten Sinnbildern steht deren KREBS-Aspekt im Vordergrund, der Bedeutungskern des Symbols verweist auf dieses Tierkreiszeichen. Wenn im Traum oder in unserer Alltagswirklichkeit bestimmte Symbole auftauchen, deuten wir sie immer unter Berücksichtigung des Traum- und Alltagskontextes, der Einfälle und Assoziationen des Betreffenden dazu sowie seiner aktuellen Lebenssituation. (Eine allgemeine Einführung in das Symbolverständnis enthält der Band »*Die Rätsel des Lebens*«.)

Symbole des Weiblich-Mütterlichen und des Innenbereiches

Mutter: Die leibliche Mutter symbolisiert in erster Linie unser Lebensrätsel mit der weiblich-mütterlichen Energie; im Zusammenhang mit KREBS/MOND ist es die *empfangende Gefühlsseite*, die *Anima*, während die versorgende, nährende Seite des Mutterprinzips dem STIER entspricht. Daß Muttersein weit mehr ist als bloße Versorgungsinstanz, spiegelt der Traum einer Seminarteilnehmerin wider. Sie träumte als Kind wiederholt folgende Szene: »Vor mir ist ein Fluß, über den eine Brücke führt. Mitten auf der Brücke steht eine Kuh. Ich stehe auf der einen Seite des Flusses vor der Brücke, meine Mutter befindet sich auf der anderen Seite. Sie sucht mich, kann mich aber nicht sehen, weil die Kuh im Weg steht und die Sicht versperrt.«

Die Träumerin erinnert sich daran, daß der Versorgungsaspekt für ihre Mutter im Vordergrund stand und eine wirkliche seelische Berührung, die sie sich als Kind sehnlichst wünschte, häufig auf der Strecke blieb. Wie der Traum zeigt, ist es die Kuh, als Symbol des versorgenden STIER-Archetypen, die den Weg zwischen Mutter und Tochter versperrt.

Erscheint die Mutter im Traum des erwachsenen Sohnes oder der erwachsenen Tochter, dann steht sie meist für das *verinnerlichte Mutterbild*. Der Traumverlauf gibt dann Aufschluß darüber, ob der Träumer oder die Träumerin seine/ihre ureigene weiblich-mütterliche Seite (den individuellen MOND-Bereich) schon gefunden hat oder ob er/sie noch unter der Fuchtel der (von der eigenen Mutter) übernommenen seelischen Werte und Verhaltensmuster steht. Dazu sei als Beispiel der Traum »Beim Frauenarzt« aufgeführt:

»Ich bin mit meiner Mutter in einer Frauenarztpraxis. Sie muß zum Arzt, ich habe sie nur begleitet. Meine Mutter geht als erste ins Wartezimmer, und sie meint, die Bilder an der Wand seien häßlich. Ich folge ihr ins Wartezimmer und bin der gleichen Meinung. Es sind ein paar Gemälde dabei, die genau meinem Anti-Geschmack entsprechen. Dann verweilen meine Blicke bei einigen Fotos. Auf einem Foto sehe ich eine Frau, die gerade mit Hilfe einer Saugglocke ein Kind gebärt. Als ich mir dieses Foto genauer anschauen will, fängt es an, wie ein Film weiterzulaufen. Das Kind wird geboren. Es ist schon etwas größer und rundlicher als ein gewöhnliches Neugeborenes, und ich schätze es auf vier bis fünf Monate. Das Baby spricht mich sehr an. Zunächst denke ich, so könne ein Kind von Michael, meiner heimlichen Flamme, ausschauen. Ruckartig fühle ich, daß das Baby Michael selber ist. Ich lange vorsichtig dem Baby auf den Kopf und erkenne seine Kopfform als die von Michael. Es ist ein sehr intensives, glückliches Erlebnis.«

Die Träumerin wird zusammen mit ihrer Mutter, einer STIER-Geborenen, vom Traumregisseur in die Praxis eines Frauenarztes geschickt. Bei den Traumärzten soll, ebenso wie bei realen Ärzten, etwas behandelt werden, an dem es krankt. Hier geht es um die weiblich-empfangende Seite der Träumerin, die der Heilung bedarf, wie uns die Frauenarztpraxis als Traumort nahelegt.

Auch ist es kein Zufall, daß sie in Begleitung ihrer Mutter ist, die im Traum als eigentliche Patientin gilt und hier für die von ihr übernommenen weiblich-mütterlichen Werte und Verhaltensmuster steht. Die Mutter hat schließlich auf die *Weiblichkeitsentwicklung* der Tochter prägenden Einfluß.

Damit wir uns ein Bild davon machen können, welche Gewohnheiten und Verhaltensstrukturen einer Behandlung bedürfen, erzählt uns die Träumerin, wie sie die Mutter erlebt hat. Vor allem hatte sie den Eindruck, daß die

Mama immer die eigenen Bedürfnisse zugunsten des Mannes und der Familie zurückstellte. Als STIER-Geborene identifizierte sie sich wohl sehr mit dem Versorgungsprinzip. Sie sorgte dafür, daß alle unangenehmen und bedrohlichen Aspekte des Lebens ausgeklammert wurden, was in der Psyche der Träumerin das Bild einer heilen Welt aufgebaut hatte, die nicht erschüttert werden durfte. Sie erinnert sich, daß Streit in der Familie vermieden wurde und daß alle »dunklen Seiten« des Lebens »außen vor« blieben. Ein Beispiel dafür, wie die Mutter die (damals noch kleine) Tochter vor dem »Bösen« schützen wollte, mit ihrer guten Absicht aber über das Ziel hinausgeschossen ist: Sie riß kurzerhand die Seite mit dem Bild der Hexe aus dem »*Hänsel-und-Gretel*«-Buch heraus und erfand, daß Hänsel und Gretel im Wald ihre gute Tante besuchten. So ein Verhalten bewirkt jedoch eher das Gegenteil, denn wer nicht gewappnet ist für die Widernisse und Gefahren dieser Welt, dem fehlt auch der Schutzmantel, die nötige Vorsicht, wenn es darauf ankommt.

Wie die meisten Töchter hat auch unsere Träumerin zunächst (unbewußt) das Weltbild der Mutter übernommen. Um so böser war das Erwachen in der eigenen Ehe! Nichts funktionierte so wie daheim, wo doch alles so harmonisch war. Sie hatte nicht gelernt, sich auseinanderzusetzen, ja nicht einmal, daß Streit etwas ganz Normales für eine Partnerschaft ist und zum alltäglichen Beziehungsleben als belebendes Element dazugehört. Dadurch verfügte sie auch nicht über Strategien und Reaktionsmuster, um mit schwierigen Situationen umzugehen.

Im Traum folgt die Tochter der Mutter nicht nur ins Wartezimmer, sondern teilt zunächst ebenso deren Einstellung zu den Bildern. Die abstrakte Malerei empfindet sie wie ihre Mutter als disharmonisch, weshalb sie sie ablehnt. Dadurch negiert sie aber eine lebendige Seite ihres Wesens, die ebenso bunt ist wie diese Bilder. Es ist das Leben selbst, in all seiner Vielfalt und seinem Chaos, welches sich hier darstellt und von ihr betrachtet werden will. Als sie die Blicke dann doch ausführlicher auf die Ausstellungswand richtet und sich diese genauer besieht als die Mutter, kommt Bewegung in das Geschehen. Ein abgebildeter Geburtsvorgang, der ins Stocken geraten war, wird mit Hilfe einer Saugglocke wieder in Gang gesetzt. Tatsächlich ist die derzeitige Liebesgeschichte mit Michael eine »schwierige Geburt«, die die Träumerin durch die übernommenen mütterlichen Verhaltens- und Denkmuster in sich selbst blockiert. Das Alter des Traumbabys, das sie spontan mit Michael in Verbindung bringt, entspricht dem Zeitraum, seit sie sich kennenlernten. Seitdem hat sie eine seelische Berg- und Talfahrt durchgemacht, und gerade erlebt sie eine Phase der Angst, ob die Beziehung sich auch weiterentwickeln wird und ihre Hoffnungen sich erfüllen. Es geht für sie dabei aber um weit mehr als nur um eine Liebesaffaire, denn Michael verkörpert für sie ihren *Animus*, den inneren Prinzen, der gekommen ist, um sie wie Dornröschen aus ihrem »Schlafzustand« wachzuküssen. In ihm ist die verdrängte Lebens- und Triebkraft (WIDDER) der Träumerin verkörpert, die sie bislang nicht zulassen konnte. In diesem psychischen »Baby« ruht die Hoffnung der Träumerin auf ein lebendigeres und angstfreieres Leben. Sein Heranwachsen zu behüten und zu fördern, ist die vordringliche Aufgabe, der sie sich zu stellen hat.

Der *weibliche Schoß*, wie auch die *Auster* oder die *Muschel*, verkörpert den bergenden *Innenraum*, in dem neues Leben heranreifen kann; im weiteren Sinne sind alle umschließenden Gegenstände (zum Beispiel die Dose) als Symbol für das weibliche Prinzip oder die weiblichen Geschlechtsteile anzusehen.

Schwangerschaft bedeutet das allmähliche Heranwachsen neuen Lebens im Verborgenen des Innenraumes. Real ist es der Mutterleib, der das werdende Kind schützt und nährt. Im übertragenen Sinne ist es der *Innenraum der Seele*, in dem die neuen Lebenskeime – noch verborgen vor dem Licht des Bewußtseins – heranreifen. Schwangerschaft im Traum ist nur selten wörtlich gemeint. Wir gehen dann vielmehr im sprichwörtlichen Sinne mit einem psychischen Kind schwanger. Es kann eine neue Einstellung, Möglichkeit, Freiheit, Lebendigkeit sein, was sich da im Verborgenen des Unbewußten allmählich entwickelt. Wie bei einer körperlichen Schwangerschaft bedarf es dabei der Geduld, Ausdauer und des Vertrauens in den natürlichen Gang der Dinge. Träume von Schwangerschaft wollen uns helfen, einen inneren Bezug zu dem Seelen-Embryo herzustellen. Die werdende Mutter, die mit ihrem Kind im Bauch liebevoll spricht, sollten wir uns auch für seelische Schwangerschaften als Vorbild nehmen. Die Symbolhaftigkeit der Traumschwangerschaften wird dadurch unterstrichen, daß im Traum auch Männer »in anderen Umständen« sein können. Schließlich tragen auch sie neue Lebenskeime in sich, die heranwachsen und zu gegebener Zeit in den Alltag hineingeboren werden wollen.

Nabelschnur: Über die Nabelschnur ist das werdende Kind im Mutterleib mit der Mutter verbunden und wird es mit Nahrung versorgt. Mit der Durchtrennung der physischen Nabelschnur bei der Geburt beginnt der schmerzhafte Prozeß der seelischen Abnabelung. Damit wir unsere seelische Eigenart realisieren, ist dieser Ablösungsprozeß unbedingt erforderlich; wir haben es hier mit einem der großen Menschheitsthemen zu tun. Für das Kind ist die *psychische Nabelschnur* für die seelische Entwicklung noch überlebenswichtig, denn es ist auf die Gefühle der Liebe und Geborgenheit vor allem durch die Mutter angewiesen. Wird sie zu früh durchtrennt oder ist sie von vornherein abgeschnitten – etwa wenn die Eltern keinen »Draht« zum Kind haben oder das Kleinkind in einer sterilen Atmosphäre aufwachsen muß –, hat das erhebliche psychische Störungen zur Folge. Die Entwicklung eines Urvertrauens wird dann blockiert.

Taucht die Nabelschnur im Traum eines Erwachsenen auf, meist im Bild einer Schnur, Binde, Seil, Kette, ist sie als Symbol der Mutterbindung anzusehen. Je nach Traumverlauf wird dabei deutlich werden, ob und in welchem Bereich uns eine Abnabelung gelungen ist. Der folgende Traum eines jungen Mannes mit dem Titel »Unterleibsoperation« beschäftigt sich mit diesem Thema:

»Ich bin beim Frauenarzt meiner Frau zur Behandlung. Er will mich am Unterleib operieren. Die Operationsstelle am Körper wird örtlich betäubt, ich selbst bin bei vollem Bewußtsein, als er mit dem Skalpell die Bauchdecke aufschneidet. Er macht einen langen, tiefen Einschnitt. Es blutet nicht. Er holt eine etwa 20 cm lange Schnur heraus und bedauert, einen unnötig langen Einschnitt gemacht zu haben, da er diese Schnur auch mit einem wesentlich kleineren Einschnitt hätte herausholen können. Später will ich meiner Frau von diesem Eingriff erzählen.

Szenenwechsel: Ich bin jetzt wieder bei dem Frauenarzt, die Operation ist noch nicht erfolgt, aber ich stehe kurz davor. Mir ist nicht wohl zumute. Ich erinnere mich im Traum an den vorigen Traumteil mit dem unnötig langen Einschnitt. Der Arzt will mir jetzt eine Betäubungsspritze verpassen. Ich will ihm aber vorher unbedingt diesen Traum erzählen, bitte ihn, mir zuzuhören. Ich sage ihm, daß ich mit meinen Träumen arbeite und viel davon halte. Er ist unwirsch und ungeduldig, will die Sache möglichst schnell erledigen. Ich bekomme eine Betäubungsspritze, bin aber noch immer bei Bewußtsein. Ich signalisiere das und bekomme noch eine Spritze. Später erwache ich im Traum in einem Zimmer bei einer Bekannten. Ich frage sie, ob die Operation vorüber ist, und sie antwortet, daß diese noch nicht stattgefunden hat. Der Arzt hatte anscheinend noch andere Dinge zu erledigen.«

Der Träumer befindet sich beim Arzt und soll am Unterleib operiert werden. Operationen sind im wahrsten Sinne des Wortes tiefe Einschnitte, bei denen der Körper aufgetrennt und etwas Störendes, Krankmachendes weggeschnitten wird. Seltsamerweise hat er für diesen Eingriff den Frauenarzt seiner Gattin aufgesucht, und wir müssen uns fragen, was diese Arztwahl symbolisieren soll. Eine Assoziation des Träumers dazu ergab, daß sein Problem mit der Männlichkeit darin besteht, daß er zu empfindsam, zu weich und zu launisch, eben zu stark mit den weiblichen Seelenteilen verbunden ist, was ein Ungleichgewicht auf der männlichen Seite ergibt. Der Frauenarzt soll ihm helfen, diese Disharmonie zu beheben. Der Träumer empfindet den Arzt in der Realität als ziemlich rabiaten Heiler, der zupackt und gleich zur Sache kommt. Dies sind männlich-aggressive Eigenschaften (WIDDER), die der Träumer negativ interpretiert und die ihm fehlen. Der Traumregisseur wird ihm gerade deshalb auch diesen Arzt geschickt haben, als Hinweis darauf, worum es bei der Operation geht.

Schon ist es passiert, und der Arzt holt eine Schnur aus dem Körper des Träumers. Diese Schnur, die da aus dem Bauch zutage gefördert wird, erinnert an eine Nabelschnur und symbolisiert die »Gebundenheit« des Träumers an seine Mutter. Die Notwendigkeit der vollständigen psychischen Abnabelung wird ihm durch diese »Radikalkur« deutlich vor Augen geführt. Da der Frauenarzt in der Realität auch Geburten begleitet, fungiert er als Geburtshelfer der männlichen Seite des Träumers. Die unbewußte Bindung an die Mutter (die Schnur im Körper) hat bislang ein vollständiges Erwachsenwerden verhindert. In der Projektion auf seine Ehefrau begegnete der Träumer weiterhin dem verinnerlichten Mutterbild, was unter anderem die Entfaltung einer lustvollen Sexualität verhinderte.

Wir haben es hier mit dem archetypischen Spannungsverhältnis zwischen WIDDER und KREBS zu tun. Man braucht Mut und Vertrauen in die eigene Kraft, um in einer entschlossenen Handlung die psychische Nabelschnur zu durchtrennen. Der Träumer hat Angst vor diesem Eingriff, was sich in dem Hin und Her zwischen den verschiedenen Traumszenen ausdrückt. Die Bereitschaft, den entscheidenden Schritt in die innere Selbständigkeit zu tun und die Mutterprojektion (auch auf die Ehefrau) zu beenden, überschneidet sich mit Rückzugstendenzen. Der Träumer fürchtet sich vor dem tiefen Einschnitt, den eine Abnabelung tatsächlich darstellt. Der Traum will Mut machen, daß auch eine solche schwierige »Operation« zu überstehen ist, und er bereitet den Träumer innerlich auf diesen notwendigen Schritt vor.

Burg und *Schloß* werden als Traumorte häufig in Szene gesetzt, um auf einen Mutterkomplex hinzuweisen. Diese Gebäude, die für uns immer auch *Vergangenheit* bedeuten, finden wir als Schauplätze in vielen Volksmärchen.

Höhle: häufig Symbol für den *Mutterschoß*. Durchqueren wir im Traum eine Höhle, hat das oft die Bedeutung eines Gangs durch den Geburtskanal. In der Höhle sind wir im Innenbereich unserer Psyche, im verborgenen Seelenraum. Sie ist auch der Raum für Initiationszeremonien, den nur Eingeweihte betreten dürfen beziehungsweise finden.

Brunnen: Er symbolisiert den Zugang zum Innenbereich der Seele, wie etwa im Märchen »*Frau Holle*«. Aus dem Traumbrunnen schöpfen wir das Wasser des Lebens. Als der begehrte »Jungbrunnen« gehört er der Zeitlosigkeit an, und als *Zugang zur Unterwelt* enthält er magische, heilende und wunscherfüllende Kräfte. Ist er versiegt, müssen wir uns darum kümmern, die damit verbundene seelische Blockade zu beheben, damit unsere Seele und die Gefühle wieder »fließen« können. Zuweilen mag ein leerer Brunnen auf versiegte Kreativität und Gefühlsarmut hindeuten, in seltenen Fällen auch auf Krankheit und einen nahenden Tod (Rückkehr in den Urschoß des Kosmos).

Loch: Wie der Brunnen verkörpert das Loch den Zugang nach innen; als Erdloch ist es das weibliche Fruchtbarkeitsprinzip. Fallen wir im Traum in ein dunkles Loch, dann ist das häufig im sprichwörtlichen Sinne gemeint und bedeutet die Angst vor dem Versinken im Unbewußten, ein seelisches Tief oder eine *regressive* Phase.

Küche: Als Wirkungsfeld der Frau beziehungsweise der weiblich-mütterlichen Kräfte entspricht sie dem KREBS. Befinden wir uns im Traum in der Küche, sind wir mit unserer weiblich-mütterlichen Seite verbunden. Eine Erweiterung oder Erneuerung der Traumküche kann im Positiven der Ausdehnung der weiblichen Seite entsprechen.

Spinne: Symbol der »Großen Mutter« (der Kräfte des Unbewußten) als »Weberin des Schicksals«. Ihr Faden kann auch die Bedeutung einer Nabelschnur annehmen und die Spinne als Muttersymbol erscheinen lassen. Ihre Negativbedeutung als »Blutsauger« oder ihr sprichwörtlicher Aspekt von »jemanden einspinnen«, im Sinne von abhängig machen, ist ihre SKORPION-Entsprechung.

Symbole des Gefühlsbereiches und des Unbewußten

Kind: Die KREBS-Ebene des vielschichtigen Kind-Symbols ist das sogenannte »innere Kind« als Ausdruck der *empfindsamen Gefühlsseite*, die in der Regel noch offene, unverheilte Wunden aus der Kindheit in sich trägt. Klagen und Schmerzen von Traumkindern sollten wir ernst nehmen, uns aber auch nicht davon überfluten lassen. Statt dessen ist es gut, wenn wir uns um sie – also um die kindlichen Anteile in uns – kümmern und sie durch Zuwendung heilen. Die Träume zeigen uns, wie sich die Beziehung zum inneren Kind entwickelt.

Ein junger Mann, der sich im Traum in die Vergangenheit zurückversetzt fand, träumte, wie ihm ein Kleinkind etwas Wichtiges, Lebendiges wegnimmt. Im Bild des kleinen Kindes spielt der Traum auf die eigene Kindheit an. Damals war ihm ein Stück Lebendigkeit abhanden gekommen, das er sich nun zurückholen will – was ihm im weiteren Traumverlauf auch glückte.

Baby oder Kleinkind stehen häufig für Neubeginn (WIDDER), Wachstum (STIER) oder Lernen (ZWILLINGE).

Schätze: Sie symbolisieren den Reichtum der Seele, der vor allem in einer breiten Gefühlspalette besteht. Einen Schatz im Traum zu finden bedeutet oft Wiederfinden und Integration von Gefühlen beziehungsweise Gefühlsreichtum. Wir sollten unsere inneren Schätze ebenso wie die materiellen Werte gut schützen, damit sie uns nicht wieder gestohlen werden oder an Wert verlieren. Man sollte mit seinen Gefühlen nicht »hausieren gehen« oder sie »wie Perlen vor die Säue werfen«, sondern im inneren Schatzkästlein sorgsam verwahren und in sich tragen.

Fische symbolisieren als Bewohner des Wasserelementes die Inhalte des Unbewußten und spiegeln vor allem unsere lebendigen Gefühle und inneren Regungen wider. Wie es in unserer Innenwelt aussieht, das zeigt uns häufig der Zustand der Traumfische und unsere Einstellung ihnen gegenüber. Das folgende Traumstück »Fische im Hallenbad« einer KREBS-Geborenen im KREBS-Monat spiegelt am Bild der Fische ihre Probleme mit ihrer Gefühlswelt beziehungsweise ihrem Sternzeichen wider:

»Ich schwimme im Hallenbad. Als ich unter mir einen Schwarm Fische entdecke, überkommt mich Ekel. Ich gehe sofort heraus. Draußen steht eine Gruppe Professoren, einer davon hat mich vor kurzem schlecht behandelt. Ich verberge mich, will von ihnen nicht gesehen werden.« Die Träumerin hat auch gegenüber realen Fischen eine tiefe Abneigung. Darin drückt sich ihre Angst vor dem Gefühlsbereich aus, dessen Inhalte nicht so handfest und greifbar sind wie die physischen Erscheinungen und die rationalen Dinge. Ihr starkes Erdelement im Horoskop überwiegt die KREBS-SONNE, was sich unter anderem in der Angst vor Kontrollverlust ausdrückt. Im Traum verbirgt sie sich vor den Professoren, will nicht gesehen werden. Sie hat Angst vor einem Gesichtsverlust, wenn sie Gefühle zuläßt und zum Beispiel die Wut wegen der schlechten Behandlung zeigt. Im übertragenen Sinne sind die Gelehrten Symbol für die Ratio, vor der sie sich versteckt. Für sie als KREBS-Geborene ist die Verdrängung des KREBS-Bereiches besonders problematisch, weil damit der gesamte Bereich ihres Selbst (SONNE) ausgeklammert bleibt. Entwickelt sie gerade im Gefühlsbereich ein stärkeres Selbstbewußtsein, wird sie sich vor den äußeren und inneren Akademikern nicht mehr zu verstecken brauchen.

Butter und *Fett* sind im übertragenen Sinne »Schmiermittel für die Seele«. Eine WIDDER-Geborene, die im Traum ihren Rock einfetten mußte, arbeitete im Unbewußten daran, ihre unterdrückte weibliche Seite wieder *weich* und *flexibel* zu machen. Wenn wir träumend vor einem Butterberg stehen, kann das jedoch ein Zuviel des Guten bedeuten. Ein junger Mann, der im Traum sein Haus renovierte und die Wände statt mit Gips mit Butter verputzen wollte, demonstrierte mit diesem Traumbild seine *Abgrenzungsschwierigkeiten*. An der Hauswand, die gegen Wind und Wetter schützen soll, ist ein derart weiches Material völlig fehl am Platze. Im Traum eines anderen Teilnehmers war dessen Hand bei der Begrüßung eines Kollegen zu fettig. Träumend wurde er darauf hingewiesen, daß er auch in dieser realen Beziehung zu weich und gefühlshaft reagierte.

Die *Schnecke* ist durch ihr sehr weiches, zartes, verletzliches Fleisch Sinnbild einer starken Empfindsamkeit. Negative Bedeutung als Traumsymbol hat sie dann, wenn damit das sprichwörtliche »Sich-in-sein-Schneckenhaus-Zurückziehen« als Bild einer überempfindlichen, beleidigten Reaktion angezeigt ist.

Hase: Der sprichwörtliche »Angsthase« verweist ebenfalls auf starke Empfindsamkeit und ängstliches Verhalten. In der Mythologie wird der Hase als »lunares« Tier dem MOND-Bereich zugeordnet. Seine Verkörperung der weiblich-gefühlhaften Seite findet man in umgangssprachlichen

Bezeichnungen wie Hasi, Häschen, Skihaserl als Kosenamen für weibliche Personen. Seine ebenfalls sprichwörtliche Fruchtbarkeit hat ihn den Ruf als »Osterhase« eingebracht.

Süßigkeiten versüßen uns häufig auch das Traumleben und stehen für »süße« beziehungsweise angenehme Gefühle. Ein reichlicher Vorrat an Süßwaren steht meist für eine reichhaltige Palette an Gefühlen, kann aber auch – je nach Traumkontext und Lebenslage des Träumers – eine Sehnsucht nach unbeschwertem Kindsein, ohne die Last der Eigenverantwortung, bedeuten.

Wasser: Das reale Wasser in seinen verschiedenen Erscheinungsformen ist Symbol für die drei Wasserzeichen; für den KREBS sind es speziell fließende Gewässer wie *Bäche*, *Flüsse*, *Seen* mit Durchfluß (Meer = FISCHE-Entsprechung, stehende Gewässer und Sümpfe = SKORPION). Die *Quelle*, der Geburtsort des Wassers, ist Symbol für unsere innere Quelle der Lebendigkeit. Fließt die Traumquelle reichlich und schöpfen wir daraus klares Wasser, ist das als sehr gutes Zeichen für unser seelisches Wohlergehen zu sehen. Dagegen ist eine versiegte Quelle bedenklich. Wir sollten uns dann fragen, was da in unserem Leben versiegt ist, welche innere oder äußere Kraftquelle damit gemeint ist und was die Ursachen dafür sind.

Der *Regen* ist nicht nur in der äußeren Natur eine wesentliche Voraussetzung für Wachstum und Gedeihen. Auch im Traum kann er auf Fruchtbarkeit verweisen. Oft verbindet man damit Tränen: Nicht zufällig sagt man »Es weint der Himmel«, wenn es regnet. Je nach Intensität der Regenfälle, von leichtem Nieseln bis hin zum Wolkenbruch, können damit verschiedene Grade von Gefühlsregungen gemeint sein. Meist wird es jedoch als sehr positiv erlebt, wenn sich aufgestaute Gefühle »niederregnen« und unterdrückte Tränen fließen konnten. Anders ist die Situation natürlich bei »Dauerregen« zu beurteilen, der ein Zuviel des Guten, ein Versinken im Gefühlsbereich ausdrücken kann. Dann ist es nötig, das »Trockene« zu suchen und beispielsweise über den Verstand Distanz zu den Gefühlswallungen zu bekommen.

Tauchen wir im Traum ins Wasser ein, ist damit in der Regel ein Eintauchen in den *Gefühlsbereich*, ins Unbewußte verbunden. Je nach Traumverlauf und Lebenslage des Träumers kann es sinnvoll und hilfreich sein, »tauchend« die inneren Welten zu erfahren. Das sprichwörtliche »Abtauchen« ist dagegen die negative Seite der Medaille und bedeutet das *Versinken im Unbewußten*, Regression im Sinne von Rückschritt, Rückfall in frühere (kindliche) Verhaltensweisen.

Schiff: Es führt uns auf unserer Lebensreise über das Wasser und steht als *Seelenschiff* in enger Beziehung zum Unbewußten. Es hat daher meist weibliche Bedeutung, zu der durch einen dicken, bergenden Schiffsbauch noch mütterliche Elemente hinzukommen. In nachfolgendem Traum in einem KREBS-MONAT bestimmt die Symbolik des Schiffes und des Abtauchens die Traumhandlung – »Absprung vom Schiff«:

»Ich bin auf einem überdimensional großen weißen Schiff. Meine ehemals beste Freundin ist auch mit dabei und noch viele andere Menschen und Verwandte von mir, die ich nicht im einzelnen erkenne. Die Farbe des Meeres ist von einem tiefen, klaren Blau. Es gibt hier viele Treppen, die auf ein Plateau auf der Oberseite des Schiffes führen, auf dem sich unter anderem auch die Freundin befindet. Ich weiß erst nicht, welche Treppe ich benutzen soll, probiere verschiedene aus, komme nach einiger Zeit dann aber doch oben an. Plötzlich hechten alle, die da oben stehen, einschließlich meiner Freundin, ins Wasser. Ich bin betroffen, sehe große Wasserblasen aufsteigen, aber niemand mehr auftauchen. Mir ist jedoch klar, daß ich nicht nachspringen werde. Gerädert wache ich auf.«

Die Freundin der Träumerin ist auch in der Realität »abgesprungen«, sie hatte ihr in einem langen Brief noch Schuldzuweisungen gemacht und das Weiterbestehen der Freundschaft davon abhängig gemacht, daß die Träumerin wieder so sein solle wie früher, als sie sich kennenlernten. Aber eine solche Forderung nach *Rückschritt* (Regression in negativer Hinsicht) in der Entwicklung kann und will diese nicht mitmachen. Im Gegensatz dazu stehen die Freundin und andere Traumpersonen, die einem Massenimpuls folgend ins »Meer des Vergessens« springen und damit also ins Unbewußte eintauchen.

Die Seminarteilnehmerin macht die Erfahrung, daß auf dem Weg der Entfaltung ihrer Persönlichkeit, auf der Reise durchs innere Meer, viele alte Beziehungen auf der Strecke bleiben, »über Bord gehen«. Besonders schmerzt sie das wegen der ehemals guten Freundin. Doch daß diese nicht bereit ist, die Träumerin so anzunehmen, wie sie jetzt ist, zeigt deren Brief und der Traum. Während die Exfreundin unsere Teilnehmerin für die Trennung verantwortlich machte, zeigt der Traum deutlich deren Versuch, sich der Freundin anzunähern, sie zu erreichen. Im Symbol der vielen Treppen, die sie ausprobiert, versucht sie, Zugang zu finden, doch die Freundin springt trotzdem ab. Positiv für die Entwicklung unserer Träumerin ist, daß sie nicht nachspringt, denn das würde bedeuten, daß sie sich von der Exfreundin zurückziehen läßt, die Regression der Freundin mitmacht und Freiheit aufgibt.

Die Betrachtung des Schiffes als Muttersymbol ließ die Träumerin erkennen, daß die Freundin häufig und gern die Mutterrolle übernahm, in der Beziehung den Ton angab und unsere Teilnehmerin in die Kindrolle drängte. Daß diese dabei überhaupt mitspielte, liegt wohl daran, daß sie damals die eigene Mutterbeziehung noch nicht aufgearbeitet hatte. Im »Absterben« der Beziehung zur Freundin setzt sich das Thema der Mutterablösung erneut in Szene, und im Aushalten der Schuldzuweisungen der Freundin befreit sie sich gleichzeitig von den Schuldgefühlen, die sie noch gegenüber der Mutter empfindet. Diese Last geht nun im Bild der Freundin und der Verwandten über Bord und wird sie auf ihrer weiteren Lebensreise nicht mehr belasten.

Der *Hafen* oder die *Hafenstadt* stehen durch die Wassernähe in Beziehung zum Gefühlsbereich und zum Unbewußten. Befinden wir uns in einem Traumhafen, dann sind wir dem Bereich des Seelischen schon sehr nahe. Zuweilen müssen wir noch auf die Überfahrt warten, die uns dann zu einem neuen Ufer, einer neuen Einstellung oder bislang ungelebten Wesensseite bringen wird. Auch die KREBS-Entsprechung von Heimat und Geborgenheit wird durch den Hafen ausgedrückt, zum Beispiel im sprichwörtlichen »Hafen der Ehe«.

Wald und *Keller* sind Bereiche, die einem bewußtseinsnahen Raum des Unbewußten angehören. Als Heimat der Tiere und Märchenwald führt uns der Traumort Wald – je nach Beschaffenheit – in dunkle, *geheimnisvolle Dimensionen* unseres inneren Wesens. Begegnungen, die wir hier erleben, haben oft eine tiefe seelische Bedeutung, die behutsam und einfühlsam ins Bewußtsein gehoben werden will. Verlaufen wir uns im Traumwald, läßt das darauf schließen, daß wir uns in dieser Dimension unseres Wesens noch nicht genügend auskennen und möglicherweise auch in unserer Alltagsrealität irgendwelchen Verirrungen unterliegen. Gut, wen man dann auf die Hilfe eines erfahrenen Waidmannes zählen kann, der, wenn er im Traum als Führer erscheint, eine naturverbundene Wesensseite verkörpert.

Befinden wir uns träumend in einem Kellerraum, spielt die Handlung im persönlichen Unbewußten. Vielleicht finden wir hier Dinge, die unserem Ich-Bewußtsein verlorengegangen sind, etwa wie eine Seminarteilnehmerin, die eine Rose und damit verdrängte Liebe in ihrem Traumkeller vorfand. Wir sollten uns nicht wundern, wenn uns die Traumhandlungen, die sich im Keller oder in *Dunkelheit* abspielen, nicht gleich einleuchten. Diese Vorgänge finden noch in unserem Unbewußten statt, und wir tappen hier noch »im dunkeln«. Wir sind aufgefordert, Licht in diese Angelegenheiten zu bringen. Kommen wir aus dem Keller allerdings nicht mehr heraus, sind wir irgendwo im Unbewußten steckengeblieben und sollten unsere Sinne zusammennehmen, um wieder zu uns selbst zu finden. Vielleicht haben wir aber auch unsere Mission im Untergrund noch nicht erfüllt und müssen ausharren, um Wesentliches zu erfahren; die Stimmung im Traum und die weitere Traumhandlung werden Aufschluß darüber geben.

Blindheit im Traum läßt ebenfalls auf Unbewußtheit schließen, einer bestimmten Situation, einem bestimmten Menschen oder sich selbst gegenüber. Auch das sprichwörtliche »blinde Vertrauen« kann damit gemeint sein. Ob dieses angebracht ist, zeigt der weitere Traumverlauf.

U-Bahn oder *U-Boot* sind als Fahrzeuge, die unterhalb der Erd- oder Wasseroberfläche verkehren, ebenfalls häufig Symbole für das Unbewußte, den inneren Untergrund. Benutzen wir sie im Traum, sind wir in den tiefen Regionen der Psyche unterwegs.

Links ist die Richtung, die nach innen, in Bereiche des Unbewußten führt. Bei spontan gemalten Bildern verkörpern die Motive auf der linken Bildhälfte die unbewußten Anteile. Im Körper entspricht die linke Hälfte dem Gefühlsbereich. Auch im Traum ist die linke Seite entsprechend zu deuten.

Symbole der Natur und der Natürlichkeit

Natur: Befinden wir uns im Traum in der Natur, ist der weitere Traumverlauf vor diesem Hintergrund zu deuten. Geht alles gut, ist es ein Zeichen dafür, daß wir in gutem Kontakt zu unserer inneren Natur stehen und unser Leben einen natürlichen Verlauf nimmt. Unterdrücken wir unsere Naturseite, kann das – entsprechend der Zerstörung unseres natürlichen äußeren Lebensraumes – auch im Traum die Dimension eines Umweltskandals annehmen. Zuweilen kompensiert der Traum auch eine unnatürliche Lebensweise und führt uns dann erst recht in die Gefilde der Natur, damit wir »Geschmack« daran finden mögen. Die *Pflanzen*, die unsere geträumte Natur schmücken und bevölkern, symbolisieren – neben ihrem STIER-Aspekt des Wachstums – unsere zarten vegetativen Seelenteile. Ihr Zustand im Traum läßt Rückschlüsse auf die innere Befindlichkeit, auf den Gefühlsbereich zu.

Symbole der Natur und der Natürlichkeit 125

Nacktheit bedeutet in symbolischer Hinsicht meist Natürlichkeit und ist auch im Traum selten rein sexuell gemeint. Treten wir ohne falsche Scham im Adams- oder Evaskostüm den anderen Traumpersonen gegenüber, ist das meist ein Ausdruck dafür, daß wir zu unserer Wesensart stehen. Dazu ein Traumbeispiel vom 3.5.1993, »Meinen Platz finden«:
»Ich bin in einer Nachbarstadt und will eine Sportveranstaltung besuchen. Die Halle ist fast wie ein Theater, mit Treppenaufgängen und Rängen. Ich probiere mehrere Plätze aus, kann mich nicht so recht entschließen, wo ich mich hinsetzen soll. Als ich mich schließlich nach unten ins Erdgeschoß begebe, treffe ich Karl. In diesem Moment bin ich splitternackt. Er begrüßt mich mit Händedruck, wirkt etwas verlegen. Plötzlich ist es mir unangenehm, nackt zu sein.«

Die Träumerin ist eine junge Frau, die in Karl verliebt ist und ihn gerne als Partner gewinnen möchte. Sie notierte zu diesem Traum: »Gleich am Anfang des Traumes tut sich eine wichtige Frage auf. Ich suche meinen Platz in der Halle, aber bin sehr unschlüssig. Zur Zeit frage ich mich auch häufig, wo mein Platz im Leben eigentlich ist, wo ich hingehöre, welchen Platz ich in Karls Leben einnehme und welchen er in meinem. Ich bin sehr ungeduldig und möchte es unbedingt sofort wissen. Im Traum treffe ich Karl im Erdgeschoß, also auf dem Boden der Tatsachen. Zeigt mir der Traum hier, wie er unsere Begegnung wirklich empfand? Ich bin völlig nackt, und er ist darüber peinlich berührt. Das Bild zeigt, daß ich sehr viel von mir preisgegeben habe. War es womöglich zuviel? Habe ich ihn dabei überfahren, hätte ich mich besser mehr zurückhalten sollen? Hier wird mir das ungestüme Wesen meines WIDDER-MONDES bewußt: Sind sie erst einmal erweckt, kann ich meine leicht entflammbaren Gefühle kaum noch bremsen.«

Wie wir sehen, ist das Traum-Ich der Träumerin peinlich von ihrer Nacktheit berührt und weiß nicht so recht, wie sie diese Situation einschätzen soll. Vermutlich geht es hier um das Problem, daß sie ihm gerne ihre wahren Gefühle zeigen möchte, aber gleichzeitig Angst vor Ablehnung hat. Sie ist zu sehr darauf fixiert, was Karl dann denken und fühlen könnte, anstatt ganz bei sich selbst zu sein und ganz natürlich ihm gegenüber zu bleiben.

Da wir in einer Zeit leben, in der uns Natürlichkeit, vor allem im Gefühlsleben, schwerfällt, werden wir leicht von »peinlichen« Träumen heimgesucht. Diese Träume wollen ganz gewiß nicht »wörtlich« genommen werden, sondern sind Anstöße dazu, ein Gefühl für unsere Natürlichkeit zu entwickeln und auch unseren Mitmenschen mit mehr Selbstvertrauen so gegenüberzutreten, wie wir eben sind.

4
Was bedeuten alltägliche und historische Ereignisse im KREBS-Monat (21.6. bis 22.7.) wirklich?

Um die *zentrale* Bedeutung von Situationen und Geschehnissen zu erkennen und Hintergründe zu durchschauen, blicken wir auf den Zeitpunkt, an dem sie *erstmals* in Erscheinung getreten sind. Für den bestimmten Geburtsmoment eines jeden Ereignisses können wir ein sogenanntes Ereignishoroskop erstellen, das uns tieferen Einblick in dessen »Struktur« und »Charakter« gewährt. Für unsere Zwecke genügt es, die SONNEN-Position im Tierkreis heranzuziehen, um die Situation in ihrer *Ganzheit* und das *Kernthema* des Geschehens zu erfassen. Je nachdem, in welchem Tierkreiszeichen die SONNE gerade steht oder stand, deuten wir die Ereignisse. Die SONNE »beleuchtet« und »durchleuchtet« in besonderem Maße die Themenkreise, die mit diesem Sternzeichen in Zusammenhang stehen. Nicht zufällig sagt eine Redensart: »Die Sonne bringt es an den Tag.« Das *Zentralgestirn* unseres Sonnensystems verweist auf die *zentralen* Lebensthemen, die zu bestimmten Zeitpunkten während des Sonnenlaufes durch den Tierkreis aktiviert werden.

Wir verfügen über zwei unterschiedliche Perspektiven bei der astroenergetischen Betrachtung von Ereignissen. Zum einen haben, wie eben dargestellt, *alle* Ereignisse, die in der KREBS-Phase des Jahres neu geboren werden, schwerpunktmäßig KREBS-Qualitäten (mehr oder minder erlöst oder unerlöst), die vor verschiedenen Kulissen ausagiert werden. Zum anderen beleuchtet in dieser Zeit des Jahres die SONNE auch alle *bereits laufenden* Aktivitäten (wie auch uns selbst) vom Standpunkt des KREBSES aus, und wir können diese Zeit nutzen, um der Lösung unseres Lebensrätsels KREBS einen Schritt näher zu kommen.

Bei zukünftigen Ereignissen, die wir frei terminieren können – etwa den Antritt einer Reise –, können wir uns fragen, ob unsere Wünsche und Vorstellungen im KREBS-Monat realisierbar sind (das heißt, ob die gewählte Zeitqualität unseren Bedürfnissen gerecht wird!). Grundstätzlich gilt: Es kommt eben darauf an, was wir vorhaben und was ansteht! Legen wir Wert auf *Natürlichkeit, Atmosphäre, Gefühl* und *Nähe*, ist die KREBS-Energie dafür eine Entsprechung. Andererseits muß sich der KREBS-Archetyp nicht zwangsläufig in der hier genannten Weise auswirken, denn wie Sie gesehen haben, verfügen die Urprinzipien über eine breite Palette von Ausdrucksmöglichkeiten und -ebenen. Entsprechend unserem Umgang damit werden diese dann auch Gestalt annehmen. Verdrängen wir die KREBS-/ MOND-Energie, wird sich diese dann eben auf unerlöster Ebene, quasi hintenherum, beispielsweise als *Launenhaftigkeit, Unbeständigkeit* oder *Müdigkeit*, einschleichen.

Auch bei beruflichen Veränderungen oder Geschäftseröffnungen, wo wir uns den Zeitpunkt aussuchen können, sollten wir wie beim Urlaub die Zeitqualität berücksichtigen. In der Regel wird es jedoch so sein, daß eben gerade zu einem *bestimmten* Zeitpunkt ein Job für uns zu haben ist, wir Urlaub bekommen oder eine Partnerschaft in unser Leben tritt, dessen Qualität unserem *Lebensthema* und unserer *Aufgabenstellung* entspricht. Die *gegenwartsbezogene* oder *nachträgliche* Interpretation der Ereignisse zum Zwecke der Selbsterkenntnis, die ich der »Zukunftsvorhersage-Mentalität« bei weitem vorziehe, läßt uns das Geschehen bewußter erfassen und unseren individuellen Bezug zu dem jeweiligen Lebensrätsel erkennen, was uns der Lösung schon einen guten Schritt näher bringt.

Die Bände dieser Tierkreisreihe dienen nicht dem Ziel, »Hobbymagier« auszubilden, sondern wollen dazu anregen, sich mit den Herausforderungen der irdischen Existenz auseinanderzusetzen und die energetischen Abläufe besser zu verstehen, die wir auch mit der Astrologie nicht verhindern können. Aber auch wenn uns die Entscheidung (scheinbar) freigestellt ist, wie wir bestimmte Erfahrungen machen wollen (etwa im Urlaub), werden unsere unbewußten Denk- und Verhaltensmuster einen größeren Einfluß haben, als uns vielleicht lieb ist. Erst wenn wir unsere eingefahrenen Gewohnheiten erkennen, kommen wir in die glückliche Lage, im Rahmen unserer schicksalhaft gesetzten Grenzen wirklich frei zu entscheiden und unser Schicksal mitzugestalten!

Die nachfolgenden Deutungshilfen von möglichen Ereignissen wollen Anstöße geben, die eigenen Aufgaben und Kulissen im KREBS-Monat zu entdecken. Werden wir den Anforderungen des KREBS-Archetypen gerecht, verhindern wir, daß sich dessen unerlöste Ebene einschleicht. Welche der beispielhaft genannten Themen von individueller Relevanz sind, kann nur jeder für sich selbst herausfinden! Es sei hier noch einmal darauf hingewiesen, daß dieses Kapitel der Leserin und dem Leser die individuelle Lösung ihrer beziehungsweise seiner Rätsel nicht abnehmen oder ersparen will und kann – das wäre gar nicht möglich. Vielmehr soll zunächst überhaupt ein Bewußtsein für die Rätsel des Lebens geschaffen werden.

Die Ereignisse des Alltags

Initiation in eine neue Partnerschaft oder Eheschließung

Da in der Regel Kennenlernen und Ehelichung in unterschiedlichen Monaten, also »unter verschiedenen Sternen« stattfinden, sind die beiden Größen »Beziehung« und »Ehe« jeweils von einem anderen Blickwinkel aus zu betrachten. Während die Partnerschaft an sich zum Beispiel sehr gefühlvoll oder irrational sein kann (Kennenlernen im KREBS-Monat), mag ein späterer Eheschluß im STIER-Monat etwa von Sicherheitsdenken geprägt sein und stabilisierende oder einengende Wirkung haben.

Die nachfolgend genannten Themen können von *zentraler* Bedeutung für eine Beziehungs- oder Ehe-Initiation im KREBS-Monat sein:

Die Beziehung/Ehe ist geprägt und abhängig von *Gefühlen* und Stimmungen. Möglicherweise waren *unbewußte*, *irrationale* Elemente bei der Partnerfindung oder Eheschließung ausschlaggebend. Irgendwie hat das Unbewußte bei der Zusammenführung kräftig mitgemischt. Die Partnerschaft hat eine *dichte Atmosphäre* und kann durch die Betonung des Gefühlsbereiches auch sehr *verletzlich* sein. Die Partner werden besonderen Wert auf *Intimität* legen, und die Beziehung mag als *Rückzugsmöglichkeit* von der Außenwelt dienen. *Nähe* ist ein bestimmendes Thema, was je nach Konstellation der Partner als Bedürfnis oder als Schwierigkeit empfunden wird. Das Zusammensein kann den Charakter eines *Mutterersatzes* haben, beziehungsweise es wird viel darum gehen, zu bemuttern und bemuttert zu werden. Möglicherweise spielt die *Verwandtschaft* eine zentrale Rolle in der Bezie-

Die Ereignisse des Alltags 129

hung. Auf niederigem Level mag die Verbindung etwas *Infantiles* haben und von kindlichen Verhaltensweisen geprägt sein, auf höherem Niveau wird es den Betreffenden gelingen, die »Seelen miteinander tanzen zu lassen«. Gemeinsam zu träumen ist ein wesentliches Thema, das durchaus auch wörtlich genommen werden sollte, etwa indem sich die Partner ihre Träume erzählen und so dem Unbewußten einen zentralen Platz einräumen. Wird der Wirklichkeit der Seelenkräfte in der Partnerschaft Rechnung getragen, muß diese Konstellation nicht ihr dunkles (negatives) Gesicht zeigen, das etwa darin bestehen kann, daß die beiden »einfach nichts auf die Reihe kriegen« und unbewußte Komplexe und symbiotische Tendenzen die Partnerschaft steuern.

Ist der KREBS als zentraler Archetyp für eine gefühlsbetonte Partnerschaft gerade richtig, kann die seelische Dimension in »sachlichen Beziehungen« zu Komplikationen führen. Ein Teilnehmer berichtete beispielsweise von einer Patient-Arzt-Beziehung, die er (als Patient) im KREBS-Monat begann. Zunehmend mischten sich persönliche Gefühle in die Behandlung hinein, was in diesem Fall auf Dauer nicht gutging. Bei einem anderen kann aber gerade die größere seelische Nähe eine Heilung begünstigen.

Urlaubsentsprechungen im KREBS-Monat

Dem KREBS-Archetypen entsprechen unter anderem folgende Urlaubsarten:
o Reisen in KREBS-betonte Länder oder Städte;
o Urlaub zum Träumen;
o naturnaher Urlaub;
o Familienurlaub, bei dem die Familie unter sich bleiben will;
o Urlaub am Wasser, Badeurlaub;
o Urlaub daheim, in der intimen Privatatmosphäre;
o die äußere Reise als Symbol für eine innere Reise;
o unberechenbarer Urlaub – es kommt anders, als man denkt;
o gefühlsbetonter Urlaub – ob man dies will oder nicht;
o Urlaub, um sich näherzukommen;
o Reise in die Vergangenheit – etwa an einen Ort, den man von früher kennt, oder mit entsprechender Reisebegleitung, mit der man eine bedeutungsvolle Vergangenheit hat, die im gemeinsamen Urlaub reaktiviert wird.

130 Was bedeuten alltägliche und historische Ereignisse im KREBS-Monat wirklich?

Beginnen wir eine Urlaubsreise im KREBS-Monat, werden KREBS-Aspekte zentrale Bedeutung für diese Unternehmung haben. Da in unseren Breiten die Ferien-Hauptsaison im KREBS-Monat beginnt, hat dieser Archetyp für viele Urlauber zentralen Anteil an ihrer Unternehmung. Als Wasserenergie ist es dem KREBS gar nicht recht, wenn der Urlaub von vorne bis hinten durchgeplant ist. Die Seele will fließen – und dafür wäre ein Urlaub in dieser Zeit prädestiniert. Geben wir der Seele nicht genügend Raum, sich zu entfalten, wird das Unbewußte unsere Planungen möglicherweise sabotieren.

Berufliche Veränderungen oder Neubeginn im KREBS-Monat

Die »erdhafte« Ebene der Arbeit und Berufstätigkeit ist von dem Wesen des Wasserzeichens KREBS sehr verschieden. Starten wir mit einer neuen Tätigkeit im KREBS-Monat, wird der KREBS-Archetyp dabei für uns auf irgendeine Weise im Mittelpunkt stehen, zum Beispiel dadurch, daß

o wir mit KREBS-betonten Kollegen oder Vorgesetzten konfrontiert werden;
o die Tätigkeit im KREBS-Ambiente ausgeübt wird;
o KREBShafte Qualitäten und Tugenden eine zentrale Rolle spielen und gefordert sind, etwa Einfühlungsvermögen;
o die Tätigkeit zu Hause in der eigenen Sphäre ausgeübt wird (Heimarbeit, Hausfrauentätigkeit, freiberufliche Tätigkeit daheim);
o die Arbeit uns mit Kindheit und Vergangenheit konfrontiert (Kindergärtnerin, Archäologe, Antiquitätenhändler);
o wir intim mit der Seele, dem Unbewußten zusammenarbeiten (Traumtherapeut, Psychotherapeut);
o wir auf »irrationale« Weise zu dem Job gekommen sind;
o eine familiäre Arbeitsatmosphäre besteht;
o die Trennung zwischen Arbeit und Privatleben weitgehend aufgehoben ist;
o die Position eher empfangenden Charakter hat (Befehls-Empfänger);
o der Job möglicherweise einen (scheinbaren oder realen) Rückschritt in unserer beruflichen Laufbahn bedeutet;
o das Tätigkeitsfeld sehr ungreifbar und wenig abgegrenzt (»schwammig«) ist.

Wer im KREBS-Monat einen neuen Job beginnt oder sich beruflich verändert, wird einen oder mehrere der oben genannten Faktoren in der neuen Tätigkeit erkennen. Wer andere Schwerpunkte in seinem Beruf sucht oder anstrebt, etwa größtmögliche Selbständigkeit oder ein klar abgegrenztes Tätigkeitsfeld, der wird in einem Job, der im KREBS-Monat beginnt, möglicherweise nicht das finden, was er sucht. Andererseits kann es auch bedeuten, daß für ihn erst einmal die »wäßrige« Seite auf der beruflichen Ebene dran ist, was sich darin ausdrücken könnte, daß man über den Job Qualitäten wie »Aufnahmefähigkeit«, »Empfangsbereitschaft« und »Mitgefühl« lernen soll. Um keiner pauschalen (Fehl-)Deutung zu unterliegen, sind gerade in Zeiten neuer beruflicher Weichenstellungen die Träume hilfreiche Wegweiser.

Geschäfts- und Organisationsgründungen/Verträge im KREBS-Monat

Das Paradebeispiel einer Organisationsgründung im KREBS-Monat ist die Schaffung der ersten Freimaurerloge der Welt in London am 24.6.1717. Der Zeitpunkt bestätigt, daß das zentrale Thema und die Wesensart dieser Vereinigung im nicht-rationalen, magisch-hintergründigen Bereich angesiedelt ist. Ihre Treffen werden von stark symbolhaften Ritualen bestimmt und meist vor den Augen der Öffentlichkeit verborgen durchgeführt.

Geschäftsbeziehungen und Verträge, die in diesem Monat geschlossen werden und die auf Qualitäten des (dem KREBS oppositionellen!) Erdelementes wie Zuverlässigkeit, Ehrlichkeit und Dauerhaftigkeit ausgerichtet sind, sollte man jetzt besonders gründlich auf das Kleingedruckte hin überprüfen. Vor allem sollten die Vertragspartner ihre *Gefühle* bei Vertragsschluß ernst nehmen und bei unguter Stimmung vielleicht noch einmal darüber schlafen, um dem Unbewußten Gelegenheit zu geben, über einen Traum die innere, verborgene Seite der Medaille zu berücksichtigen. Wir müssen auch besonders auf psychische Manipulationsmethoden achten, etwa wenn durch raffinierte Werbe- und Verkaufspsychologie die Seele »weichgeklopft« werden soll, um einen Vertrag zu unterzeichnen, der bei näherer Betrachtung jeglicher Vernunft entbehrt.

Werden Läden in diesem Zeitraum eröffnet, steht das KREBS-Prinzip in irgendeiner Weise im Vordergrund. Es wäre natürlich ein Trugschluß zu meinen, daß jetzt nur Geschäfte für Schwangerschaftsartikel eröffnet werden könnten. Natürlich kommt es auch vor, daß beispielsweise eine Bäckerei (STIER-Entsprechung) im KREBS-Monat gegründet wird. Die zentrale »energetische Botschaft« wird dennoch vom KREBS-Archetypen geprägt sein, etwa dadurch, daß dort eine besonders familiäre Atmosphäre herrscht. Vielleicht sind auch Besitzer oder Mitarbeiter KREBS-betont, was sich dann im Geschäftsalltag auswirkt.

Anschaffungen im KREBS-Monat

Auch Gegenstände, die man im KREBS-Monat erwirbt (sehen wir mal von den üblichen Haushaltswaren ab), bringen auf ihre Weise als »materielle Medien« die KREBS-Energie mit ins Haus. Sachen, die man sich in dieser Zeit des Jahres anschafft, können beispielsweise dafür prädestiniert sein, mehr *Atmosphäre* ins Heim zu bringen. Wahrscheinlich war der Kauf eher eine Gefühlsentscheidung denn eine rationale Erwägung; man wird sehen, ob die Raten dafür auch auf Dauer bezahlt werden können. Auch Antiquitäten wären eine KREBS-Entsprechung, da sie ja in besonderem Maße Vergangenheit darstellen. Vielleicht holen wir auch Dinge aus unserer persönlichen Vergangenheit vom Speicher und stellen uns diese jetzt wieder in den Wohnraum. Oder die Großtante schenkt uns die Wanduhr oder das Sofa der Urgroßmutter.

Wohnungsbezug im KREBS-Monat

Beziehen wir in diesem Zeitraum eine neue Wohnung oder ein neues Haus, hat der KREBS grundlegend die »Finger« mit im Spiel. Initiationsmoment für die vertragliche Ebene ist die Unterzeichnung des Mietvertrages, für das Wohnen der erste Tag im neuen Heim (durch bewußtes Hinspüren ist der »Geburtsmoment« nachzuvollziehen, denn er ist geprägt von intensiver Energetik – siehe den WIDDER-Band). Den KREBS treffen wir möglicherweise an

o in einem KREBShaften Ambiente, atmosphärisch dicht, vom berüchtigten »Milieu« bis hin zur Kellerwohnung;
o in einer »irrationalen« oder stark gefühlsbetonten Nachbarschaft (negativ: man weiß nicht, wie man mit den Leuten dran ist);
o wenn wir zurück nach Hause »zu Muttern« ziehen (etwa bei Trennung vom Partner) und damit zurück in die »Vergangenheit« (eventuell auch als vorübergehender Rückschritt in der Individuation);
o wenn wir mit dem Mietvertrag »übers Ohr gehauen wurden«, weil wir nicht genau hingeschaut haben;
o in einem familiären Umfeld, bei dem Bemuttern großgeschrieben wird, zum Beispiel in einer Wohngemeinschaft, die nicht nur zweckgebunden ist.

Historische Ereignisse und Zeitgeschehen

Ereignisse, die im KREBS-Monat »geboren« werden, haben häufig *irrationalen* Charakter. Kein Wunder, geht es doch bei diesem Archetypen gerade um die Welt der Gefühle, welche eben nicht den Gesetzen der Logik unterworfen sind. Auch *Heimlichkeiten* und Wirkungen im *Verborgenen* gehören hierher. Ein historisches Beispiel dafür finden wir am 22.6.1633, als der italienische Naturforscher GALILEO GALILEI vor einem Inquisitionsgericht seinem »Irrtum« abschwörte, die Erde bewege sich um die Sonne. Dies bekannte er nach außen hin, um mit dem Leben davonzukommen, *innerlich* (*heimlich*) hielt er jedoch an seiner Erkenntnis fest.

KREBS ist der Archetyp der *symbolischen* Wirklichkeitsebene. Obwohl man natürlich sagen kann, daß alle Ereignisse zu jeder Zeit auch Symbolcharakter haben, ist die Symbolhaftigkeit von Geschehnissen im KREBS-Monat von herausragender und vorrangiger Bedeutung. Ein Beispiel dafür ist der Sturm auf die Bastille am 14.7.1789. Dem alten französischen Staatsgefängnis kam zum diesem Zeitpunkt keine praktische (vordergründige) Bedeutung mehr zu; als die Befreier kamen, saßen nur noch eine Handvoll Strafgefangene in diesem Bau. Die eigentliche Bedeutung der Bastille lag in ihrem *Symbolcharakter* der königlichen Willkür und der Unterdrückung der Gedankenfreiheit. Die symbolische Wirkung, die von der Erstürmung der Bastille ausging, war so groß und sogartig, daß die im Aufruhr befindliche *Volksseele* dieses Ereignis als Signal zur Revolution erkannte.

Gehen wir weiter zurück in der Geschichte, dann finden wir beispielsweise den Brand Roms in einem KREBS-Monat (18.7.64 n. Chr). Über seine reale Bedeutung als Katastrophe hinaus war er ein Symbol des Niederganges von Kaiser NEROS Herrschaft. »Der Brand von Rom mit seinen schauerlichen Folgen, vor allem die psionische Verschwörung, waren warnende Zeichen einer wachsenden Unzufriedenheit der konservativen senatorischen Kreise mit Nero und seinem Hof. Der Prinzeps (= Nero, Anm. d. Verf.) sah sie nicht oder wollte sie nicht sehen ...« (»*Propyläen Weltgeschichte*« Band 4, Seite 343). Um den Verdacht, den Brand selbst gelegt zu haben, von sich zu wenden und die *aufgebrachte Volksseele* zu beruhigen, beschuldigte Nero die Christen, deren Zusammenschlüsse den Charakter von *Geheimbünden* hatten.

Das Attentat auf den Nazi-Führer ADOLF HITLER am 20.7.1944 mißlingt zwar; CLAUS GRAF SCHENK VON STAUFFENBERG, der das Attentat leitete, wurde jedoch zur *Symbolfigur* für den Widerstand gegen das NS-Regime.

Tritt die SONNE in das Zeichen KREBS, ist ein *Wendepunkt* des Zentralgestirns im Jahreslauf erreicht. Ereignissen in dieser Phase kommt daher auch oft die zentrale Bedeutung als tatsächliche, *entscheidende Wendepunkte* zu. Beispielsweise die Landung der Alliierten auf Sizilien während des Zweiten Weltkrieges am 10.7.1943, die das Blatt im Kriegsverlauf zugunsten der Allianz wendete und den »Anfang vom Ende« der Diktatoren MUSSOLINI und HITLER bedeutete. Oder im Ersten Weltkrieg, als am 26.7.1917 die ersten US-amerikanischen Truppen in Frankreich eintrafen. Der Kriegseintritt Nordamerikas brachte auch hier die *Wendung*, die zum Sieg über das Deutsche Reich führte, und leitete (als weiteren wesentlichen Wendepunkt!) das Ende der Vorherrschaft Europas in der Welt ein. Auch die Schlacht bei Gettysburg im amerikanischen Bürgerkrieg ist hier zu nennen, die die Wendung zugunsten der Unionstruppen brachte. Und natürlich kommen auch weiteren in diesem Kapitel genannten Ereignissen die Bedeutung von Wendepunkten zu.

Geschehnisse im Monat des KREBSES stehen häufig im Widerspruch zum Oppositionszeichen STEINBOCK. Während jener für feste Grenzen steht, wurden im KREBS-Monat 1990 die Grenzkontrollen zwischen der BRD und der DDR abgeschafft. Unter umgekehrten Vorzeichen ist das folgende Ereignis vom 19.7.1870 zu verstehen: die Verkündung der Unfehlbarkeit des Papstes durch das Erste Vatikanische Konzil. Dieses Unfehlbarkeitsdogma entbehrt (entsprechend seiner Bekanntmachung im KREBS-Monat) jeglicher Realität und kann nur als *Symbol* für die Unfehlbarkeit des »*inneren Papstes*« im Sinne unserer inneren göttlichen Führung verstanden werden. Äußerlich gesehen kann es keinen Menschen geben, der unfehlbar ist, denn Menschsein bedeutet Fehlbarkeit! In diesem Dogma des Papstes wird somit eine innere Wirklichkeit auf eine reale Person projiziert.

Bei Ereignissen, die im KREBS-Monat »geboren« werden, tritt das weiblich-empfangende (Seelen-)Prinzip in den Mittelpunkt des Bewußtseinsfeldes. Das nimmt natürlich nicht immer so deutliche Formen an wie am 19.7.1553, als mit MARIA TUDOR (Tochter HEINRICHS VIII. und KATHARINAS von ARAGONIEN) erstmals eine *Frau* den englischen Thron bestieg.

Thema: *Gefühle, Vertrauen, Irrationalität*

o 26.6.1974: Das Bundesaufsichtsamt für Kreditwesen schließt die Kölner Privatbank Herstatt wegen Überschuldung in Milliardenhöhe. Die größte deutsche Bankenpleite seit der Weltwirtschaftskrise führt zu einem rapiden *Vertrauensschwund* der Sparer und zieht weitere Bankkonkurse nach sich.

o 26.6.1963: US-Präsident JOHN F. KENNEDY bekräftigt die Berlin-Garantie der USA vor dem Schöneberger Rathaus mit den denkwürdigen Worten: »Ich bin ein Berliner.« Kaum ein Satz hat die *Gefühle* der betroffenen Menschen derart bewegt und *vertrauensbildend* gewirkt.

o 27.6.1991: Zwei Tage nach der Unabhängigkeitserklärung der Teilstaaten Slowenien und Kroatien bricht in Jugoslawien der offene Bürgerkrieg aus. Was sagt uns der KREBS dazu? Dieser ebenso sinnlose wie grausame Krieg ist eine absolut *irrationale* Angelegenheit. *Gefühle des Mißtrauens* zwischen den verschiedenen, lange Zeit »zwangsvereinten« Völkern brechen auf und lassen die Betroffenen jedweder Vernunft entbehren.

o 28.6.1914: Der Erste Weltkrieg wird durch den Mord an dem österreichischen Thronfolger FRANZ FERDINAND ausgelöst. »Nicht aus Angriffslust ..., sondern ganz überwiegend im *Gefühl* der Ausweglosigkeit der eigenen Lage, entschloß sich Wien, den Handschuh aufzunehmen« (aus: »*Meilensteine der Geschichte*«). Nicht rational nachvollziehbare Gründe waren ausschlaggebend für diesen Krieg, sondern das *Unbewußte*, die nicht-rationalen (und nicht integrierten!) *Seelenmächte* »bedienten« sich der Situation und der dafür empfänglichen Menschen, um die veralteten und verhärteten Staatsstrukturen der damaligen Zeit zu beseitigen, damit eine neue, zeitgemäße Weltordnung folgen konnte.

o 28.6.1919: Versailler Friedensvertrag zwischen dem Deutschen Reich und den alliierten Siegermächten des Ersten Weltkrieges. Deutschland muß darin die alleinige Kriegsschuld anerkennen und wird mit immensen Strafen belegt. Dieser Friedensvertrag zieht zwar einerseits einen vorläufigen Schlußstrich unter ein vierjähriges Gemetzel, hinterläßt aber in der deutschen *Volksseele* massiv *verletzte Gefühle* – das deutsche »*Trauma von Versailles*« –, die sich im *Unbewußten* zusammenbrauen und Ende der zwanziger Jahre den Aufstieg der Nationalsozialisten ermöglichen. KREBS als Zeichen der verletzlichen seelischen Kräfte hätte eine Berücksichtigung der *Seelenlage* der Verlierer gefordert.

o KREBS-Monat 1993: Fast während des gesamten Monats bestimmen die *Pannen* bei der Terroristen-Ergreifung in der deutschen Stadt Bad Kleinen die Schlagzeilen. Über die Aktion, bei der ein Polizist und ein Terrorist ums Leben kamen, ist keine Gewißheit zu erzielen; die Aussagen widersprechen sich. Ungeklärte Fragen stehen im Raum. Der Einsatz, der an und für sich relativ unspektakulär mit der Festnahme zweier gesuchter Terroristen hätte ablaufen sollen, gerät immer mehr ins *Zwielicht,* was den Bundesinnenminister und den Generalbundesanwalt die Ämter kostet. Ein Vorfall, der an *Ungreifbarkeit* und *Irrationalität* kaum mehr zu überbieten ist.

Thema: Nähe, Privatbereich, Innenbereich

o Zum Vollmond im KREBS-Monat 1993: Rücktritt des deutschen Bundesinnenministers.
o 12.7.1993: Die vom russischen Präsidenten BORIS JELZIN einberufene Verfassungsversammlung hat den Entwurf eines neuen Grundgesetzes gebilligt, in dessen Mittelpunkt die Garantie des *Privat*eigentums steht.
o 11.7.1993: Zweitägiges Treffen zwischen Bundeskanzler HELMUT KOHL und dem russischen Staatspräsidenten BORIS JELZIN am Baikalsee (daß die Begegnung am größten Süßwasserreservoir der Erde stattfand, ist eine Entsprechung des Wasserzeichens). Laut Presseberichten kamen sich die beiden Politiker bei den Gesprächen, die in einer sehr *privaten Atmosphäre* geführt wurden, auch menschlich näher.
o KREBS-Monat 1993: Die deutschen Soldaten, die erstmals außerhalb des Nato-Bereiches im Rahmen der UNO-Mission zur Befriedung von Somalia eingesetzt sind, erfahren *hautnah* die Bedrohung durch die Kampfhandlungen, als Granaten und Geschosse nur wenige Meter neben dem Mannschaftsquartier einschlagen. Die Gefahr für Leib und Leben, die bisher nur theoretisch vorhanden war (Luftelementsebene), ist jetzt, im KREBS-Monat, in den *Gefühlsbereich* eingedrungen.
o 24.6.1948: Beginn der Berlinblockade durch die UdSSR. Vor dem Hintergrund des KREBSES betrachtet, brachte diese Blockade die betroffenen Menschen und auch die westlichen Staaten einander *näher.* Dieser Zusammenhalt findet seinen äußeren Ausdruck vor allem in der von Großbritannien und den USA errichteten Luftbrücke nach Westberlin, welche die Versorgung der Bevölkerung sicherstellte. Die fast einjährige Blockade und

Abriegelung Westberlins hat die Lebenssituation und Bewußtseinslage der Betroffenen auf den *Innenbereich* (innerhalb der Stadt) konzentriert.

o 25.6.1919: Der 71jährige deutsche Generalfeldmarschall PAUL VON HINDENBURG legt den militärischen Oberbefehl nieder, um sich ins *Privatleben* zurückzuziehen.

o KREBS-Monat 1994: *Privatisierung* des bisherigen Staatsunternehmens »Deutsche Bundespost«.

o 17.7.1936: Beginn des spanischen Bürgerkrieges; Kriege, die im KREBS-Monat beginnen, haben unter anderem mit dem *Innen*bereich zu tun.

Thema: Wasserelement, Natur

o 12.7.1993: Ein Erdbeben löst in Nordjapan eine gewaltige *Flutwelle* aus, die gefürchteten »Tsunami-Fluten« (Wasserberge von einer Höhe bis zu dreißig Metern, die über die Küste hereinbrechen).

o Ab Mitte Juli 1993: *Sintflutartige Regenfälle* verwandeln weite Bereiche des Mississippi-Ufers in den USA in eine riesige Seenlandschaft von der Größe des deutschen Bundeslandes Hessen. Die Hochwassermarke liegt bei über sechzehn Meter! Es wird von einer *Jahrhundertflut* gesprochen; viele tausend Menschen werden obdachlos. Positiver (KREBS-)Effekt: Viele, sich bislang unbekannte Menschen und Nachbarn helfen sich gegenseitig, kommen sich dadurch auch *gefühlsmäßig* näher.

o 14.7.1993: *Taifunartige Regenfälle* in verschiedenen Provinzen in Indien und Pakistan überschwemmen Hunderte von Dörfern und Regionen.

o Ab etwa 19.7.1993: *Hochwasser* und *Überschwemmungen* in Deutschland im Donaugebiet; vor allem die Stadt Passau ist davon betroffen.

o 29.6.1969: Start des ersten US-amerikanischen Bio-Satelliten mit einem Affen an Bord zur Erforschung der Langzeitbedingungen für die bemannte Raumfahrt. Der Versuchsaffe stirbt kurz nach der Rückkehr des Satelliten – vor dem Hintergrund des KREBSES entblößt sich diese Art von Wissenschaft als »*seelenloses*« Instrument, das über (Tier-)Leichen geht.

o 1.7.1867: Das britische Dominion Kanada wird Bundesstaat; KREBS-Aspekt: Kanadas *Natur*, die endlosen Wälder, die beiden Sprachen und Mentalitäten Englisch und Französisch, die in *einem* Staat *vereinigt* sind (die Spaltung in zwei souveräne Staaten würde den ZWILLINGEN entsprechen).

138 Was bedeuten alltägliche und historische Ereignisse im KREBS-Monat wirklich?

- 28.6.1990: Die internationale Fachzeitschrift »Nature« druckt einen Bericht des Polarforschungsinstitutes der Universität Cambridge darüber, daß die Eisdecke im nördlichen Eismeer seit 1978 merklich dünner geworden ist.
- 13.7.1990: Die Brüsseler Kommission leitet ein Verfahren gegen die spanischen Behörden ein, weil das größte Vogelparadies und die letzte wirklich wilde Landschaft Europas, der Nationalpark Donana, durch intensive Landwirtschaft und große Tourismusprojekte ernsthaft gefährdet ist.

Thema: Heimat, Heimlichkeit, Vergangenheit

- 11.7.1993: *Heimat*-Treffen der Schlesischen Landsmannschaft in Nürnberg. Zentrales Thema ist das Heimatrecht, das die nach dem Zweiten Weltkrieg aus ihrer schlesischen Heimat Vertriebenen auch etwa fünfzig Jahre danach noch fordern (Anhaften an die *Vergangenheit*).
- 18.7.1872: In Großbritannien (KREBS-Land) wird die *geheime* Abstimmung bei Wahlen eingeführt.

Thema: Verbindung der Gegensätze

- 1.7.1994: Die Einführung der neuen Postleitzahlen in Deutschland findet vor dem Hintergrund der deutschen Wiedervereinigung statt. Galt bislang für die beiden deutschen Staaten jeweils ein eigenes, getrenntes Leitzahlensystem (zwei separate Systeme = ZWILLINGE-Prinzip der Polarität), so ist diese Aufteilung jetzt aufgehoben und durch eine gemeinsame Ordnung ersetzt; die Pole haben sich aufeinander zubewegt und sich miteinander verbunden (KREBS).
- 1.7.1990: Der Staatsvertrag über die Wirtschafts-, Währungs- und Sozialunion zwischen der BRD und der DDR tritt in Kraft; die Grenzkontrollen (Grenze = STEINBOCK-Prinzip) werden abgeschafft; es beginnt das Stadium der »Schwangerschaft« bis zur endgültigen deutschen Wiedervereinigung am 3.10.1990.
- 2.7.1976: Wiedervereinigung von Nord- und Südvietnam zur Sozialistischen Republik Vietnam. Da der kommunistische Norden das Sagen hat, findet keine wirkliche Auflösung der Gegensätze statt – das entspräche den FISCHEN. Vor dem Hintergrund des KREBSES handelt es sich erst um den Beginn eines langwierigen Prozesses, um die innere Einheit wiederzufinden.

o 2.7.1964: US-Präsident LYNDON B. JOHNSON unterzeichnet das Civil Rights Law zur Gleichberechtigung der Geschlechter, Rassen sowie ethnischen und religiösen Minderheiten: Aufhebung des Gegensatzes!

Einige Anregungen zur Eigenbeobachtung im KREBS-Monat

Zunächst ein Fragenkatalog, der dazu anregen soll, das eigene KREBS-Rätsel zu erfassen:

1. Seele, Unbewußtes, Symbolebene

Was bedeutet der Begriff »Seele« für mich? Bin ich mir meiner Seele bewußt? Lebe ich ein *seliges* Leben, das heißt, gebe ich meiner Seele genügend Raum zum Fließen? Welchen Bezug habe ich zu meinem persönlichen Unbewußten? Habe ich Angst vor seinen Inhalten, und neige ich zu Verdrängungen? Oder lasse ich mich davon überschwemmen und bin nicht Herr meiner selbst? In welcher Lebenslage bestimmen unbewußte Komplexe meine Handlungen? Welche Rolle spielt die Innenseite des Lebens in meinem Dasein? Führe ich ein »innerliches« Leben, ohne meinen Außenbezug zu leugnen? Oder bin ich ein introvertierter Typ? Bin ich mir dessen bewußt, daß alles auch eine »innere Seite« hat? Was hat in meinem Leben gerade in besonderem Maße Symbolbedeutung? Was sagt meine Lebenslage symbolisch über mich und meine Innenwelt aus?

2. Gefühle, Vertrauen, Nähe

Was bedeuten mir »Gefühle«? Habe ich einen guten Draht zu meinen Gefühlen? Kann ich meine Gefühle vom Denken klar unterscheiden? Wie ist mein Lebensgrundgefühl? Spüre ich das Leben, oder denke ich die Welt? Vertraue ich dem Gefühl? Oder habe ich Angst davor beziehungsweise vor bestimmten Gefühlen und verdränge diese? Welchen Gefühlen gebe ich Raum zum Wachsen und welchen nicht? Wo bin ich meinen Launen ausgeliefert und lasse mich von meinen Stimmungen leiten? Habe ich Vertrauen in den natürlichen Gang der Dinge? Wo ist mein Vertrauen derzeit besonders gefragt? Was hindert mich daran, zu vertrauen? Wo ist Vertrauen fehl am Platz? Was ist mir derzeit besonders nah, welche Gefühle, Menschen, Gedanken, Dinge und so weiter? Wo fühle ich mich »daheim«? Habe ich Heimlichkeiten gegenüber jemand oder dieser mir gegenüber?

3. Weiblich-mütterliche Seite, Schwangerschaft, Naturbereich

Welchen Bezug habe ich zu meiner weiblich-mütterlichen Wesensseite? Habe ich sie integriert, oder bin ich noch im übernommenen Mutterbild gefangen? Wie war/ist meine Beziehung zur leiblichen Mutter? Wie erlebe ich als Frau meine eigene Mutterrolle beziehungsweise als Mann meine mütterlichen Qualitäten? Was haben meine realen Schwangerschaften für mich bedeutet? Womit gehe ich derzeit »schwanger«? Gebe ich dem, was sich da in mir entwickeln will, genügend Raum zur Entfaltung? Kann ich innere Prozesse zulassen, ohne immer gleich Bescheid wissen zu wollen? Vertraue ich den inneren Vorgängen? Habe ich eine Ahnung davon, was sich im Verborgenen meiner Seele entwickelt? Welchen Bezug habe ich zur inneren und äußeren Natur? Wo lebe ich wider die eigene Natur?

4. Vergangenheit, Kindheit, Regression

Wo hänge ich noch an der Vergangenheit und kann nicht davon loslassen? In welchen Bereichen wirken Elemente früherer Lebenszeiten förderlich oder hinderlich in meine Gegenwart hinein? Welche »vergessenen« Qualitäten sollte ich reaktivieren? In welchem Bezug erlebe ich derzeit eine Neuauflage eines »ungelösten Dramas aus der Vergangenheit«? Welche unverheilten Narben und Wunden der Vergangenheit schmerzen mich? Welche Verbindung habe ich zu meinem »inneren Kind«? In welchen Situationen spüre ich meine kindlich-infantilen Seiten besonders deutlich? Wo erlebe ich gerade eine Regression oder bin in Gefahr, einen Rückschritt in meiner Entwicklung zu tun? In welchen Lebenssituationen habe ich den (heimlichen) Wunsch, »in den Mutterschoß zurückzukehren« beziehungsweise wieder Kind zu sein? Bin ich mir meiner Wünsche bewußt, die ich an das Leben und meine Mitmenschen habe? Ist mir klar, daß ein Wunsch die Tendenz hat, sich zu verwirklichen?

Einige Anregungen zur Eigenbeobachtung im KREBS-Monat 141

Die nachfolgenden Beispiele wollen dazu anregen, eigene Beobachtungen anzustellen. Es geht dabei keineswegs um besonders spektakuläre Angelegenheiten, denn gerade in den kleinen, unscheinbaren Alltagserlebnissen sind die Lebensrätsel verborgen. So kann die Begegnung mit einem Mitmenschen zu einer »astroenergetischen Demonstration« avancieren, wenn wir nur aufmerksam genug beobachten, was da *eigentlich* (energetisch gesehen) vor sich geht.

Eine Seminarteilnehmerin berichtete zum Thema *Nähe*: »Ich arbeite in der Lehrlingsausbildung und führe zweiwöchige Ausbildungskurse mit wechselnden Gruppen durch. Bei dem Kurs, der im KREBS-Monat begann, empfand ich eine besonders *familiäre Atmosphäre*. Im Gegensatz zu den vorherigen Gruppen wußte ich bereits nach kurzer Zeit die Namen aller Teilnehmer, was einen *persönlicheren* Bezug zu den einzelnen ermöglichte. Was mir vor allem auffiel und mich teilweise nervte, war, daß mir die Lehrlinge bei meinen Ausführungen an den verschiedenen Maschinen sehr *dicht auf die Pelle* rückten. Die jungen Leute brauchten mich in größerem Maße, als das in den vorhergehenden Kursen der Fall war, und ich fühlte mich richtiggehend als *Kursmutter*, was mir als KREBS-Geborene gut gefallen hat.«

Ein SCHÜTZE-Geborener war im letzten Urlaub im KREBS-Monat das erstemal bestohlen worden. Es war weniger die materielle Verlust, der ihn betrübte, als vielmehr das dadurch (vorübergehend) gestörte *Vertrauen* ins Leben. Bei näherem Hinsehen wurde ihm der *symbolische* Gehalt dieser Angelegenheit klar: Er selbst raubte sich derzeit durch unmäßiges negatives Denken Lebensenergie.

Eine WASSERMANN-Geborene, die in ihren bisherigen Partnerschaften viele Enttäuschungen erlebt hatte, kam im KREBS-Monat ihrer *Gefühlsseite* und *Weiblichkeit* durch das Kennenlernen und Verlieben in einen jungen Mann wieder näher: »Meine neue Liebe ist ein neun Jahre jüngerer, zuckersüßer Mann, bei dem ich so richtig aufblühe. Im Gegensatz zu anderen Beziehungen fällt es mir hier viel leichter, von meinen Vorstellungen und Anhaftungstendenzen *loszulassen* und *abzuwarten*, wie sich die Partnerschaft entwickelt. Im Gegensatz zu meinen früheren Partnern erlebe ich ihn und mich auch im Bett als viel *gefühlvoller* und anschmiegsamer.«

Einer STEINBOCK-betonten Klientin kam die lang andauernde, frustrierende *familiäre* Situation und damit verbundene Trennungs- und Auszugswünsche *innerlich* wieder näher. Ihre Verdrängungskünste (Rationalisierung der bedrückenden Emotionen), die sie dem STEINBOCK-Archetypen verdankt, funktionierten im KREBS-Monat nicht mehr so gut. Sie *spürte* in dieser Zeit um so mehr, wie sehr sie das *Bedürfnis der Seele* nach einer fließenden und gelassenen Lebenslage permanent unterdrückte.

Eine STIER-Geborene berichtete: »Ich hatte im KREBS-Monat für mehrere Tage Besuch. Wir waren zu fünft in meiner kleinen Wohnung, doch meine Befürchtungen, ich würde die räumliche und *seelische Nähe* nicht ertragen, bestätigten sich nicht. Im Gegenteil empfand ich die Begegnung sehr harmonisch und *im Fluß*. Vor allem meiner Schwester bin ich bei dieser Gelegenheit seit Jahren wieder nähergekommen, und ich mußte zum ersten Mal seit langer Zeit beim Abschiednehmen Tränen vergießen.«

Eine Klientin erzählte glücklich davon, einem guten Bekannten nähergekommen zu sein und das erste *intime* Erlebnis mit ihm gehabt zu haben.

Eine Seminarteilnehmerin konnte die Versöhnung mit ihrem Freund bekanntgeben. Sie war lange Zeit verärgert über ihn gewesen, weil er sich mehrere Monate nicht mehr hatte blicken lassen. Im KREBS-Monat kamen sich die beiden wieder *näher*. Die Frage nach der »Haltbarkeit« dieser reanimierten Verbindung ist damit natürlich noch nicht beantwortet (Stabilität und zeitliche Dauer ist ein Thema des Erdelementes).

Eine WIDDER-Frau nahm aus Mitleid eine ihr bislang unbekannte junge Frau bei sich vorübergehend auf, deren Freund sie kurz zuvor verlassen hatte. Die *Nähe* zu diesem Menschen erlebte sie unerwarteterweise als sehr angenehm. Sie meinte, daß sie bislang eine solche räumliche Nähe auf längere Zeit kaum ertragen konnte.

Eine Klientin, deren neue »Flamme« sich für längere Zeit im Ausland aufhielt – was ihr sehr zu schaffen machte –, hatte mehrere verblüffende Erlebnisse. In scheinbar »normalen« Ereignissen des täglichen Lebens erkannte sie *Symbole*, die auf seine Existenz hinwiesen. Besonders berührte sie der Anblick eines fremden weinenden Kindes, das sie trösten wollte und in dessen Gesichtsausdruck sie ihren Verehrer zu sehen glaubte. Sie fühlte, daß es ein Kind von ihnen beiden hätte sein können – ein *Wunschtraum*, der einen Moment wahr zu sein schien. Überhaupt hatte sie in dieser Zeit öfters den Eindruck, mit offenen Augen zu träumen.

Ein WIDDER-Geborener erkannte im KREBS-Monat, daß er sich für seine Bedürfnisse bislang kaum Zeit genommen hatte. Es mußte immer alles schnell gehen, zum wirklichen *Einlassen auf Gefühle* und *Verdauen von Eindrücken* war keine Zeit. Schmunzelnd erzählt er uns am Beispiel seiner Ernährung, wie er von der WIDDER-Kraft getrieben wird. Weil ihm das

Einige Anregungen zur Eigenbeobachtung im KREBS-Monat

Kochen zu lange dauert, lebt er seit Jahren von Rohkost. Mit einer Mohrrübe in der Hand kann er gleichzeitig noch Rasen mähen und dabei ein Gespräch mit der Nachbarin führen. Bei einer *Badekur*, die er im KREBS-Monat absolvierte, drang Wasser in sein *Ohr* ein. In WIDDERhafter Manier versuchte er durch manuelles Bearbeiten des Ohres das Wasser schneller herauszubekommen, mit dem Resultat, daß das Ohr noch mehrere Tage danach verstopft blieb und er auf dieser Seite kaum hören konnte – ein Körpersymbol dafür, daß er nicht auf die Stimme seiner Seele hören wollte. Dieser körperbedingte Zustand ließ ihn wieder mehr nach *innen* blicken. Eine Veränderung realisierte er auch beim Lesen. Während er zu anderen Zeiten drei Bücher gleichzeitig lesen konnte, fiel ihm die Konzentration jetzt schwer. Er hatte das Gefühl, daß sein Gehirn (die Ratio, das dem KREBS oppositionell gegenüberliegende STEINBOCK-Prinzip) ausgeschaltet war. Im KREBS-Monat (das zum WIDDER im Spannungsverhältnis steht) mußte er einsehen, daß nicht alles so schnell ging, wie er es gewohnt war. Da in Zeiten des Wasserelementes alles wesentlich *tiefer* einwirkt als sonst, braucht man in der Regel mehr Zeit und sollte sich darauf einstellen.

Daß mit dem gerade Gesagten nicht automatisch und in jedem Falle auch Energielosigkeit verbunden sein muß, demonstrierte eine KREBS-Geborene, die freudig berichtete, daß der KREBS-Monat ihr mehr Energie als sonst gebracht hatte. Durch ihre KREBS-Betonung konnte sie sich anscheinend besser auf die Erfordernisse diese Zeit einstellen als etwa der WIDDER-Mann.

Eine ältere Seminarteilnehmerin (STEINBOCK-Geborene) berichtete von ihrem Bergwanderurlaub, bei der ihr die *Vergangenheit* – früher unternahm die gesamte Familie viele ähnliche Touren – »zum Greifen nahe« gekommen ist; sie sah ihre Kinder förmlich vor sich her laufen. Zu schaffen machten ihr in den Urlaubstagen vor allem *Magenprobleme*.

Eine andere Teilnehmerin verzehrte sich in diesem Monat fast vor *Mitgefühl* mit der leidenden Kreatur. Ob in Form einer Maus, die sie versehentlich erdrückte, eines Bekannten mit Liebeskummer oder einer älteren Arbeitskollegin, die ins Krankenhaus mußte – alle Fälle berührten die junge Frau stärker als zu anderen Zeiten.

Eine Seminarteilnehmerin berichtete von ihrer Freundin, die nach vielen vergeblichen Versuchen, ein Kind zu empfangen, in diesem KREBS-Monat durch künstliche Befruchtung einen *Schwangerschaftserfolg* verzeichnen konnte.

Ein Ehepaar sagte einen im ZWILLINGE-Monat geplanten Urlaub ab. Sie wollten mit einem anderen Paar, mit dem sie locker in Kontakt standen, gemeinsam verreisen. In der ZWILLINGE-Zeit schien die Stimmung dafür günstig, schlug jedoch mit Eintreten des KREBSES um – ein Zeichen dafür, daß die Bekanntschaft die tiefere, gefühlshafte Komponente des Wasserelementes nicht »durchstand«. Äußerer Grund war eine massive *Verstimmung* des Ehepaares darüber, daß die Bekannten auf eigene Faust noch andere Leute zu diesem Urlaub eingeladen hatten. Das verletzte die *Gefühle* unseres Paares, schließlich wollten sie mit Unbekannten keine drei Wochen auf engem Raum in einem Ferienhaus wohnen.

Einer Seminarteilnehmerin wurde die symbolische Ebene der Dinge besonders deutlich. Die Beziehung zu ihrer Freundin war zu dieser Zeit schon angeknackst, als deren kleiner Sohn den Spielzeug-Zauberstab ihres Kindes zerbrach. Dieses scheinbar unbedeutende Ereignis brachte bei ihr das »Gefühls-Faß« zum Überlaufen. Sie wunderte sich zunächst selbst über ihre heftige Reaktion, die rein äußerlich betrachtet überzogen wirkte. Als die Emotionen verraucht waren, erkannte sie, daß mit dem Zauberstab *symbolisch* gesehen der »Zauber« ihrer bisherigen Beziehung gebrochen war.

Ich erlebte mit meiner Familie in einem KREBS-Monat eine wahre Reise in die *Vergangenheit*, als zur 800-Jahresfeier unserer Stadt ein mittelalterlicher Markt in der Altstadt aufgebaut wurde. Die Atmosphäre war so glaubwürdig, daß man wirklich das Gefühl hatte, zurückversetzt zu sein in die Zeit der Ritter und Gaukler.

Diese Beispiele wollen nicht als »Beweise« für das Funktionieren der *energetischen Astrologie* mißverstanden werden. Ihr subjektiver Charakter macht zudem deutlich, daß jeder nur für sich selbst herausfinden kann, wie es sich damit verhält. Ich möchte Sie dazu ermutigen und einladen, auf dem Erlebnisfeld mitzuforschen, das bislang noch am wenigsten bekannt ist: die menschliche Psyche. Durch das Führen eines astroenergetischen Tagebuches oder Traumtagebuches mit integrierten astroenergetischen Eigenbeobachtungen schreibt jeder sein individuelles Astrologie- und Traumbuch selbst.

5
Die kreative Umsetzung des KREBS-Rätsels

Übungen im KREBS-Monat beschäftigen sich vornehmlich mit der KREBS-/MOND-Energie, da die Zeitqualität – in der äußeren und inneren Natur – solche Themen geradezu herausfordert. Je näher wir uns mit unserer Aufmerksamkeit und unseren Aktivitäten am »Nerv der Zeit« befinden, desto besser und zufriedenstellender werden unsere Resultate sein. Es ist zum Beispiel eben wesentlich aufwendiger, wenn man statt im Winter im Sommer Ski laufen will. Anpassung an die Möglichkeiten und Erfordernisse jeder Zeit erleichtern uns das Leben und verhindern einen zu hohen Energieeinsatz für unwesentliche Dinge. Wichtig bei der kreativen Umsetzung ist die Freude am Tun; jegliche Art von Leistungsdruck und Perfektionismus sollte vermieden werden. Beim Malen oder Schreiben geht es nicht darum, berühmt zu werden oder die eigenen Werke vor Kunstkritikern zu behaupten. Sehen wir unsere kreative Auseinandersetzung mit den Tierkreisarchetypen als schöpferische Selbsterfahrung, deren Resultate uns in erster Linie ganz persönlich ansprechen, dann vermeiden wir den Streß, anderen damit imponieren zu müssen.

Die Übungen in diesem Kapitel wollen in erster Linie dazu anregen, durch die kreative Umsetzung der KREBS-Themen dieses Lebensrätsel besser kennen und verstehen zu lernen und Kontakt zu unserer KREBS-Seite (unseren inneren MOND) aufzunehmen. Sie sind vor allem angezeigt, wenn wir eine Blockade oder ein Defizit im *Gefühlsbereich* feststellen. Wenn wir spüren oder die Träume uns zeigen, daß wir uns mehr um unsere *seelischen Belange* kümmern sollen, können die Übungen als »Entwicklungskatalysatoren« eingesetzt werden.

Annäherung durch Imagination und Meditation

Das Setting für Imaginationen und Meditationen: die innere Bereitschaft, normale psychische Stabilität und Belastbarkeit, ein geeigneter Ort (in der Wohnung oder draußen in der Natur), an dem man für die Dauer der Übung ungestört ist (Telefon und Klingel sollte man abstellen). Je nach Vorliebe können Sie liegend oder sitzend imaginieren; es kommt darauf an, die Bewußtseinsschwelle zu senken, damit die inneren Bilder ins Bewußtsein dringen können, ohne daß Sie dabei jedoch einschlafen. Und beim Meditieren richten wir unsere Aufmerksamkeit immer wieder auf das gewählte Konzentrationsobjekt. Energetisch günstige Zeiten für die KREBS-Motive ist der KREBS-Monat und vor allem die Zeit, in der der transitierende MOND in *Konjunktion* oder *Opposition* mit unserem MOND (im Geburtshoroskop) steht, was jeweils einmal im Monat der Fall ist. Insbesondere bieten sich Neumond und Vollmond an. Und der Zeichenwechsel der SONNE von ZWILLINGE in KREBS (siehe Astrokalender) ist ebenfalls ein geeigneter Moment, um sich auf die KREBS-Energie einzustimmen.

Es ist darauf zu achten, die Übungen in entspannter Atmosphäre durchzuführen, nicht zu *übertreiben* (Grundsatz: Nicht mehr, als mir guttut!), von Geräuschen und Gedanken immer wieder loszulassen und den Gegenstand der Meditation oder Imagination ganz unbefangen auf sich wirken zu lassen. Wahrnehmen ohne zu interpretieren, zu werten oder zu analysieren ist die Grundlage meditativer Übungen.

Imaginationen zur Naturseite

Wollen wir unserer inneren Natur begegnen, bieten sich dafür die Bilder der äußeren natürlichen Umwelt an. Führt uns ein Traum in den Wald oder auf die Flur, können wir uns später in diesen Traumort zurückversetzen und sehen, welche inneren Bilder dabei aufsteigen. Oder wir geben uns das Thema vor, etwa »Begegnung in der Natur«, wie das eine Seminarteilnehmerin tat. Sie imaginierte dazu folgende Szene:
»Ich sitze am Waldrand, blicke auf eine Wiese. Plötzlich kommt ein Reh aus dem Wald auf die Wiese gesprungen, um dort zu äsen. Dann kommt eine Frau dazu, der das Reh wie ein Hund gehorcht und folgt. Diese Frau, die dann ich

selbst bin, geht mit dem Reh in den Wald zu ihrem Haus. Dort ist eine sehr positive, lichte Energie, und ich fühle mich sehr beglückt hier. Die Vögel sind auch ganz zahm und haben keine Angst der Frau gegenüber, die eine gute Hexe zu sein scheint. Diese Frau, die ebenso scheu und zerbrechlich wirkt wie das Reh, hat sich vor der Welt und den Menschen, die sie wegen ihrer Andersartigkeit anfeinden, in den Wald zurückgezogen. Doch hier ist sie vielleicht auch nicht mehr sicher, fühlt sich bedroht von Jägern, die sie entdecken könnten.«

Im Bild der scheuen und zerbrechlich wirkenden guten Hexe weist das Unbewußte die Teilnehmerin auf ihre starke *Sensibilität* und damit verbundene *Rückzugstendenzen* hin. Aus Angst vor der Welt ist sie in den »inneren Wald« geflüchtet, hat sich in seelische Regionen zurückgezogen. Es mutet märchenhaft an, was sich in ihrer Phantasie abspielt; als KREBS-Geborene verfügt sie über ein ausgeprägtes Innenleben. Es darf dabei aber nicht der Kontakt mit der Alltagswirklichkeit, »dem Boden der Tatsachen« verlorengehen. Für die sensible Frau ergibt sich die Aufgabe, ihren inneren Schutzmantel zu aktivieren, um in der Welt zu bestehen und dem Existenzkampf standhalten zu können.

Gautama der BUDDHA sagte vor über 2500 Jahren: »Das Schiff soll im Wasser sein und nicht das Wasser im Schiff. Die Seele soll in der Welt sein und nicht die Welt in der Seele.« Darum gilt es für sie – wie für uns alle! –, das empfindsame Seelenwesen zu schützen, damit es in der Welt zu existieren und sich zu entfalten vermag. Ein dauerhafter Schutz kann das Versteck im Waldhaus nicht sein. Irgendwann wird auch dieser Schlupfwinkel entdeckt, wie sie am Ende der Imagination befürchtet. Sie sollte das als Aufforderung betrachten, sich dem Leben zu stellen, denn die Angst vor Entdeckung macht ihr auch im Märchenwald die innere Ruhe zunichte. Sie hat Angst, die Welt könnte ihre Andersartigkeit nicht akzeptieren, genauso wie ihre Eltern sie als sensibles Kind zu ihrem Ebenbild formen wollten. Damals mußte sie die schmerzhafte Erfahrung machen, nur durch Anpassung an die elterlichen Erwartungen die Zuwendung zu bekommen, die sie zum psychischen Überleben benötigte. Ihre Schutzmechanismen mußten in Aktion treten und unerwünschte emotionale Regungen unterdrücken. Die Flucht nach innen bot zunächst Schutz vor diesem Zwiespalt, blockierte im Erwachsenenalter aber die Entwicklung einer inneren Stabilität und eines wirksamen Schutzschildes, das sich in der Reibung mit der Außenwelt formt. Reh und Hexe (die hier harmlos wie ein Kräuterweiblein wirkt) sind Symbole für ihre scheue Gefühlsseite. Diese zarte, verletzliche Region braucht Schutz, ihren Schutz! Sind wir doch in erster Linie selbst für unsere seelischen Bereiche verantwortlich. Das bedeutet vor allem, daß wir zu uns selbst stehen und die Abhängigkeit von den Meinungen und Zuwendungen anderer auflösen sollten. Sind wir selbst »Mutter« unseres inneren Kindes, sind wir nicht mehr auf die Welt als »Mutterersatz« angewiesen. Gerade KREBS-Geborene werden dies als zentrales Lebensthema empfinden und vor allem durch Integration der oppositionellen STEINBOCK-Energie das nötige Distanzierungsvermögen entwickeln.

Noch scheint die weiblich-mütterliche Wesensseite (die *Anima*) der Seminarteilnehmerin »verhext« zu sein, was sich zum einen in der Hexe und zum anderen im Reh zeigt. In der Hexe stecken natürlich auch viele positive Seiten, wie Heilkräfte, weibliche Spiritualität und eine gute Beziehung zu den Tieren des Waldes. Doch die hier imaginierte Hexe wirkt zu zart und zerbrechlich. Sie braucht deshalb Verstärkung. Zum einen durch das Traum-Ich (das Selbst-Bewußtsein der Teilnehmerin), aber auch durch ihren Jäger-Aspekt, der *Animus*kraft (WIDDER), von der am Ende der Imagination die Rede ist. Statt sich vor den Jägern, die ihre kraftvolle, naturverbundene männliche Stärke verkörpern, zu verstecken, sollte sie sich mit ihnen anfreunden und Hexe und Reh ihrem Schutz anvertrauen. Gelingt ihr diese Aufgabe, so hat sie das archetypische Rätsel gelöst, die Seelenkräfte des KREBSES und die Triebkräfte des WIDDERS in eine harmonische Verbindung zu bringen.

Mutter-Imaginationen

Hierzu kann ein Traum Anstoß geben, in dem unsere reale Mutter eine zentrale Rolle spielt und die Traumhandlung abbricht, ohne eine Lösung zu bieten. Wir versetzen uns noch einmal in diesen Traum und spinnen ihn in unserer Phantasie weiter. Wir können auch mit der bloßen Vorgabe »Mutter« in die Imagination gehen und uns überraschen lassen, wohin uns das Unbewußte mit seinen spontanen Bildern führt. Was uns dann begegnet, deuten wir im Zusammenhang mit unserem Mutter-Thema. Fühlen wir uns allein und verlassen, schreit unser inneres Kind nach Liebe, dann stellen wir uns im Bild einer liebevollen Mutter-Kind-Beziehung vor, daß wir uns »mütterlich« dieses kindlichen Wesensteiles annehmen. Dadurch entwickeln beziehungsweise stärken wir unsere eigene mütterliche Wesenskraft und werden unabhängiger von »äußeren Müttern«.

Imaginationen zu Gefühlen

Wir konzentrieren uns zunächst auf ein bestimmtes im Wachzustand oder im Traum empfundenes Gefühl und lassen uns »hineinfallen« – wenn wir uns dazu in der Lage fühlen. Bei Angstgefühlen kann es hilfreich sein, einen vertrauten Menschen bei sich zu haben und sich sozusagen in dessen stützenden Armen »fallen zu lassen« oder diese Übung mit einem qualifizierten Therapeuten durchzuführen. Die Bilder, die wir in Verbindung mit dem jeweiligen Gefühl sehen, sagen uns etwas über diese Problematik aus. Natürlich können es auch positive Gefühle sein, deren heilender Wirkung wir uns imaginativ aufschließen und denen wir in der Imagination Gestalt verleihen.

Mond-Imaginationen

Wir schauen den Mond an, wie er sich gerade zeigt, und lassen ihn eine Zeitlang auf uns wirken. Dann schließen wir die Augen, lassen die spontanen Bilder dazu aufsteigen und folgen ihnen mit unserer Aufmerksamkeit. Oder wir stellen uns vor, eine Reise auf den Mond zu unternehmen, und lassen uns überraschen, was uns dabei begegnet und widerfährt. Oder wir werden selbst zum Mond und spüren nach, wie es ist, von der Sonne bestrahlt zu werden, eine helle und eine dunkle Seite zu haben und so weiter. Alle aufsteigenden Phantasien und Gefühle können wir anschließend in Beziehung zu MOND-/KREBS-Themen bringen.

Imaginationen, die in die Vergangenheit führen

Wollen wir uns imaginativ in Phasen unserer Kindheit zurückversetzen, kann ein Traum darauf hinweisen, welche Zeit oder (unerlöste) Gegebenheit unserer Vergangenheit gerade angesprochen ist. Beispielsweise wenn gegenwärtige Partnerprobleme eine aktuelle Kulisse für noch unverarbeitete Konflikte darstellen, die in der Kindheit zwischen den Eltern herrschten und das Kind verunsicherten. Um die Projektionen auf Partnerin oder Partner zu erkennen, kann es hilfreich sein, in der Phantasie noch einmal in die Vergangenheit zurückzukehren, die damals verdrängten Schmerzen nachzuerleben und damit allmählich zu erlösen. Auch das wird im Rahmen einer (Traum-)-Therapie am besten zu bewältigen sein.

Wir dürfen und sollen natürlich auch positiven Aspekten unserer Vergangenheit Raum geben und darüber imaginieren, wenn uns diese Qualitäten – zum Beispiel jugendliche Tatkraft, Mut, Experimentierfreude, Offenheit und Leichtigkeit – im Laufe der Zeit verlorengegangen sind. Die Seminarteilnehmerin, die von einer Jugendliebe träumte, mit der sie eine unbeschwerte Zeit erlebte, darf »ungehemmt« in ihren Phantasien diese verflossene Zeit nacherleben, um ein Stück dieser Leichtigkeit auch in ihren gegenwärtigen Ehe- und Familienalltag zu integrieren.

Möglich ist auch, sich als Thema lediglich »Vergangenheit« vorzugeben und die innere »Zeitmaschine« sich selbst zu überlassen. Die imaginativen Erlebnisse werden auch in diesem Fall in einem Zusammenhang mit unserer momentanen Situation stehen. In seltenen Fällen werden wir vielleicht sogar in die pränatale Phase zurückversetzt, was therapeutisch wertvolles seelisches Material zutage fördern kann, aber keinesfalls erzwungen werden sollte; ebensowenig sind Rückführungen in »frühere Leben« von therapeutischem Wert, wenn diese sich nicht auf natürliche Weise einstellen. Die Seele weiß selbst am besten, ob und wann sie das Ich mit solchen Erfahrungen belasten kann beziehungsweise ob das für die Entwicklung überhaupt sinnvoll ist.

Imaginationen zum Wasserelement

Ein imaginiertes erfrischendes Bad in einem Fluß, Teich oder See bei Vollmond vermag uns unserer Gefühlsebene näherzubringen. Indem wir uns in das klare Wasser begeben, uns davon berühren und tragen lassen, schaffen wir ein passendes Symbol, über das wir eine Verbindung zu unserer Seele herzustellen vermögen. Ist das Wasser trüb, sollten wir uns hinterher fragen, wo wir »im trüben fischen« beziehungsweise was unsere Stimmung trübt, welche Gefühle verschwommen und undeutlich sind. Haben wir zunächst Widerstände gegen diese Übung, kann ein allmähliches Herantasten an das Wasser angebracht sein. Vielleicht setzen wir uns in der Phantasie zunächst an das Ufer oder imaginieren ein kleineres, seichteres Gewässer – sofort ins tiefe Wasser zu springen, überfordert meist und baut eine unnötige Hürde auf. Oder wir befahren das Wasser erst mit einem Boot, um es näher zu erkunden.

Führen wir im KREBS-Monat Imaginationen durch (auch zu den Lebensrätseln der anderen Tierkreiszeichen!) oder assoziieren wir spontane Bilder

Annäherung durch Imagination und Meditation 151

zu Themen, die uns gerade beschäftigen, ist es sinnvoll, die Ergebnisse vor dem Hintergrund des KREBS-Archetypen zu betrachten.

Nachfolgende spontane Phantasiebilder stellten sich bei meinem Versuch (am 29.6.) ein, imaginativ in einen See einzutauchen:
»Ich öffne die hintere Tür eines Lieferwagens einer Handwerkerfirma. Darin, neben dem Werkzeug, sitzt ein Handwerker, der bereit ist, mit der Arbeit zu beginnen.

Ich sitze am Rand eines Sees. Eine Kröte kommt aus dem Wasser auf mich zu. Ich weiß, daß sie mich führen wird, unter Wasser zu tauchen. Ich schwimme und tauche ihr nach, gelange in Unterwasserlandschaften. Im Gegensatz zu vorherigen alleinigen Tauchversuchen, wo ich nur Trübheit um mich hatte, ist jetzt das Wasser klar.

Ich stecke eine handgroße Porzellanspardose in Elefantenform in eine Art Plastikkorsett (oder Zaumzeug, wie Pferde das haben) hinein.«

Ich beginne mit der Deutung beim letzten Bild. Im KREBS-Monat geht es wesentlich um unsere Gefühle, die hier in Form einer Spardose dargestellt werden. Das Unbewußte warnt mich, meine Gefühle nicht in das Korsett der Vorstellungen meines Egos zu zwängen. Im ersten Bild demonstriert der arbeitsbereite Handwerker meine Bereitschaft, an diesem Thema – mich meiner Gefühle zu öffnen – zu arbeiten. Und das mittlere Stück zeigt mir deutlich, daß es eines kundigen Führers bedarf, um den Weg in die Inwendigkeit zu finden und gefahrlos zu beschreiten. Als Symbol der weiblich-mütterlichen Kräfte erscheint die Kröte, die mich führt. Jetzt ist das Wasser klar, ein Zeichen dafür, daß die falsche Einstellung – seelische Arbeit mit dem Ego erzwingen zu wollen – nur »Trübsinn« vermittelt, während das Sich-Einlassen auf den passenden inneren Führer (hier im Bild der Kröte dargestellt) Klarheit (klares Wasser) im Gefühlsbereich bringt.

Imaginationen haben wie die Träume häufig eine starke Wirkung auf die Gefühlsebene, da sie dieser Dimension entspringen. Vor allem bei kopflastigen Menschen, die Probleme mit der Traumerinnerung haben oder bei denen ein analytisches Vorgehen keine Resultate bringt, ist die Aktivierung eines Imaginationsprozesses oft sehr förderlich, soll aber auf keinen Fall erzwungen werden. Imaginationen sind spontaner Ausdruck des Drängens der Seele, sich und seine Inhalte zu offenbaren. Ebenso wie die Träume spiegeln sie symbolisch die Seelenlage wider und zeigen bildhaft, wie die Seele unsere Lebenslage sieht.

Weitere Objekte für Imaginationen oder Meditationen mit KREBS-Entsprechung sind:
- die musikalische Umsetzung der KREBS- beziehungsweise MOND-Kraft;
- das Sigel des KREBSES und das des MONDES;
- eine bildhafte Darstellung des KREBS-Symbols oder einer Mondgöttin;
- der reale Planet Mond (als Einstimmung zum Beispiel in Astronomiebuch Fotos betrachten, astronomische Planetenbeschreibung lesen);
- das astrologische Konstellationsbild unseres MONDES im Geburtshoroskop;
- die MOND-Schwingung (zum Beispiel über die MOND-Stimmgabel von »*Die Kosmische Oktave*« oder den MOND-Ton von JOACHIM ERNST BERENDT);
- ein Bild oder Foto eines KREBS-Themas (schwangere Frau, Wasser, Märchenbild);
- ein selbstgemaltes Bild über die KREBS-Energie oder ein spontan gemaltes Bild im KREBS-Monat;
- unsere Gefühle; Beobachtung der Gefühlsregungen, ohne ihnen anzuhaften, um zu sehen, was da so vor sich geht: daß die Gefühle unabhängig von unserem Ich-Bewußtsein ein »Eigenleben« führen;
- unsere Körpersäfte – das Wasserelement unserer Physis.

Affirmationen

Folgende Affirmationen bieten sich als positive »Mantras« zur Lösung unserer KREBS-Rätsel an. Stellt sich einer dieser hilfreichen »Zaubersprüche« als besonders wichtig für uns heraus, wiederholen wir diesen laut oder im Geiste so häufig, wie es uns guttut, und verbinden uns dadurch mit seiner segensreichen Wirkung. Nach einer gewissen Zeit der bewußten Intonation der Affirmation wird diese auf unbewußter Ebene ihre heilende Botschaft vertiefen.

- »Ich bade in der Tiefe meiner Seele.«
- »Meine Seele ist eine leidenschaftliche Tänzerin.«
- »Meine Seele wohnt im Haus der Ewigkeit.«

o »Ich nehme mein inneres Kind liebevoll an die Hand.«
o »Meine Gefühle sind kostbare Schätze.«
o »Die Vergangenheit ist vorbei.«
o »Ich schöpfe aus meiner inneren Tiefe.«
o »Ich vertraue dem natürlichen Gang der Dinge.«
o »Voll Vertrauen lasse ich mich von Gott führen.«
o »Ich bin empfangsbereit für die Lektionen des Lebens.«
o »Ich habe alles *in* mir.«
o »Meine Träume weisen mir den Weg.«
o »Meine Empfindlichkeit verwandelt sich in seelische Stärke.«

Weitere Affirmationen lassen sich aus dem Inhalt dieses Buches ableiten.

Dramatische Umsetzung, Rollenspiele, Spiele und Übungen

Anstoß für eine bewegte Umsetzung kann ein Traum geben, der ein KREBS-Thema erkennen läßt. Wurde etwa in einem Traum ein Problem mit der *Anima* ersichtlich, läßt sich daraus eine kleine Szene entwickeln. Dabei sind für die »dramaturgische« Ausgestaltung die spontanen Einfälle einzubeziehen. Man sollte allerdings die Wirkung dieser äußerlich zuweilen unscheinbaren Übungen auf die Psyche nicht unterschätzen. Für jemand, der gerade auf diesen Bereich sensibilisiert ist, kann eine derartige symbolische Handlung eine Ermutigung sein, in dieser Richtung weiterzuarbeiten.

Gerade bei *Anima*-Problematiken oder *Mutter*-Konflikten kann die *Dialogmethode* hilfreich sein, um in Beziehung zu diesen inneren Wesensseiten zu treten beziehungsweise Komplexe dadurch in Griff zu bekommen. Funkt uns beispielsweise in unserer Lebensbewältigung unsere »Mutterimago«, also das verinnerlichte Mutterbild, störend dazwischen, können wir anhand eines Dialogs einen Abstand dazu entwickeln. Gerade für KREBS-betonte Menschen, denen innere und äußere Distanzierungsfähigkeit fehlt, kann das eine gute Methode zur Stärkung der Ich-Identität sein. Wir stellen zwei Stühle gegenüber, einen für unser Ich und den anderen für die imaginäre Mutter. Wir beginnen bei der Position, die sich spontan anbietet, und eröffnen den Dialog, den wir laut aussprechen (also nicht nur als Gedankenspiel betreiben). Vielleicht will unser Ich der Mutter schon lange einmal die Meinung sagen – hier ist eine gute Gelegenheit, aufgestaute Emotionen loszuwerden, ohne sich dabei in unfruchtbare äußere Machtkämpfe zu verstrikken. Letztlich geht es ja *immer* auch um die innere Ebene. Haben wir unser verinnerlichtes Mutterproblem schließlich gelöst (zum Beispiel Abhängigkeit und Lebensangst überwunden), lösen wir gleichzeitig die damit verbundenen äußeren Konflikte – und nicht umgekehrt!

Wir lassen abwechselnd beide Seiten zu Wort kommen, versetzen uns also auch emotional in die Gegenseite und lassen diese genauso engagiert sprechen. Anschließend kann der Dialog ausgewertet werden, entweder in der Gruppe, in der Therapiesitzung oder – wer sich das zutraut – allein. In letzterem Fall bietet es sich an, die Szene mit Kassettenrecorder aufzunehmen. Wem es gelingt, sich auf diese Übung einzulassen, der wird zum einen eine seelische Erleichterung verspüren und zum anderen wichtige Erkenntnisse aus den unbewußt-spontanen Äußerungen, aus Mimik und Gestik (hierfür bieten sich Video-Aufnahmen der Übung an) ziehen können.

Auch um in Kontakt zu einer bislang vernachlässigten eigenen Seite zu kommen, kann ein solcher Dialog hilfreich sein. Gerade in moderner Zeit tun wir uns ja mit der weiblichen Seite des Lebens besonders schwer, was auf eine gestörte *Anima*-Beziehung hinweist. Wenn wir uns klarmachen, daß das, was wir hier mit C. G. JUNGS Worten *Anima* nennen, eine äußerst lebendige Wirk- und Wesenskraft unserer Psyche ist, die uns zum Beispiel mit Launenhaftigkeit quält, wenn wir sie nicht genügend integriert haben, wird uns die Notwendigkeit eines Dialogs bewußt. Als veräußerlichtes Rollenspiel begonnen, kann sich der einmal in Gang gekommene Austausch dann auf innerer Ebene fortsetzen.

Der Sinn der Dialoge und Rollenspiele ist es, daß dadurch unterdrückte Gefühle hochkommen, befreit werden und ein Erkenntnisprozeß in Gang gesetzt wird, der über das bloße Wissen um eine Situation hinausreicht. Erst wenn auch die Gefühlsdimension erreicht wird, kommt »Bewegung« in die Sache. Obwohl dieses Kapitel zum eigenen Ausprobieren anregen soll, ist gerade bei der erstmaligen Durchführung von Rollenspielen und Übungen ein erfahrener Kursleiter oder Therapeut oft unerläßlich. Mit unserer Seele oder der von Mitmenschen sollten wir nicht leichtfertig umgehen.

Eine spielerischer Umgang mit dem KREBS-Thema der *alltäglichen Magie der Dinge* ist, uns gelegentlich zu fragen, was die verschiedenen Wesen und Objekte, Menschen, Dinge, Orte mit uns »machen«, welche Gefühle, Träume, inneren Bilder ausgelöst werden, zu welchen Handlungen »es« uns drängt. Es ist häufig der Fall, daß wir je nach Situation oder Gegenüber anders reagieren – anders deshalb, weil wir uns von der jeweiligen Energetik (meist auf unbewußter Ebene) beeinflussen lassen. Stellen wir fest, daß wir in unserem Selbstverständnis und Handeln von der »Außenbestrahlung« abhängig und manipulierbar sind, beginnt mit diesem Bewußtwerdungsprozeß die Stärkung unserer Individualität.

Die KREBS-Ebene der *Gefühle* ist weit mehr als die bloße Sinneswahrnehmung der STIER-Ebene. Zwar fungieren die Sinnesreize in der Regel als Gefühlsauslöser, doch existiert die Gefühlswelt auch unabhängig vom Außen. Wer schon einmal eine intensive Gefühlsveränderung von einer Minute auf die andere erlebt hat, ohne daß äußere Bedingungen dafür verantwortlich gemacht werden können, weiß, was damit gemeint ist. Um den Unterschied von sinnlicher Wahrnehmung und der seelischen Gefühlsdimension bewußt zu erleben, bietet sich folgende Übung an: Um die Sinneseindrücke auszuschalten, werden dem Kandidaten die Augen verbunden und es sollte nicht gesprochen werden. Dann nimmt er/sie bequem auf einem Stuhl Platz. Dicht gegenüber steht eine weitere Sitzgelegenheit, auf der abwechselnd Gruppenteilnehmer sitzen. Der Kandidat soll in sich hineinhorchen, ob er bei den verschiedenen Gegenüber unterschiedliche Gefühlsreaktionen feststellen kann. Er/Sie wird möglicherweise eine Anlaufzeit brauchen. Doch gehen wir davon aus, daß unsere Seelen auf unbewußter Ebene in direktem Kontakt zueinander stehen, muß es auch möglich sein, unter Ausschluß der Sinneswahrnehmung atmosphärische Veränderungen wahrzunehmen.

Die Umsetzung in Geschichten, Gedichte, Märchen

Je nach Neigung und Bedürfnis kann es befreiend sein, die Phantasien oder Träume schreibend auszumalen, weiterzuspinnen und sie dadurch auf eine Weise auszudrücken, die auf physischer Ebene (derzeit) nicht möglich ist. Wir können in einer Geschichte oder märchenhaften Handlung unserer Phantasie freien Lauf lassen und sie bei der Meisterung unserer Probleme mit dem KREBS-Prinzip einsetzen. Da die Seele auf unsere Phantasieprodukte ähnlich reagiert wie auf die Alltagswirklichkeit, haben wir mit dem Schreiben eine Möglichkeit, innere Prozesse zu begleiten und zu unterstützen. Vor allem bieten sich unsere Träume als Vorbilder für eigene Geschichten an; literarische Qualitäten sind dabei absolut nebensächlich – die Hauptsache ist unsere innere Beteiligung.

Eine Seminarteilnehmerin mit KREBS-Betonung verfaßte ein Märchen, nachdem sie lange Zeit von körperlichen Beschwerden im Ohrbereich geplagt wurde. Sie verarbeitete darin Kindheitsängste, und diese Geschichte wurde für sie zum *Symbol* für Erlösung. Weil sie sich die Zeit nahm, das Geschriebene längere Zeit in sich zu bewegen, aktivierte sie dadurch den inneren Heilprozeß. Sie gab der Geschichte den Titel »Mein Märchen von der Angst im Ohr«.

»Es war einmal ein kleines Mädchen, das oft Angst hatte ... Angst davor, alleine in den Kindergarten zu gehen, Angst, daß ihrer Puppe ein Leid zustoßen könnte, Angst vor Fremden, Angst vor der dunklen Nacht. Und eines Nachts wachte es plötzlich auf und war ganz alleine. Da wollte es schon anfangen zu weinen, als ein Wolf an sein Bett trat und sprach: ›Weine nicht, ich passe auf dich auf, denn wenn du groß und stark bist, will ich dich fressen. So lang darf dir kein Wesen was zuleide tun.‹ Da fing das Mädchen erst recht an zu schreien, und der Wolf verabschiedete sich mit den Worten: ›Ich werde auf eine lange Reise um die Welt gehen, und wenn ich zurück bin, sollst du als erstes auf meinem Speiseplan stehen. Zu deinem Schutz lasse ich den Kater hier.‹

In dem Moment, als die Mutter besorgt den Raum betrat und Licht machte, war der Wolf weg, der Stoffkater lag mit glänzenden grünen Augen unter dem Bett der Kleinen und schien hämisch zu grinsen. Die Mutter

Die Umsetzung in Geschichten, Gedichte, Märchen 157

konnte ihrem Kind die Geschichte des nächtlichen Besuchers kaum glauben und legte sich mit besänftigenden Worten neben es, und so schliefen sie ein.

Die Zeit verging, und das Mädchen wurde langsam größer. Oft hörte es in seinen Ohren ein Pochen vom gleichmäßigen Schritt des Wolfes und fragte sich, wie weit er wohl schon um die Erde herumgelaufen sei. Wenn das Pochen recht laut war, glaubte es den Wolf recht nah und schaute jeden Abend unters Bett und in den großen Kleiderschrank, ob er schon zurück sei. Wenn das Pochen nachließ, schien er sich verirrt zu haben oder gerade ein anderes Mädchen zu verzehren. War es still in seinem Ohr, glaubte es, der Wolf sei ums Leben gekommen, und freute sich sehr. Sicherheitshalber schloß es den Stoffkater mit den immer glänzenden grünen Augen in seiner Truhe ein und versuchte, den Wolf zu vergessen.

Sie wurde immer größer und hübscher und suchte sich unter den Männern auch bald ihren Traumprinzen aus. Eines Abends erzählte sie ihm die schreckliche Geschichte, wie sie als kleines Kind mit dem Wolf Bekanntschaft gemacht hatte. Ihr Traumprinz lächelte, nahm sie in die Arme und sagte: ›Gegen unsere Liebe hat der böse Wolf keine Chance. Du brauchst keine Angst mehr vor ihm zu haben, keine Angst vor irgend etwas, denn unsere Liebe ist stärker als der Tod!‹

Von nun an lebten sie glücklich und zufrieden – der Wolf verkroch sich wohl in einen dunklen Wald, und der Stoffkater wurde von den Motten aufgefressen.«

Diese Geschichte läßt den archetypischen Konflikt zwischen der WIDDER- und KREBS-Energie Gestalt annehmen. Die Triebkraft (WIDDER) ist der Wolf, der die zarte Kinderseele (KREBS) bedroht und ängstigt. Das Ohr, das wir bereits im Kapitel über Körperentsprechungen als zum KREBS gehörig kennengelernt haben, ist die immer offene Pforte in die Innenwelt. Unsere KREBS-betonte Teilnehmerin litt lange Zeit unter zu großer Verletzbarkeit, was sich in Ohrproblemen manifestierte. Indem sie die Geschichte aufgeschrieben und damit »schwarz auf weiß« hatte, schuf sie ein positives Symbol dafür, daß dieser innere Konflikt einen guten Ausgang nehmen wird.

Naturerfahrungen

Eindrucksvolle Naturerlebnisse der KREBS-Energie sind zum Beispiel: ein Spaziergang im KREBS-Monat durch die »schwangere« Natur, sich einfühlen in die dichte Atmosphäre dieser Jahreszeit; ein Vollmondspaziergang auf Feld-, Wald- und Wiesenwegen; das Spiegelbild des Mondes im Wasser auf sich wirken lassen; ein Waldspaziergang, bei dem wir uns Märchen erzählen (wenn wir uns trauen); wir stellen uns vor, daß die Natur beseelt ist; wir sitzen am Wasser, beobachten die Fische, das Spiel der Wellen, versuchen den Grund zu erblicken, spüren dabei in uns hinein, wie das Wasser auf unsere Seele wirkt; wir baden im Fluß oder See, lassen uns ein Stück von der Strömung treiben; wir trinken aus einer Quelle.

Die KREBS-Themen als Bilder

Emotionen, Traum- und Phantasiebilder oder Horoskopkonstellationen zu malen bringt diese näher an unser Bewußtsein heran. Durch den bildnerischen Ausdruck einer inneren Wesenskraft reichern wir das Deutungsmaterial mit zusätzlichem Stoff an. Es ist eben nicht zufällig, wie wir die Striche setzen, welche Farben wir verwenden oder wie wir den Raum aufteilen. Alle diese Aspekte haben eine individuelle Bedeutung – das Unbewußte führt den Pinsel in weit größerem Maße mit, als wir das glauben oder wahrhaben wollen. Und wenn wir uns dieser Führung anvertrauen, anstatt ängstlich alle »verräterischen« Elemente auszuschließen, können wir sehr viel über uns erfahren.

In bezug auf den KREBS sind es vor allem Traum- und Phantasiebilder zu den KREBS-Themen oder zu Träumen im KREBS-Monat; von der astrologischen Seite bietet sich an, die MOND-Stellung im Horoskop bildnerisch darzustellen. Als Hilfestellung können die Aussagen in diesem Buch zur KREBS-/MOND-Energie genommen werden, in Kombination mit dem Band, der das Tierkreiszeichen beschreibt, in dem der »individuelle« MOND steht. In unseren astroenergetischen Seminaren malen wir die geschauten Bilder und Gefühle zu KREBS-Musik und deuten sie später vor dem Hintergrund dieses Zeichens. Wir konnten dabei die Feststellung ma-

Die KREBS-Themen als Bilder

16. Mai '94 – früh
bevor wir einen Zeckenbiß in
Jonas rechtes Achsel entdeckt haben

chen, daß die individuelle Thematik zu dem jeweiligen Tierkreiszeichen in dem gemalten Bild seinen Ausdruck findet. In der Rückwirkung auf den Maler erreicht ein selbstgefertigtes Bild eher die Gefühlsebene, als wenn nur astrologisch-rationale Aussagen über eine Konstellation gemacht werden. Jede Art des Ausdrucks sagt auch etwas über unser Innenleben aus und hat daher Symbolcharakter. Je spontaner wir ein Bild malen, ohne viel darüber nachzudenken, desto breiter wird der Raum sein, den das Unbewußte zur Mitgestaltung hat, und desto mehr erfahren wir von unserer Seele. Die spontan gemalten Kinderzeichnungen sind der »reinste« Ausdruck seelisch-unbewußter Regungen.

Die Zeichnung unseres Sohnes auf Seite 159 zeigt, wie die Seele ihr umfassendes Wissen über unsere Befindlichkeit dem Ich-Bewußtsein mitteilen möchte. Das Unbewußte des damals vierjährigen Kindes wandte sich mittels dieser Zeichnung an uns Eltern. Er malte dieses Bild gleich nach einem kurzen Waldspaziergang in Kärnten, wo wir im Mai Urlaub machten. Einige Zeit später hatte ich den vermeintlich unbestimmten Impuls, ihn nach Zecken abzusuchen, da gerade dort diese Parasiten als besonders gefährlich gelten. Und tatsächlich entdeckte ich ein solches lästiges Insekt, das sich in seiner rechten Achselhöhle festgebissen hatte. Wir ließen es gleich von einem Arzt entfernen, und er konnte noch rechtzeitig die nötige Schutzimpfung erhalten.

Das Bild weist in dreierlei Hinsicht auf seinen Zeckenbiß hin: zum einen durch die käferartigen Gebilde, die sich rechts und links an den Armen des Männchens befinden; außerdem ähnelt die ganze Gestalt einer Zecke; und schließlich hatte er – unüblicherweise – das Blatt unten zackig eingeschnitten, was auf Zähne beziehungsweise einen Biß hinweisen mag. Mein Bewußtsein hatte diesen Wink mit dem Zaunpfahl nicht gleich erfaßt. Die Botschaft muß aber durch das Bild »von Unbewußtem zu Unbewußtem« vermittelt worden sein, da ich aufgrund eines »unbestimmten Gefühles« ihn eben kurz darauf untersuchte.

Bei spontan gemalten Bildern im KREBS-Monat wird sich vor allem unser Bezug zur *Anima* beziehungsweise weiblich-mütterlichen Seite ausdrücken, möglicherweise auch unsere reale Mutterbeziehung. Also bietet sich an, diese Bilder bewußt daraufhin zu untersuchen. Ein wesentlicher Anhaltspunkt ist die Bildaufteilung: Die linke Seite verkörpert den (unbewußten) YIN-Bereich (Innenbereich), während der rechte Teil des Blattes unsere bewußten Identifikationen und den Außenbezug symbolisiert.

6
Die Deutung der Träume im KREBS-Monat

Die Interpretation der Träume hängt wesentlich vom gewählten *Deutungshintergrund* ab. Die Grundlage für ein zeitgemäßes Verständnis der nächtlichen Botschaften wurde durch die Traumdeutung von SIGMUND FREUD gelegt und von seinem Schüler C.G. JUNG weiterentwickelt. JUNGS Lehre, die mir kompetent und einfühlsam die Traumtherapeutin HILDEGARD SCHWARZ vermittelte, erlebte ich als eine Quelle der Inspiration, um neue Zugänge zum Traumrätsel zu finden. Einen dieser neuen Wege ins Innere der Traumbotschaft eröffnet die Entdeckung, daß viele Traumbotschaften in die bildhafte Sprache der Sprichwörter und Redensarten eingekleidet sind, was ich zusammen mit HILDEGARD SCHWARZ in unserem Werk »*Das Bilderbuch der Träume*« aufzeige und erläutere.

Die Reihe der Tierkreisbände stellt ein weiteres Novum, einen bislang ungenutzten Lösungsweg zum Verständnis der Traumrätsel, erstmals einem breiten Publikum vor: gemeint ist der Brückenschlag zwischen der Traumarbeit und der Astrologie. Bei dieser *astroenergetischen Traumdeutung* machen wir uns das Wissen um die Qualität der Zeit zunutze und betrachten die Träume vor dem Hintergrund des Tierkreiszeichens, das die SONNE zum Zeitpunkt des Traumes gerade durchwandert hat – in diesem Falle also des KREBSES.

Leichteren Zugang zu dieser Vorgehensweise und den nachfolgenden Fallbeispielen finden Sie, wenn Sie sich durch die Lektüre der vorangegangenen Kapitel auf den KREBS eingestimmt haben. Das dadurch entwickelte »Gespür« für diesen Archetypen hilft, die hier besprochenen Beispiele und die eigenen Träume im KREBS-Monat nachzuvollziehen und zu verstehen. Eine ausführliche Erläuterung der *energetischen Astrologie* und der *astroenergetischen Traumdeutung* enthält das Einführungsbuch »*Die Rätsel des Lebens*«.

An dieser Stelle sei noch einmal darauf hingewiesen, daß auch die Deutungen mit Hilfe der astroenergetischen Methode nicht auf die Einfälle des Träumers und die Einbeziehung seiner aktuellen Lebenssituation verzichten können. Jeder Traum ist eine individuelle Schöpfung und als solche zu behandeln! Durch den Rückgriff auf die astrologische Symbolik sollen keine pauschalen Deutungen eingebracht werden, sondern wir wollen die Traumbotschaft mit zusätzlichem Material anreichern. Es wird dabei deutlich werden, wie die unterschiedliche Prägung der Träumenden den Zugang und Bezug zum KREBS bestimmt. Dabei dürfen wir natürlich nicht übersehen, daß der individuelle Reifegrad der Seele darüber entscheidet, wie wir mit den verschiedenen Erfahrungen und Herausforderungen umgehen. Andererseits trägt die Auseinandersetzung mit den Lebensrätseln wesentlich zur seelischen Reifung bei.

Die nachfolgende Checkliste kann als Orientierungshilfe dabei dienen, den Bedeutungskern der Fallbeispiele beziehungsweise das individuelle Thema, das im KREBS-Monat nach *Bewußtwerdung* drängt, schneller zu erfassen. Diese allgemeinen Aussagen sind als Hinweise für denjenigen zu verstehen, der sein individuelles KREBS-/MOND-Thema herauszufinden versucht; sie sollen daher im einzelnen Fall modifiziert werden. Sie verdeutlichen, unter welchen Gesichtspunkten die Träume in dieser Zeit des Jahres, im KREBS-Monat, *vorrangig* zu betrachten sind. *Welche* der genannten Aspekte in einem Traum besonders hervortreten und vor welcher Kulisse die Traumhandlungen stattfinden, hängt natürlich von den subjektiven Gegebenheiten des Träumers ab.

Was uns die Träume zeigen

Die Träume im KREBS-Monat wollen in erster Linie ein Bewußtsein der *seelisch-gefühlsmäßigen Dimension* des Lebens vermitteln und aufzeigen, wie unser individueller Bezug zur *weiblich-mütterlichen Gefühlsseite des Unbewußten* ist. Sie spinnen häufig einen roten Faden zu unserer individuellen KREBS-Entwicklungsphase (18. bis 24. Lebensjahr) und zeigen, wie etwaige Defizite aus dieser Zeit in unsere Gegenwart hineinwirken.

Außerdem soll in dieser Zeit durch die Träume bewußtgemacht, erhellt werden:
o welche *Gefühle* gerade betont sind;
o ob wir die Gefühle *zulassen* beziehungsweise wo wir Gefühle unterdrücken;

Was uns die Träume zeigen 163

- wie es um unser *Vertrauen* (im allgemeinen oder in einer bestimmten Angelegenheit) bestellt ist;
- wo Vertrauen angebracht ist und wo nicht;
- was unser *seelisches Wohlbefinden* stärkt oder schwächt;
- welche Bereiche befruchtend auf uns wirken und wo wir gerade eine *Befruchtung* erfahren (wenn wir es zulassen!);
- womit wir gerade »schwanger gehen«, was sich in unserer Innenwelt entwickelt (vielleicht ohne daß wir diesen Vorgang bewußt realisieren);
- ob wir diese *psychische Schwangerschaft* zulassen können oder durch eine »seelische Abtreibung« (etwa durch übermäßige Kopflastigkeit und Ungeduld) Entwicklungsmöglichkeiten zerstören;
- unsere realen Schwangerschaften und was diese für uns bedeuten;
- die *psychische* Ebene unseres Daseins – die innere Seite der Medaille;
- wo wir rückwärts gehen und *Rückschritte* machen;
- wie unsere *Vergangenheit/Kindheit* in die Gegenwart hineinwirkt;
- ob wir uns in Vergangenem verlieren oder aber aus positiven früheren Lebensphasen neue Kraft für das Hier und Jetzt schöpfen;
- was der Vergangenheit angehört und abgetan werden soll;
- wo wir herkommen – unsere »*inneren Wurzeln*«;
- die Beziehung zu unserer *leiblichen Mutter* und deren Einfluß;
- die übernommenen *mütterlichen Werte* und deren Zeitgemäßheit;
- ob wir mütterlich zu uns selbst (dem inneren Kind) und den Mitmenschen sein können und wo dies gerade nötig ist;
- ob die weiblich-mütterliche Wesensseite (derzeit) mehr in den Vordergrund oder in den Hintergrund treten soll;
- den Einfluß unserer *Familie* und *Blutsverwandten* auf unsere seelische Entwicklung;
- welchen Lebensbereich wir gerade »*beseelen*« (sollten);
- wo wir psychisch »nackt« sind, weil wir unsere (seelische) *Sphäre* verloren haben;
- wo wir *natürlicher* sein sollten;
- wo wir *infantil* reagieren;
- unsere *Wünsche* beziehungsweise wie diese im Unbewußten heranreifen;
- wo wir innerlich und äußerlich *daheim* sind;
- ob die *innere Lebensquelle* frei fließt;
- ob wir uns auf die Erfahrungen des Lebens einlassen;
- die »*magische Seite*« des Daseins beziehungsweise *magisch-infantile Ängste*;

o unverheilte *seelische* Verletzungen und deren Auswirkungen;
o wo wir *seelisch* besonders *verletzbar* sind;
o wie *innig* unser Leben und unsere Beziehungen wirklich sind;
o ob wir *Nähe* zulassen können oder süchtig nach Nähe sind;
o ob wir die aufgenommenen Umwelteindrücke auch genügend »*verdauen*«.

Zusammengefaßt wollen uns die Träume jetzt bewußtmachen, wie wir unsere aktuellen und individuellen Themen des KREBS-Monats aufnehmen, damit umgehen und ob eine Integration oder Abwehr dieser Erfahrungen erfolgt. Bei den Träumen im KREBS-Monat wird die symbolische Bedeutung unserer nächtlichen Begleiter deutlicher als zu anderen Zeiten.

Fallbeispiele

Zunächst ein Traum im KREBS-Monat, den ich träumte, während ich intensiv an diesen Tierkreisbänden arbeitete. Die Träume waren für mich auch bei dieser wichtigen Arbeit treue Begleiter und spiegelten wider, wo ich gerade stand.

»Hausbrand«

»Ich wohne im Reihenhaus meiner Eltern und habe auch Sachen von mir dort. Plötzlich bemerke ich, daß es im Nachbarhaus brennt. Lodernde Flammen schlagen aus dem hinteren Fenster, als es jemand öffnet. Ich will die Feuerwehr anrufen, weil dies anscheinend noch nicht geschehen ist. Dann will ich in aller Eile die wichtigsten Sachen von mir in Sicherheit bringen, weil zu befürchten ist, daß der Brand auch auf das Elternhaus übergreifen könnte; nur eine Wand trennt die beiden Häuser. Ich nehme meine zwei Schreibmaschinen vom Schrank runter – ältere Modelle, die ich in Realität nicht besitze –, die Computerdisketten und noch andere Sachen, die ich nach draußen schaffen will. Nach kurzem ist das Feuer aber bereits gelöscht beziehungsweise ausgegangen. Ich kann das durch jetzt vorhandene Ritzen, die in der Wand zum Nachbarhaus sind, feststellen. Die Gefahr scheint gebannt.«

Der Bezug zum Schreiben wird durch die Traumsymbole der Schreibmaschinen und Computerdisketten deutlich. Doch was war da in Brand geraten und drohte mein Werk zu beschädigen? Die *Vergangenheit* hatte mich wieder einmal eingeholt und *infantile* Ängste und Befürchtungen, ich könne mein Pensum nicht bewältigen, »geschürt«. Der Traumort, mein Elternhaus, weist mich darauf hin, daß ich eine längst *überholte* Position »bezogen« hatte. Überzogene Erwartungen und Ansprüche an mich selbst ließen für kurze Zeit ein »emotionales Feuer« auflodern und stellten meine Arbeit in Frage.

Doch die Bedrohung ist nur von vorübergehender Dauer und der Brand schnell gelöscht, wie ich am Traumende beruhigt feststellen kann. Ich hatte diesen *Rückfall* in alte Denk- und Gefühlsmuster (die alten Schreibmaschinen!) relativ schnell überwinden können. Und die Tatsache, daß der Brand im Nachbarhaus und nicht direkt im Elternhaus ausgebrochen war, zeigt, daß trotz aller emotionalen Verunsicherung doch noch ein gewisser innerer Abstand gewahrt werden konnte.

Anschließend möchte ich zwei Träume von mir wiedergeben, deren Botschaft um eine bevorstehende Urlaubsreise nach England kreist. Als Zeitgenosse mit betontem Feuerelement habe ich ein besonders großes Wärmebedürfnis, und der Gedanke an ein womöglich kühles und regnerisches Wetter im Urlaub behagte mir nicht, zumal wir vorhatten zu zelten. Das Klima in den letzten Wochen vor unserer Abreise war kühl und feucht. Ich tröstete mich mit der Vorstellung, daß bis zur Abfahrt im LÖWE-Monat die Kraft des Feuerzeichens LÖWE zur Entfaltung kommen und die SONNE dominieren würde. So hatte ich es jedenfalls aus den letzten beiden Urlauben in Erinnerung, als beispielsweise in Dänemark mit dem Zeichenwechsel der SONNE von KREBS in LÖWE das Wetter von trüb-stürmisch auf sonnig-mediterran umgeschlagen war. Uns beschäftigte außerdem die Frage, ob wir einen Freund – der auch im ersten Traum auftaucht – als Babysitter mitnehmen sollten.

Die Träume, die ich kurz hintereinander im KREBS-Monat träumte, beantworteten diese Fragen. Sie sind Beispiele dafür, wie uns die Träume ganz praktische Lebens- und Entscheidungshilfe sein können, indem sie bereits im voraus einen Eindruck davon geben, wie sich eine Situation unter verschiedenen Voraussetzungen entwickeln wird.

Traum vom 12.7.: »Erster Urlaubstraum«

»Zusammen mit meiner Frau, unserem Kleinkind und einem Freund der Familie bin ich im Urlaub in Großbritannien. Wir laufen gerade einen Hügel hoch, von dem aus man normalerweise einen wundervollen Blick auf das Meer hat. Als wir fast oben sind, kann ich zuerst kaum etwas sehen, weil die Sonne so blendet und es zudem sehr neblig ist. Ganz oben angelangt, breitet sich unerwarteterweise ein winterliches Panorama vor uns aus. Es liegt relativ hoher Schnee, auf den die Sonne scheint und eine Winterstimmung zaubert, die mich gefühlsmäßig berührt, die aber nicht in die Jahreszeit paßt. Wir laufen hinunter auf die Küste zu, doch vom Meer ist dann erst mal nichts mehr zu sehen. Statt dessen fließt ein kleiner Bach entlang. Das Wasser rast durch das Bachbett, und ich knie nieder und nehme meinen Sohn auf meinen Schoß, halte ihn fest, daß er nicht versehentlich in den Wildbach fällt und mitgerissen wird. Dann wache ich auf.«

Traum vom 17.7.: »Zweiter Urlaubstraum«

»Ich komme mit Frau und Kind im Urlaub in einer Hafenstadt in Südengland an. Es sind zwar einige Wolken am Himmel, aber es ist trotzdem schönes Wetter. Die Farben leuchten intensiv, das Meer ist tiefblau, und auch alle anderen Farben empfinde ich intensiver als sonst, zum Beispiel die Farben an einem vorbeifahrenden Doppeldeckerbus beeindrucken mich sehr. Dann bemerke ich, daß ich an jedem Fuß drei Paar Socken übereinander anhabe, und ziehe jeweils zwei davon aus, weil es nicht kalt ist. Anschließend wollen wir wie geplant zur Herberge fahren, die im nächsten Ort liegt. Als ich nach dem Weg dorthin fragen will, sind wir auch schon davor. Sie hat einen Innenhof und mutet griechisch an. Der Herbergsvater will uns etwas Besonderes zeigen: prähistorische Steine beziehungsweise Versteinerungen, die in der Steinmauer im Innenhof sind. Dazu kratzt er etwas von dem weißen Stein, der mich an weißen, löcherigen Bimsstein erinnert.«

Diese beiden Träume haben mir gezeigt, in welch großem Umfang wir selbst an unserem Geschick und Wohlbefinden »stricken«. Im *Unbewußten* (auf der KREBS-Ebene) bereitet sich vor, was wir dann später im Außenbereich als Ereignis (STEINBOCK-Ebene) erleben. Realisieren wir rechtzeitig, *was* sich da *in* uns zusammenbraut und daß wir selbst der »Braumeister« sind, läßt sich das äußere Resultat nach unseren *Bedürfnissen* gestalten. Doch wenn wir gar nicht wissen, was da hinter den Kulissen der greifbaren Welt im *Seelenraum* heranreift – wie sollen wir unsere Vorlieben und Individualität dann ins Spiel bringen?!

Gerade im Urlaub ist es ein wesentlicher Wunsch, daß wir uns wohl fühlen, entspannen und erholen. Es geht also darum, daß wir Bedingungen schaffen, in denen die *Seele* »baumeln« kann. Wollen wir herauslesen, welche *Gefühlstöne* durch die Traumbilder anklingen, blicken wir auf das *Wetter* im Traum. Der enge Zusammenhang zwischen dem Wetter und unseren Empfindungen dürfte zumindest den wetterfühligen Lesern bekannt sein. Im ersten Traum überrascht mich eine verschneite Winterlandschaft, während im zweiten ein sommerliches Klima mein Herz erfreut und ich mich um zwei Paar Socken erleichtern kann. Hatte ich im ersten Fall nicht mit Kälte und Schnee gerechnet und mußte verblüfft die Winterlandschaft zur Kenntnis nehmen, bin ich kurz darauf auf kühleres Klima vorbereitet, kann aber erfreut feststellen, daß die Bedenken umsonst waren.

Was hat in meiner Seele den »Wetterumschwung« bewirkt? Zum einen brachte der erste Traum die Erkenntnis, daß wir besser ohne unseren Freund verreisen. Als dieser im Urlaubstraum Nummer eins dabei ist und wir einen Blick auf das Meer – das den Bereich der Gefühle symbolisiert – werfen wollen, hat sich die Szene in eine Winterlandschaft verwandelt. Übertragen bedeutet das eine frostige, unterkühlte Atmosphäre, die diese Reisekonstellation vermutlich mit sich gebracht hätte. Unser potentieller Reisegenosse hatte sich kurz zuvor von seiner Partnerin getrennt, und von daher wäre ihm diese Abwechslung durchaus gelegen gekommen. Doch für uns stellte sich nach dem Traum die Frage, ob es sich für alle Beteiligten in den vier Wochen intensiven Zusammenseins so locker anfühlen würde wie zu Hause bei gelegentlichen Treffen. Nach dem Traum zu schließen, sehr wahrscheinlich nicht. Jeder von uns hätte sich ziemlich sicher nach einiger Zeit unwohl gefühlt: der Freund als fünftes Rad am Wagen – und meine Frau und ich gestört in der Familienintimität, die uns gerade im Urlaub sehr wichtig ist.

Schnee ist gefrorenes Wasser und steht häufig für frustrierte Gefühle. Das Meer, dem wir im Urlaub nahe sein wollten, hat sich zurückgezogen – es herrscht (gefühlsmäßige) Ebbe. Diese wollten wir uns nun aber alle gern ersparen. Daß ich mich dann am Traumschluß selbst meines Kindes annehme, zeigt mir die Notwendigkeit, seine Betreuung selbst zu übernehmen. Denn schließlich bietet eine solche *Nähe* gerade in den Urlaubswochen die Chance, manche Versäumnisse der Vergangenheit auszugleichen. Der Traum läßt mich wissen, daß mein Sohn von mir »festgehalten« werden will und ich auch dazu bereit und in der Lage bin. Im letzten Traumbild des Wildbaches hält der Traumregisseur noch eine sprichwörtlich zu verstehende Botschaft parat: Damit der Urlaub nicht »den Bach heruntergeht«, soll ich mich meines inneren Kindes, also der kindlichen Ängste, wie auch des leiblichen Kindes annehmen.

Kommen wir nun zum zweiten Urlaubstraum, in dem meine Befürchtungen zerstreut werden. Wir sind jetzt unter uns, haben die Idee mit dem Babysitter aufgegeben. Die Seele reagiert darauf mit einer *Schönwetterlage* und *intensiven Farben*, die als Symbole für die *bunte Palette der Gefühlswelt* stehen. Nicht nur, daß ich meine Bedenken wegen des Wetters im Bild der Sokken abstreifen kann, die Farben leuchten auch noch viel stärker als normal. Ein buntes und intensives Gefühlsspektrum verspricht mir der Traum für die Urlaubsreise. In dem *tiefen Blau* des Wassers wird die Gefühlstiefe mit dem kühlen Aspekt der blauen Farbe verbunden. Und sicherlich ist es im Interesse eines harmonischen Urlaubs angebracht, sich nicht wegen jeder Kleinigkeit zu überhitzen, sondern »cool« zu bleiben, einen kühlen Kopf zu bewahren, vor allem auf der Suche nach einem passenden Quartier. Da wir nur für die ersten Tage eine Herberge reserviert hatten und ansonsten nach Lust und Laune quer durchs Land fahren wollten, meldete mein Gefühlsbereich (STIER-MOND) Bedenken an, ob wir auch immer gut unterkommen würden. Auch diese Bedenken zerstreut der Traumregisseur. Wir brauchen im Traum gar nicht erst nach dem Weg zur Unterkunft zu fragen, sondern stehen im selben Moment schon davor. Kann der Traum deutlicher sagen, daß wir uns keine Sorgen wegen Witterung, Quartier und Urlaubsgestaltung zu machen brauchen?

Vor dem Hintergrund des KREBSES betrachtet, war das Entscheidende an dieser Traumszene, daß sie meine *Gefühle* erreichte und positiv beeinflußte. Letztlich ist die Gefühlslage (nicht nur im Urlaub) der entscheidende Aspekt; fühlt man sich unwohl, nutzt auch das schönste Wetter und der herrlichste Urlaubsort nicht viel!

Während unserer Reise konnte ich wieder einmal die »Hellsichtigkeit« des Unbewußten bewundern. Die symbolische Bedeutung des Traumes war mir bewußt, doch es fanden tatsächlich alle Traumteile des zweiten Traumes auch in der Realität ihre Entsprechung. In den vier Wochen in England fiel an unseren Aufenthaltsorten kaum Regen. Ein solch trockener Sommermonat zählt dort, so versicherten uns die befragten Einheimischen, zu den seltenen Ereignissen. Unser »Spürsinn« führte uns schließlich zu einem kleinen Badeort an der südenglischen Küste. Die malerische Szenerie an den Klippen und eine intensive Sommersonne, die ein leuchtendes Farbenspiel zauberte, mutete uns äußerst »griechisch« an. Selbst das Schwimmen im sonst eher unterkühlten nordischen Meer erinnerte an südliche Badefreuden. Und dann stellte sich auch noch heraus, daß wir »zufällig« in einem Zentrum für Versteinerungsfunde gelandet waren. Der Traum hatte also nicht nur symbolisch darauf angespielt, daß ich in diesem Urlaub mit »versteinerten« Wesensteilen zu tun bekomme, vielmehr wußte die Seele bereits einen Monat vorher, wo es uns hinverschlagen würde, und malte mir dies im letzten Stück meines zweiten Urlaubstraumes aus.

Die folgenden Träume stammen von Seminarteilnehmern und Klienten.

Traum vom 27.6.1993: »Kinderspielzeug«

»Meine Frau hat Ali, einem uns bekannten Ausländer, für dessen Kinder das Spielzeug unseres Sohnes geschenkt. Auch alle seine Bausteine sind dabei. Sie meint wohl, daß unser Kind die Spielsachen nicht mehr braucht. Doch in mir regt sich Widerstand, und ich bestehe darauf, wenigstens die Hälfte der Bausteine wieder mit heimzunehmen. Für Ali ist das o.k., und ich sortiere aus. Die Spielsachen erinnern mich an mein eigenes Kinderspielzeug. Später haben wir unser Kind bei Ali in einem Nebenraum von dessen Gaststätte neben seinem Kind schlafen gelegt. Die beiden Kinder kuscheln sich eng aneinander, es scheint ihnen zu zweit zu gefallen. Sie sind beide allerdings ziemlich klein, auch unser Sohn ist kleiner als in Wirklichkeit, und dieses Kind von Ali existiert in Wirklichkeit gar nicht. Nach einiger Zeit höre ich ein paar Häuser weiter entfernt unseren Sohn rufen oder jammern und eile sofort in seinen Schlafraum. Dort finde ich ihn zu meinem Schrecken am äußeren Fenstersims sitzen. Er könnte jeden Moment nach unten fallen, befürchte ich. Aber ich greife ihn mir entschlossen und hole ihn wieder rein. Ich bin wütend, daß so etwas passieren konnte.

Irgendwie spielt auch in diesem Traum mit hinein, daß ich wieder bei meiner früheren Dienststelle arbeite.«

Der KREBS läßt den Seminarteilnehmer an diesem Traum erkennen, wie ausgeprägt seine *kindlich-infantile* »Ader« noch immer ist. Da seine Frau im Traumgeschehen eine wesentliche Rolle spielt, läßt sich vermuten, daß es um die Partnerbeziehung des Träumers geht. Im Traum verschenkt die Frau das Spielzeug des Sohnes, sehr zum Mißfallen ihres Gatten. Dieser versucht dann im Bild der Spielsachen zumindest einen Teil seiner kindlichen Einstellungen zu retten und sortiert aus, was er wieder mit nach Hause nehmen will. Schließlich erkennt der Träumer im Spielzeug des Sprößlings seine eigenen Spielsachen wieder, und der Traumzeitpunkt legt uns nahe, die Botschaft im Zusammenhang mit dem *»inneren Kind«* zu betrachten. Und dieses Thema ist wiederum eng verbunden mit der *»Mutterproblematik«*. Daß ein Mann seine (kindlichen) Bedürfnisse nach Nähe, Geborgenheit und Zärtlichkeit auf die Ehefrau projiziert, ist keine Seltenheit. Dieses Verhalten, (unbewußt) die Mutter im Partner zu suchen, stellt aber das größte Hindernis auf dem Weg zu einer partnerschaftlichen, befriedigenden Beziehung dar. In der Projektion wird der Partner nicht gesehen, wie er wirklich ist, sondern wir übertragen unsere Wünsche und Bedürfnisse, aber auch Ängste und Aggressionen auf ihn. Jede Abweichung von diesem Bild wird dann als Bedrohung empfunden und abgelehnt.

Nach der Verbindung zu seiner Partnerin befragt, erklärte uns der Teilnehmer, daß sie sich standhaft weigere, seinen Vorstellungen zu entsprechen. Er würde sich am liebsten an sie kuscheln, wie das die beiden kleinen Kinder im Traum vormachen, doch sie will ihm keine Mutter sein. Das ist für den Träumer zwar zunächst frustrierend, auf Dauer gesehen treibt es ihn aber dazu an, auf eigenen Beinen zu stehen und die Abhängigkeit (die sich durch die Mutterprojektion ergibt) zu überwinden. Zunächst will der Träumer noch einen Teil der Spielsachen retten und wieder mit nach Hause nehmen. Um welche infantilen Seiten es dabei geht, verrät uns die nächste Traumszene. Erst bettet er seinen Sprößling im Nebenraum einer Kneipe, um dann mit Schrecken zu diesem ungeeigneten Quartier zurückzustürzen, weil das Kind seiner Meinung nach bedroht ist. Hier sehen wir, daß er noch nicht so recht mit dem inneren Kind – das sein Sohn symbolisiert – umzugehen weiß. Weil er dieser Wesensseite noch keinen geeigneten Raum zuteilt, entstehen Ängste und Befürchtungen. Aber gerade in diesen existentiellen Sorgen um sein Wohlbefinden und das seiner Familie liegen seine infantilen Wesenszüge verankert. Verunsichert durch eine überängstliche Mutter, hat er deren (ebenfalls infantil gebliebene) Existenzangst übernommen. So nimmt er vor allem der Gattin gegenüber oft eine kindliche Rolle ein, indem er versucht, Verantwortung auf sie abzuwälzen, oder indem er mit Verunsicherung reagiert, wenn sie auf Distanz geht. Kindliche Verlustängste bilden hierfür den Hintergrund.

Nach Erfolgen auf dem Weg der Individuation wird er durch diesen Traum mit einem *Rückschritt* konfrontiert, der (neben dem Zurückholen der Spielsachen) daraus ersichtlich wird, daß er im Traum wieder in seiner ehemaligen Firma arbeitet. Das sollte man aber nicht allzu negativ bewerten, denn zuweilen ist eine Regression als Vorbereitung auf einen Entwicklungssprung durchaus nötig. Gerade der KREBS-Monat ist eine Phase, die dazu auffordert, mehr *in sich* zu gehen und sich, wie das reale Meerestier Krebs, zuweilen *rückwärts* fortzubewegen.

Das Wasserzeichen KREBS will dazu ermutigen, geschehen lassen zu können. Für unseren Teilnehmer bedeutet das, einerseits die Partnerin zu lassen, wie sie ist, und andererseits die eigenen Gefühle und Regungen zuzulassen. Auf diese Weise wird das innere Kind langsam Vertrauen entwickeln, und das (Traum-)Ich wird der kindlichen Seite dann selbst die nötige »mütterliche« Zuwendung zukommen lassen.

Traum vom 2.7.1993: »Der Schlüssel zum Weiblichen«

»Ich bin in einem Café. Einige Frauen in meinem Alter und etwas jünger kommen herein. Ich rede sie an, um in Kontakt zu kommen. Ich scheine sie zu kennen. Ich mache ein paar witzige Bemerkungen, um anzubandeln. Sie gehen eine Treppe zur nächsten Etage hoch, dort setzen sie sich an einen Tisch. Ich folge nach und meine spaßhalber, wie es denn den ›Kriegsinvaliden‹ ginge. Damit meine ich sie, doch die jungen Frauen reagieren nicht sehr angetan auf diese witzig gemeinte Bemerkung. Dann entdecke ich am Boden unzählige Schlüssel dicht aneinandergereiht liegen, die durch eine durchsichtige Folie oder Glasplatte bedeckt sind. Ich greife danach und denke mir, zu welchen Schlössern die wohl gehören und ob wohl einer davon an mein Auto paßt.«

Der Träumer ist ein junger Mann, der daran arbeitet, seinen Bezug zum *Weiblichen* zu verbessern. Er sucht sozusagen den Schlüssel zum Verständnis der inneren wie auch der realen Frau. Daß er diesen noch nicht gefunden hat, läßt sich an seinen unpassenden Bemerkungen erkennen, die nicht gerade von *Einfühlungsvermögen* in die weibliche Psyche zeugen. Von Kriegsinvaliden zu sprechen, um junge Damen für sich zu interessieren, entspricht nicht gerade der »feinen englischen Art«. Immerhin entdeckt er an seinem Platz gleich eine Menge Schlüssel unter einer Glasplatte. Das Problem wird ihm also allmählich »durchsichtig«. Nun gilt es für ihn, den passenden davon herauszufinden, der ihm den *weiblich-gefühlshaften* Bereich zu erschließen hilft.

Traum vom 3.7.1993: »*Heimatgefühle*«

»Ich komme an in einer fremden Stadt, die im Traum jedoch der Ort ist, wo ich alljährlich Urlaub mache. Eine Unbekannte, die im Traum meine Freundin ist, holt mich ab. Ich habe das starke Gefühl, endlich wieder heimzukommen. Sie führt mich in ihre Wohnung. Im Hauseingang, der lang und dunkel ist, sehe ich am Boden ein paar weiße Mäuse. Ich finde sie recht putzig und passe sehr gut auf, daß ich sie nicht zertrete. Als ich mit meiner Freundin in den Aufzug gehe, höre ich, daß Leute hinter uns reingekommen sind. ›Hoffentlich passen die auch gut auf die Mäuse auf‹, denke ich mir als nächstes.«

In diesem Traum einer Klientin steht das KREBS-Thema *Heimat* im Vordergrund. Sie brachte folgende Gedanken und Einfälle in die Traumbesprechung ein: »Dieser Traum hat für mich sehr eindringlich das Thema Heimat angesprochen, was bei mir besonders heikel ist, da ich im Ausland lebe. Der Traum hat mir bewußtgemacht, daß ich das Gefühl, ›daheim zu sein‹, schmerzlich vermisse. In meiner Ehe und Familie empfinde ich keine Geborgenheit, sondern komme mir ausgenützt vor. Unser Haus bietet mir keinen Schutz. Ich fühle mich immer kleiner werden, klein wie eine Maus. Kurz vor dem Traum hatte ich mit meinem Mann ein Gespräch, in dem ich ihm erklärte, daß ich es nicht fair finde, quasi als kostenlose ›Dienstmagd‹ ausgehalten zu werden. Meine *scheuen Gefühle* haben sich, wie die Mäuse im Traum, aus ihrem Versteck hervorgewagt. Doch gleich muß ich wieder Angst haben, daß die nachfolgenden Leute die Mäuse zertreten könnten, so wie mein Mann (aber auch ich selbst) auf meiner verletzbaren Gefühlsseite herumtrampelt.«

Im KREBS-Monat »erwachen« Gefühle, die wir zu anderen Zeiten des Jahres möglicherweise erfolgreicher zurückdrängen können. Auch die Träumerin hatte aus Angst vor Verletzungen ihre Gefühle allzulange »im Mauseloch« belassen. Doch nun kommt zum Vorschein, was sie sicher nicht nur im KREBS-Monat empfinden mag, was jedoch durch den ausgeprägten Abwehrmechanismus der Rationalisierung (den sie als STEINBOCK-Geborene besonders gut beherrscht, besser gesagt, der sie beherrscht!) sonst stumm bleiben muß.

Warum wehren wir Gefühle ab? Weil diese seelischen Wesen besonders zart und *verletzbar* sind und, wie die kleinen Mäuschen, leicht zertreten werden können. In gewisser Hinsicht gleicht sie selbst einem »Mäuschen«, das keinen Ausweg aus ihrer frustrierenden Lage sieht. In ihrem Fall besteht das Hauptproblem darin, daß sie still vor sich hin leidet und weder die Initiative entwickelt, sich wirklich mit dem Partner auseinanderzusetzen, noch die Konsequenzen zieht und aus dem Zustand eines langjährigen Leidens aussteigt.

Im Traum nun begegnet sie einer unbekannten Frau, die wir als *weiblichen Seelenteil* der Träumerin deuten. Als wir in der Traumanalyse gerade darangingen, uns diese Traumfigur näher zu betrachten, flog eine Hummel durch das offene Fenster ins Beratungszimmer. Da ich eine Synchronizität (sinnvolle Entsprechung) dieses Ereignisses zur Traumbedeutung nicht ausschloß, bat ich die Träumerin, ihre Einfälle zu der Hummel zu nennen. Spontan erkannte sie Ähnlichkeiten der Traumfreundin mit einer real existierenden Bekannten, die sie sehr schätzt und die den Familiennamen Hummel trägt. Sie beschreibt diese Frau – eine KREBS-Geborene! – als *weiblich-mütterlichen* Typ mit einem *reichen Gefühlsleben*. Diese »Seele von Mensch« fungiert in dem Traum als Symbol für die eigene *Anima* der Träumerin, deren Gegenwart das starke Gefühl von *Daheimsein* auslöst. *Heimat* – das wird hier deutlich – ist ein *innerer Zustand*, ein Bei-sich-selbst-Sein; Heimat als »Seelenheimat«. Der Traum gibt ihr den Rat, sich die Freundin in seelischen Belangen zum Vorbild zu nehmen, sich gelegentlich in sie einzufühlen, um die weiblichmütterliche Seite in ihrer Psyche zu stärken.

Traum vom 8.7.1993: »Erwachen aus der Hypnose«

»Ein Seminar findet statt. Während einer Pause machen sich einige der Teilnehmer selbständig und gehen spazieren. Das Ganze spielt sich in der Nähe meines Elternhauses ab. Im Nachbargrundstück meines Kindheitsfreundes ist eine kleine ältere magere Frau, die auch Mutter ist. Diese scheint zu den

Teilnehmern zu gehören und steht unter Hypnose. Alle Aufweckversuche der Anwesenden sind vergeblich. Ich komme dazu, schnippe nur mit den Fingern vor ihrem Gesicht und sage zu ihr: ›Wach auf!‹, und sie kommt sofort wieder zu sich. Sie ist mir sehr dankbar und bittet mich, ihre mageren und verspannten Schultern etwas zu massieren, was ich für sie tue. Sie empfindet es als sehr angenehm und lobt mich sehr.

Später geht dann das Seminar weiter, obwohl noch nicht alle Teilnehmer aus der Pause zurück sind. Doch es ist an der Zeit weiterzumachen, und die anderen kommen später dazu. Dann erscheinen zwei Männer, die ein Paket vom ›Roten Kreuz‹ abgeben. Darin befinden sich Werbebroschüren der Hilfsorganisation und Werbegeschenke, wie zum Beispiel Handpuppen und Süßigkeiten. Es läuft gerade ein Tonband zu einem wichtigen Thema, ich glaube, es ging um Beziehung und Sexualität. Der Seminarleiter lädt die Rotkreuzler zum Zuhören ein.«

In diesem Traum eines Seminarteilnehmers spielt das KREBS-Thema *Mutter/ Mütterlichkeit* die zentrale Rolle. Im ersten Teil weckt der Träumer eine ältere Frau und *Mutterfigur* aus der *Hypnose* auf. In dem ältlichen, abgemagerten Weiblein spiegelt sich der Zustand seiner *weiblich-mütterlichen Gefühlsseite* (MOND-Bereich) wider. Er hatte diesen Wesensteil in den letzten Jahren sträflich vernachlässigt, was sich in deren Auszehrung ausdrückt. Sein Beruf (die oppositionelle STEINBOCK-Seite!) hatte ihn völlig in Beschlag genommen und von seiner KREBS-/MOND-Seite entfernt. Die (Seminar-)Pause im Traum ist deshalb auch dringend nötig, damit er wieder »zu sich« kommt.

Was hat nun diese unbekannte (und daher symbolisch zu deutende) Frau in hypnotische Trance versetzt? Durch das *Kindheitsambiente* spinnt der Traum seinen roten Faden zurück in die *Vergangenheit* des Träumers. Es war daher naheliegend, den Träumer nach der Beziehung zur eigenen Mutter zu befragen. Er schilderte uns eine Frau, die viel guten Willen zeigte, deren innere Widersprüchlichkeit und emotionale Distanziertheit seine Kinderseele jedoch stark verunsicherten. Nach seinem Empfinden war die Mutter nicht dazu in der Lage, sein Bedürfnis nach *Nähe* und *Geborgenheit* zu stillen und die Entwicklung der eigenen *weiblich-mütterlichen* Seite zu fördern. Das Resultat davon ist ein überstrenges, überkritisches Verhalten sich selbst und der Welt gegenüber, das ihn seelisch ausgezehrt hat. Überzogene Erwartungen, die mit der Unfähigkeit einhergehen, sich selbst wohlwollend anzunehmen, sind Auswirkungen dieses (unbewußten) Reaktionsmusters.

Hypnotisiert, also *unbewußt* blieb ihm lange Zeit dieses Thema und die damit verbundene Wesensseite. Im Erwecken aus der Trance und in der anschließenden *zärtlichen Zuwendung* durch die Massage läßt ihn der Traum wissen, daß er jetzt einen Zugang zu seiner mütterlichen Seite gefunden hat beziehungsweise daß diese Zuwendung dringend nötig ist und sich heilend auswirken wird. Möglich geworden ist dieser Prozeß in einer Seminar*pause*, also einer Zeit des *Passivseins*, des *Verarbeitens* von Eindrücken, *Geschehenlassens* und *Ausruhens*. Dem überaus aktiven Mann wird hier demonstriert, daß die wesentlichen Dinge nicht dann passieren, wenn wir etwas erzwingen oder machen wollen, sondern gerade dann, wenn wir *losgelassen* haben und den *natürlichen seelischen Entwicklungsimpulsen vertrauen*.

Als das Seminar im Traum wieder beginnt, finden sich zwei Mitarbeiter der Hilfsorganisation Rotes Kreuz ein. Sie haben den Auftrag, ein Paket abzugeben, in dem sich Werbematerial und Werbegeschenke befinden. Wofür will die Seele in Gestalt dieser Bilder werben? Im Kontext zu den bisherigen Ausführungen läßt sich unschwer erraten, daß es auch hier um das *weiblich-empfangende* Prinzip geht. Es liegt die Aufforderung darin, sich das Leben mehr zu *versüßen* (Süßigkeiten), das heißt seine *Gefühle* zuzulassen und zu »genießen«, es sich gutgehen zu lassen. Und die Spielsachen weisen darauf hin, wie er das am besten anstellt. Nimmt er das Leben (und die Liebe) spielerischer, dann wird es ihm auch sympathischer entgegenblicken – nicht zufällig läuft gerade das Tonband über Beziehung und Sexualität, als die Rotkreuzler erscheinen.

Traum vom 24.6.1993: »Brooke Shields«

»Durch den Garten gehe ich wieder in die Sporthalle. Der Durchgang von der Küche zur Halle ist mit einer rot-weißen Kette abgesperrt, aber so niedrig, daß ich lässig drübersteigen kann. Alles ist schon dunkel und menschenleer, die Halle aufgeräumt, Stühle aufeinandergestellt. Ich kann es nicht fassen, daß ich so lange mit meinem Geliebten draußen war. Ich will meine Eltern suchen, die sind schon weg. Was werden sie denken? Dann bemerke ich eine junge Frau, die ziemlich unbeweglich dasteht und runterschaut. Es ist die Schauspielerin Brooke Shields, die im Traum scheinbar meine Freundin ist. Überschwenglich erzähle ich ihr von meinem Geliebten. Sie findet es schön, wirkt aber ernst. Dann meint sie noch, daß hoffentlich mein trockener Ehemann nun endlich mal merkt, daß ich ihn wirklich nicht mehr will.«

Die Teilnehmerin mit KREBS-Aszendenten empfand diesen Traum, von dem hier nur das Schlußstück wiedergegeben ist, als außerordentlich *aufwühlend*. Die Traumbegegnung mit einem Mann, in den sie sich Hals über Kopf verliebt hatte, stimmte sie glücklich. Mit Verwunderung reagierte sie zunächst auf das Zusammentreffen mit der Schauspielerin Brooke Shields. Die symbolische Bedeutung dieser Frau und der Zusammenhang mit dem KREBS-Archetypen offenbarte sich der Träumerin, nachdem ihr der Film »*Die blaue Lagune*« mit Brooke Shields in der Hauptrolle einfiel. Lassen wir sie selbst zu Wort kommen: »Im Traumgespräch erschien mir Brooke Shields als eine sehr wichtige Figur. Ich kenne sie nur aus dem Film ›*Die blaue Lagune*‹, wo sie eine vollkommene und ungestörte Liebe auf einer einsamen Insel erlebt. In dem Film war sie noch sehr jung. In letzter Zeit las ich oft recht bedrückende Berichte über ihre Depressionen, Alkoholprobleme und so weiter. Das ist eine Entwicklung, die ich durchaus nachfühlen kann. Ich hatte lange Zeit als Vorbild die Ehe meiner Eltern. Eigentlich ist deren Partnerschaft noch immer eine ›blaue Lagune‹: geschützt und völlig harmonisch; für beide war es der erste Partner. Ich fand so eine Ehe erstrebenswert und habe die Partnerschaft als reine Zweisamkeit sehr verehrt. Daß diese Ideale nicht so leicht zu verwirklichen und für mich nicht passend sind, hat das Leben mich gelehrt. So wählte ich einen Ehemann, mit dem ich bislang noch keinen einzigen Augenblick eine ›blaue Lagune‹ hatte.«

In dem (infantilen) *Wunschbild* der »blauen Lagune« wird die Träumerin mit ihrem KREBS-/MOND-Thema konfrontiert. Es ist eine »Insel im Meer des Unbewußten«, die abgeschottet von der feindlichen Welt (der bewußten Auseinandersetzung mit dem Du!) in der Phantasie der jungen Frau existiert. Lange Zeit idealisierte sie die Beziehung ihrer Eltern, die sie als »Insel der Glückseligen« empfand. Auf Dauer können aber solche Wunschträume von einer heilen, unberührten Seelenlandschaft – einer von der Alltagsrealität abgespaltenen Insel – nicht aufrechterhalten werden. Schließlich ist der Preis, der für eine derartige *Regression* in die *infantile Geborgenheit* des »Mutterschoßes« (im Bild der Lagune) zu bezahlen ist, sehr hoch und gipfelt letztlich im Verlust der eigenen Identität und Individualität. In dem biblischen Gleichnis der Paradiesvertreibung von Adam und Eva spiegelt sich der Beginn der evolutionären Bewußtseinsentwicklung der Menschheit wider. Und je mehr wir vom Baum der Erkenntnis essen und unser individuelles Ich-Bewußtsein entwickeln, desto weniger läßt sich ein *vermeintlich paradiesisches*, weil *unbewußtes* Leben, aufrechterhalten. Irgendwann wird jeder von seiner Realität eingeholt und aus dem Paradies seiner kindlichen Illusionen vertrieben. Besser, wir gehen diesen Weg freiwillig!

In dem ernsten, nachdenklichen Ausdruck von Brooke Shields, die das »Blaue-Lagune-Syndrom« der Träumerin verkörpert, wird deren allmähliche Ernüchterung spürbar. Sie beginnt zu begreifen, daß die »blaue Lagune« nicht im Außen existiert und schon gar nicht als Dauerzustand einer lebendigen Beziehung angestrebt werden darf. Der Bereich des KREBS-Prinzips ist ein *innerer, seelischer Raum*, den es zu entdecken gilt; unsere Träume wollen uns dabei helfen und führen. Solange wir ihn im Außen suchen, werden wir nur enttäuscht, denn die Gesetze der äußeren, materiellen Seite der Welt stehen oft konträr zum Reich der Psyche. Der KREBS-Aszendent verleitet die Träumerin dazu, *Gefühle* zu stark nach außen zu projizieren und in der Welt zu suchen, was sie nur in der Seele finden kann. Durch diese *kindliche* Einstellung dem Leben gegenüber ist sie unfähig, ihre festgefahrenen Partnerprobleme anzugehen.

In der letzten Passage des Traumes fungiert Brooke Shields als Botschafterin des KREBSES, indem sie die *Wünsche* der Träumerin nach Trennung deutlich ausspricht. Die Teilnehmerin hat innerlich anscheinend schon mit der Ehe abgeschlossen, sich aber bislang gescheut, die Konsequenzen daraus zu ziehen. Infantil an ihrem Verhalten ist, daß sie nicht eigenverantwortlich handelt, sondern sich in eine Warteposition begeben hat und dem Gatten die Entscheidung zuschiebt. So ist die Bemerkung der Schauspielerin gemeint: Die Träumerin soll sich endlich über ihre *wahren Gefühle* klarwerden – der KREBS-Monat ist dafür eine günstige Zeit.

Die Tatsache, daß ihre Eltern am Schluß nicht mehr da sind, läßt hoffen, daß der Einfluß der verinnerlichten elterlichen Beziehungsmuster geringer wird. Die Einfälle der Träumerin zum realen Leben der Schauspielerin lassen schließlich heilsame Ernüchterung erkennen. Sie erkennt, daß das äußere irdische Dasein eben keine »blaue Lagune« ist, sondern vielfältige Probleme bereithält. Lassen wir uns darauf ein, werden wir die »blaue Lagune« in unserem Inneren als unzerstörbaren Seelenraum finden.

Traum vom 5.7.1993: »Der Pfannendeckel«

»Ich lasse in der Küche den Deckel meiner großen Pfanne fallen, und er zerbricht in viele Stücke, wie Glas, was ich kaum glauben kann. Dann will ich jemand meine Telefonnummer geben und schreibe statt meines Ehenamens meinen Mädchennamen auf. Als ich ihm dann den Zettel gebe, sage ich: ›Halt, ich heiße ja gar nicht mehr so, aber die Nummer stimmt.‹«

Die KREBS-Geborene erfährt durch diesen Traum, wie sich die MOND-hafte Seite ihrer Psyche entwickelt. Der große Pfannendeckel verkörpert das *überbemutternde* Wesen, das KREBS-betonte Menschen oft aufzeigen, wenn die Kräfte der Gegenpole (WIDDER, WAAGE, STEINBOCK) ins Hintertreffen geraten. Unsere Teilnehmerin ist durch langjährige Traumarbeit dabei, sich von der Dominanz des KREBS-Archetypen zu emanzipieren. Sie hat erkannt, daß Individualität und innere Freiheit in großem Maße davon abhängen, wie vereinnahmend das (kindliche) Bedürfnis nach *Geborgenheit* durch den äußeren Rahmen der realen Familie noch ist. Der Pfannendeckel zerspringt in tausend Stücke, weil sie es nicht mehr nötig hat, sich »beglucken« zu lassen, aber auch für die Mitmenschen keine *Übermutter* mehr zu sein braucht.

Die Familie, der sie entstammt, bedeutete ihr auch nach der Eheschließung noch sehr viel. Die *familiären Bande* sind bei KREBS-Geborenen meist besonders fest und tief geknüpft. Da sie bei der Heirat den Familiennamen des Mannes annahm, ist das Aufschreiben des Mädchennamens im Traum als Identifikation mit ihrer *Herkunft* zu deuten. Er gehört inzwischen der *Vergangenheit* an und steht als Symbol für diese Zeit. Durch ihre Träume wird unserer Teilnehmerin meist schnell bewußt, wenn sie in kindliche Verhaltensmuster abrutscht. Der Traum quittiert diese positive Entwicklung damit, daß es ihr auch im Schlaf auffällt, wenn sie sich im Namen vergriffen hat.

Traum vom 10.7.1993: »*Ozeanische Gefühle*«

»Ich bin mit einer Gruppe, die sich nach weitläufiger Verwandtschaft anfühlt, in einer großen weißen Holzvilla auf Urlaub. Eine Frau, etwas älter als ich, übernimmt die Führung bei unseren Ausflügen ins Meer. Durch ganz enge Löcher im Erdboden muß man sich wie ein Wurm durchwinden, mit dem Kopf voraus. Mir ist das zu eng. Die Frau weitet ein Loch für mich aus. So komme ich durch und lande mitten im Meer. Es ist wie im Urozean. Einmal steige ich nach oben, um Luft zu holen. Die Dorfgemeinde duldet jedoch unser Treiben nicht und sammelt sich vor dem Haus. Ein Jüngling neben mir meint, er wüßte, wie man die Türe verbarrikadiert. Dazu nimmt er aus dem

Fallbeispiele 179

hinter dem Eingang stehenden Schrank die Füllungen aus den Türen und legt sie vor die Haustüre auf den Boden. Ich sage, daß nütze doch nichts, und wir schließen die Türe und stellen einen Schrank davor. Doch der Mob läßt sich dadurch nicht aufhalten. Wir flüchten nach hinten aus dem Haus.«

Dieser Traum setzt sich mit dem KREBS-Rätsel auseinander, ob es möglich und »rechtens« ist, die *ozeanischen Gefühle der Geborgenheit*, die wir im Mutterleib erfahren durften, auch im Erwachsenenleben nachzuempfinden. Leben wir doch in einer Welt, in der die *weiblich-naturnahe* Seite, also der KREBS-Archetyp, in der äußeren wie inneren Umwelt meist ein Schattendasein führt. Die fortschreitende Zerstörung der natürlichen Lebensgrundlangen auf unserem Planeten ist der äußere Ausdruck dieses Ungleichgewichtes in der menschlichen Kollektivpsyche. Können wir uns überhaupt noch wohl fühlen, oder töten wir unsere wahren Empfindungen durch unzähligen modernen »Zeitvertreib« ab? Können wir uns die *natürlichen Gefühlsregungen* tatsächlich noch zugestehen? Oder macht uns nicht vielmehr angst, was sich da in uns regt, jenseits von Verstand und allen Äußerlichkeiten?

Die Vorgänge, die sich in der Träumerin abspielen und in der Traumhandlung ihren Ausdruck finden, spiegeln somit nicht nur ein persönliches, sondern ein allgemeinmenschliches Gegenwartsproblem wider. Sie gelangt unter der fachkundigen Führung einer erfahrenen weiblichen Wesensseite ins Meer. Um dorthin zu gelangen, muß sie sich durch enge Gänge zwängen, die an den *Geburtskanal* im Mutterleib erinnern. Der Urozean, in dem sie sich dann wähnt, entspricht dem Zustand des ungeborenen Kindes im Mutterleib, ein Gefühl von absoluter *Geborgenheit* in der *Symbiose* mit der Mutter.

Die Kunst des Erwachsenwerdens besteht nun gerade darin, sich einerseits von der Fixierung auf die äußere Mutter zu lösen – das kann die leibliche Mutter betreffen, oder wir erleben sie in der Projektion auf unseren Partner, die Gesellschaft, Mutter Kirche oder ähnliches. Andererseits aber gilt es, den Bezug zum Wasserelement *in* uns, zur Welt der Seele wiederzufinden. Dem Ich-Bewußtsein macht es zunächst angst, wenn die Reaktionen des *Unbewußten* ins Bewußtsein gelassen werden. Schließlich ist die Überbewertung der bewußten Ratio eine relativ junge Schöpfung in der Evolution des Geistes. Die Ratio hatte sich gegen den Sog der unbewußten, irrationalen Seelenkräfte durchzusetzen. Denken wir zurück an das »magische Welterleben« im noch gar nicht so fernen Mittelalter und all die Grausamkeiten dieser Epoche (Hexenverbrennungen, Inquisition), dann sehen wir die

Berechtigung des Siegeszuges der rationalen Verstandeskräfte durchaus ein. Doch wie das eben mit Entwicklungen so zu gehen pflegt, führt die Bekämpfung eines Extrems erst einmal zur Übertreibung des Gegenteils. Mittlerweile sind wir Bewohner der Industrienationen an dem Punkt angelangt, an dem uns die Re-Integration der *Naturkräfte der Seele* für das physische und psychische Überleben nötig erscheint.

Die Suche nach den *verlorenen Gefühlen* birgt natürlich auch Gefahren, etwa wenn Menschen versuchen, mittels Drogengenuß den paradiesischen Zustand des »Mutterschoßes« gewaltsam zurückzugewinnen. Für alle Erfahrungen ist ein Preis zu zahlen! Wenn wir den energetischen Aufwand der Arbeit an unserer seelischen Entwicklung scheuen, dann wird der Gegenwert, etwa des durch Drogen herbeigeführten Gefühles, vom »Konto unserer persönlichen Integrität« abgebucht. Allmählicher Verfall der Individualität ist der Preis jeglicher Art von Suchtverhalten; durch die gewaltsam geöffneten inneren Tore überflutet das Unbewußte die Persönlichkeit. Sucht kann in diesem Sinne als Weigerung verstanden werden, die – oftmals mühevolle – Suche fortzusetzen.

Anders verhält es sich aber, wenn wir uns im Laufe der Individuation dem Unbewußten wieder annähern.

Wo steht nun die Träumerin in diesem Prozeß? Als Mensch mit Betonung des Wasserelementes hatte sie es besonders schwer, sich von *kindlichen Wünschen* nach *Nähe* und *Symbiose* »abzunabeln«. Ihre Seele »wählte« jedoch ein Elternhaus, in dem Vordergründigkeiten wie Besitz und Titel mehr zählten als innere Werte und Gefühle. Wenn sie jetzt dabei ist, ihren *inneren Reichtum* wiederzufinden, ihn sich durch langjährige Traumarbeit »redlich zu erarbeiten«, dann ist klar, daß die verinnerlichten Abwehrmechanismen der Eltern in ihr aktiv werden.

Diesen Traum hatte sie nach einem wundervollen Erlebnis am Vortag, das ihr, wie sie beschreibt, »ozeanische Gefühle« bescherte. Sie war fähig, diese Empfindungen zuzulassen und zu fühlen, doch wie der Traum zeigt, blieb dieser Genuß nicht ohne »Reue«. In diesem Zusammenhang stehen die Dorfbewohner, die das ozeanische Treiben der Träumerin und ihrer Begleiter nicht dulden wollen, für die kollektiven Normen und Werte unserer Gesellschaft, die eben das Erleben und Ausleben von Gefühlen nicht billigen. Mit diesen inneren Widerständen wird sie sich noch auseinanderzusetzen haben, denn Flucht ist auf Dauer keine Lösung. Und auch das Verbarrikadieren hilft da nicht weiter. Letztlich geht es für die Träumerin, wie für uns

Fallbeispiele 181

alle, darum, dieses Urvertrauen in uns und ins Leben wiederzufinden. Nicht als Regression in kindlich-unbewußtes Verhalten, sondern unter Wahrung der persönlichen Integrität und fest verankert im Empfindungsbereich.

Traum vom 19.7.1993: »Reservistentreffen«

»Als Leutnant der Reserve muß ich bei einem großen Reservistentreffen einen Teil der Anwesenden übernehmen und vor ihnen einen Vortrag halten. Ich stehe auf der Ladefläche eines LKW mit einem Mikrophon, und links und rechts neben mir befinden sich die Lautsprecher. Die Zuhörer sitzen auf Bänken im Rasen um mich herum. Ich versuche, mit einem Spaß zu beginnen, und sage, daß das Schönste an meiner zweijährigen Dienstzeit war, daß sie nur zwei Jahre gedauert hat. Dieser Spaß wird mir sehr übelgenommen. Die Leute sind unruhig, schreien durcheinander, es kommt ein Tumult zustande. Ich lasse sie sich ärgern und gehe einfach weg. In der nächsten Ortschaft, die ich erreiche, werden Vorbereitungen für den Empfang und die Feier mit den Reservisten getroffen. Ich fühle mich nicht mehr dazugehörig.«

In diesem Traum eines WIDDER-Geborenen drückt sich das Thema *Gefühlsunterdrückung* im Symbol des Militärs aus. Natürlich kann die Ausübung des Wehr- oder Kriegsdienstes im Traum auch andere Bedeutung haben. Im WIDDER-Monat etwa würden wir sie im Sinne der eigenen Wehrhaftigkeit oder des »Krieger-Seins« interpretieren. Da dieser Traum jedoch im KREBS-Monat geträumt wurde, lag ein anderer Aspekt des Soldatentums nahe, nämlich die Forderung eines blinden Gehorsams, der keine Rücksicht auf Gefühle nimmt. Der Träumer bestätigte mit seinen Gedanken zum Traum diesen Blickwinkel: »Die Reservisten drücken für mich eine bestimmte Mentalität aus, die in der *Vergangenheit* auch charakteristisch für mich gewesen ist. Als Soldaten sind sie nicht frei agierend, sondern sind uniformiert und gehorchen Befehlen, die von außen kommen. Sie leben in einer Welt, die von fremden Gedanken und Werten definiert ist und die keine eigenen Entscheidungen verlangt oder ermöglicht. Jede Individualität wirkt störend und führt zum Ausschluß aus dieser Gemeinschaft. Meine eigene berufliche und private Welt war insbesondere in der Vergangenheit stark von diesen Attributen geprägt. Als ich mich dann von Fremdbestimmung und Uniformitätszwängen zu lösen begann, geschah das auch auf die Gefahr hin, von meiner Umwelt nicht mehr verstanden und abgelehnt zu werden. Auf diesem Ablöseweg von vielen blind übernommenen Verhaltens- und Denkweisen befinde ich mich immer noch, ohne bis jetzt ein dauerhaftes Ziel gefunden zu haben. Immer wieder gerate ich auf diesem Weg in neue Gruppierungen, die mich anfänglich faszinieren, aber nach einiger Zeit treten die ›Reservisteneigenschaften‹ zu Tage.«

Träume im KREBS-Monat bringen häufig *vergangene* Zeiten in Erinnerung, so auch in diesem Fall. Die Reservisten haben den »Dienst an der Waffe« bereits hinter sich und befinden sich jetzt in Bereitschaft. Ertönt der Befehl einzurücken, sei es als Wehrübung oder im Ernstfall, müssen sie sich wieder denselben Befehls- und Gehorsamsstrukturen wie zu ihrer Ausbildungszeit unterordnen. Symbolisch stellen die Reservisten für den Träumer die latente *Empfangsbereitschaft* für fremde Befehle dar, von der er sich jetzt aber deutlich unterscheidet und abgrenzt. Er will seine Ansprache mit Ironie beginnen, stößt damit bei den Versammelten aber auf offene Ablehnung. Die Mentalität, die von den Traumreservisten verkörpert wird, duldet weder Gefühle noch Spaß. Es muß alles korrekt und nach Vorschrift ablaufen, für Unvorhergesehenes oder für Gefühle ist und darf da kein Platz sein, weil sonst die Machtstrukturen gefährdet sind.

Obgleich sich dieser Traum auch gut auf die herrschenden äußeren Verhältnisse in dieser Welt übertragen läßt, hat er für den Träumer doch vor allem persönliche symbolische Bedeutung. Vor dem Hintergrund der KREBS-Energie wird betrachtet, auf welche Stimme er hört, welchen »Befehlen« er folgt. Anstatt den Anordnungen einer diktatorischen Ratio blinden Gehorsam zu leisten, geht er seinen eigenen Weg – auch auf die Gefahr hin, daß sich die uniformiert gebliebenen einstigen Kameraden abwenden. Er zeigt den Mut, sich von einer Lebensweise zu verabschieden, die ihm nicht mehr entspricht, auch um den Preis, seinen Weg ohne den »Applaus« der gesellschaftlich anerkannten Normen zu gehen. Wollen wir uns selbst entdecken und den sogenannten »Individuationsweg« gehen, dann führt eben kein Weg daran vorbei, die »Buhrufe« der Zurückbleibenden auszuhalten. Und das gilt sowohl für die äußere als auch für die innere Befindlichkeit! Wir können uns auch innerpsychisch der Abwehr und der Widerstände der »Reservisten« sicher sein, die ihre Uniform (im Sinne uniformierter Gedanken) nicht ablegen wollen.

Gerade die Traumarbeit kann ein Gegengewicht zu den »Diktatoren« im Kopf des modernen Menschen schaffen. Wenn wir auf die Träume hören, beginnen wir, allmählich *Vertrauen* in unsere *innere Natur* zu gewinnen.

Fallbeispiele 183

Traum vom 11.7.1993: »*Der wiedergefundene Geldbeutel*«

»Ich bin schwanger, trage ein Kind in meinem Bauch. Zusammen mit meinem Partner laufe ich durch die Gassen einer Altstadt. Wir sind sehr glücklich, freuen uns auf unser Kind und sind voller Zukunftspläne. Wir gehen irgendwo nach unten, in ein Lokal, das nicht überdacht ist. Mein Freund läuft linkerhand weiter, ich sehe einen Platz, an dem ich einmal hier saß. Da seh' ich, daß mein Geldbeutel dort liegt. Völlig überrascht, daß er noch da ist, nehm' ich ihn. Die Putzfrau ist rechts daneben und macht sauber. Ich bin überwältigt, daß sie kein Geld rausgenommen hat. Dafür will ich ihr eine Belohnung geben. Ich suche in meinem Geldbeutel, sehe DM-Scheine, doch damit kann sie hier nichts anfangen, denn wir sind in Amerika. Dann geb' ich ihr einen 10-Dollar-Schein. Mein Freund kommt auch gerade dazu. Ich erzähl' ihm, was geschah. Der Putzfrau gebe ich den Schein und bedanke mich. Sie freut sich sehr darüber. Eigentlich kam es mir viel vor, was ich ihr gegeben habe, aber das ist mir ihre Ehrlichkeit wert. Jetzt nenne ich meinen Freund beim Namen, sage Ulrich zu ihm. Im Traum ist er jedoch reifer, erwachsener als in Wirklichkeit. Er ist mein idealer Partner.«

Die Teilnehmerin bemerkte zu diesem Traum: »Vor vier Wochen lernte ich Ulrich kennen, der um einige Jahre jünger ist als ich. Was mir besonders an ihm gefällt, ist seine lebensfrohe, unbeschwerte Art. Ich werde durch ihn an die Zeit erinnert, als ich selbst so alt war wie er jetzt. Damals verbrachte ich die bislang schönste Zeit meines Lebens. Das ist mittlerweile vorbei, zuviel Leid erlebte ich die vergangenen Jahre. Und die Männer, die ich in der letzten Zeit kennenlernte, waren meist auch in meinem Alter und ebenso vorbelastet. Das war mir alles zu schwerfällig. Im krassen Gegensatz dazu stand Ulrich. Ich verliebte mich sofort in ihn. Doch bald tauchten Zweifel auf, die mir suggerieren wollten: ›Er ist zehn Jahre jünger als du! Wenn du vierzig wirst, ist er erst dreißig – wie mag das wohl aussehen? Du hast dann schon Falten, und er ist ein attraktiver Mann!‹ Erst ein Traum am 24.6.93 änderte meine Einstellung zum Altersunterschied. Ich träumte:

›Eine junge Frau, Anfang zwanzig, wird von einem älteren Mann mit Bart, der so um die vierzig ist, liebevoll umsorgt. Sie jedoch gibt keine Antwort, sie ist taubstumm.‹

Da erkannte ich mich als die taubstumme Frau, die ihre *Vergangenheit* auf Eis legen und auf keinen Fall etwas erzählen wollte. So verhielt ich mich Ulrich gegenüber – ich wagte nicht, mich ihm zu öffnen. Er war im Traum der ältere Mann – der Traum hat die Rollen vertauscht. Ich sagte mir daraufhin, daß Ulrich von seiner Reife her gesehen vielleicht schon ›älter‹ als ich sein könnte. Ab sofort konnte ich alles viel *gelassener* sehen. Doch kurz darauf verkündete er mir, daß er keine feste Beziehung wollte. Anfangs dachte ich, daß nun alles vorbei wäre, doch jetzt treffen wir uns ganz spontan. Am KREBS-Neumond schmolz das Eis in meinem Herzen, und ich konnte ihm von meiner Vergangenheit erzählen. Dadurch sind wir uns innerlich sehr *nahe* gekommen, und ich spürte, daß er sich mir gegenüber nun auch sicherer fühlte. Wie sich alles weiterentwickeln wird, weiß ich nicht, doch ich kann es so lassen, daß wir erst einmal eine offene Beziehung haben. Früher hätte ich mich enttäuscht und gekränkt in mein Schneckenhaus zurückgezogen. Vielleicht liegt es an der KREBS-Zeit, daß ich im Moment alles so gelöst sehe. Ein völlig neues *Lebensgefühl* für mich!

Zum obigen Geldbeuteltraum habe ich folgende Gedanken: Ich bin *schwanger* – durch die Beziehung mit Ulrich beginnt sich etwas Neues *in mir* zu entwickeln. Durch die alten Gassen der *Vergangenheit* laufen wir erst gemeinsam, dann trennt sich unser Weg vorübergehend. Ich kann ihn gehen lassen und finde dadurch meinen Geldbeutel wieder, den ich früher hier wohl liegengelassen haben muß. Ich glaube, daß er die Energien verkörpert, die mir meine vergangenen unglücklichen Beziehungen entzogen haben; Werte, die ich durch die Enttäuschungen verloren und nun durch die Begegnung mit Ulrich wiedergefunden habe. In dem offenen Lokal wird saubergemacht und aufgeräumt – Licht und Klarheit kehrt wieder in mein Leben zurück. Was mir an Ulrich besonders gefällt, ist seine Ehrlichkeit. Ich verliebte mich in die jungen, ehrlichen Züge seines Gesichtes. Ich sehe hier einen Zusammenhang zur Ehrlichkeit der Putzfrau, durch die ich ein großes Stück *Vertrauen* wiedergewinne. Jetzt realisiere ich im Traum, daß wir in Amerika sind, für mich immer noch Symbol der ›unbegrenzten Möglichkeiten‹ und der großen Freiheit und Weite. Während eines Urlaubes dort hatte ich den Eindruck, daß alles großzügiger und nicht so klein und eng ist wie in Deutschland. So großzügig und frei, wie ich die Beziehung zu Ulrich sehe. Im Traum erzähle ich ihm jetzt alles, was geschah, schütte ihm vertrauensvoll mein Herz aus, was ich dann wenige Tage später auch in die Tat umsetzte. Ich erzählte ihm von meinen verlorenen und wiedergefundenen Werten wie Vertrauen, Liebe, Ehrlichkeit, Treue. Der Traumschluß hört sich ja unbeschreiblich gut an. Ich lass' es mal auf mich zukommen.«

Die KREBS-Zeit hat der Träumerin vor allem einen Zugewinn an *Vertrauen* gebracht. So unverhofft wie der Geldbeutel sind ihr die verlorengegangenen Werte (*Gefühle!*) »in den Schoß gefallen«. Unvorhersehbar war ja auch die Begegnung mit Ulrich, die sich als das äußere Symbol für ihr wiedergewonnenes Vertrauen in die weibliche Seite erwiesen hat. Egal, ob die beiden heiraten werden oder sich in Freundschaft trennen – wenn die Träumerin den in der Beziehung zu Ulrich erlebten Zustand des Vertrauens in Verbindung mit gegenseitiger Freiheit in sich bewahren und weiterentwickeln kann, dann wird ihr keine Enttäuschung diese innere Sicherheit mehr rauben können. Zum Zeitpunkt des Traumes »geht sie schwanger« mit diesen Eigenschaften. Wie eine werdende Mutter ist sie gefordert, auf den natürlichen Entwicklungsprozeß zu vertrauen und die nötige Geduld und Zuversicht bis zur Geburt aufzubringen.

Traum vom 22.6.1993: »Das ist die Mama«

»Ich befinde mich mit verschiedenen Leuten und meiner Mutter und meinem kleinen Bruder, der im Traum fünf Jahre alt ist, auf einem Balkon. Der Kleine hatte bereits zwei Unfälle, einmal ist er die Treppe heruntergefallen. Jetzt klettert er an der Balkonbrüstung herum, und ehe wir uns versehen, ist er heruntergestürzt. Wir rasen entsetzt die Treppe herunter, um nach ihm zu sehen. Ich schreie, jemand soll den Notarzt rufen, und beuge mich über den kleinen Körper. Aber er lächelt und sagt ›Mama‹ zu mir. ›Das ist die Mama‹, sage ich und deute auf meine Mutter, die inzwischen neben mir kniet. Der Kleine will aufstehen, doch wir drücken ihn sanft zurück. Statt meiner Mutter kniet plötzlich mein Mann neben mir und sagt: ›Da, es geht schon los!‹ Da läuft auch schon ein rotes Rinnsal aus dem Ohr des Kleinen, das wir in einer kleinen Schale auffangen; es scheint aber kein Blut zu sein, sondern eine hellrote, dünne Flüssigkeit mit schimmernden Plättchen darin. Dann wache ich auf.«

Dieser Traum wurde in der ersten Nacht des KREBS-Monats geträumt. Wie wir sehen werden, ist das KREBS-Prinzip bereits am Anfang »voll da« und findet seinen Ausdruck in Alltag und Traumgeschehen. Die Träumerin lebt seit geraumer Zeit getrennt von ihrem Ehemann. Die damit verbundenen seelischen Schmerzen und Verunsicherungen haben sie den Träumen nähergebracht, von denen sie sich Trost und wegweisende Funktion erhofft. Anfangs reagierte sie noch mit Verblüffung, als sie durch die Träume immer wieder auch mit der *Vergangenheit* konfrontiert wurde. Inzwischen hat sie erkannt, daß ein roter Faden zwischen ihrer gegenwärtigen Krisensituation und unverarbeiteten Kindheitsproblemen existiert, der auch von diesem Traum gesponnen wird.

Das Kleinkindalter des jüngeren Bruders im Traum versetzt sie zurück in die eigenen Kindertage. Damals war sie als die große Schwester mit der Aufgabe betreut, sich um das jüngere Geschwisterchen zu kümmern. Sie fühlte sich von dieser Verantwortung überfordert und entwickelte Angst- und Schuldgefühle, dem kleinen Bruder könnte etwas zustoßen. Vor dem Hintergrund des KREBS-Themas wird deutlich, daß die Träumerin dadurch gehindert wurde, »die Seele fließen zu lassen«, wie es für die Entwicklung der Kinderseele so wichtig ist. Kinder brauchen im besonderen Maße das Gefühl, getragen und aufgefangen zu werden, um das nötige Urvertrauen, das für ihren weiteren Lebensweg so entscheidend ist, zu entwickeln. Bei ihr ist durch die zu frühe Übernahme einer zu großen Verantwortung ein ausgeprägter Kontrollzwang entstanden, der in die Erwachsenenzeit hineinreicht und Gefühle blockiert.

Gerade in der schwierigen Phase von Trennung und Neuorientierung wäre ein gesundes *Vertrauen* in die *natürliche Entwicklung der Dinge* und die Fähigkeit *loszulassen* eine große Hilfe. Doch statt dessen bewirkt der überdimensionale Verantwortungsdruck, daß sie sich einerseits schrecklich schuldig für all die Geschehnisse, die mit der Trennung einhergingen, fühlt und zum anderen zunächst überfordert ist mit der Bewältigung der neuen Lage. Durch ihre Betonung des Feuerelementes neigt sie besonders zu Ungeduld und dem (auf Mißtrauen fußenden) Glauben, ihr Ego allein müsse nun den »Karren wieder aus dem Dreck ziehen«.

Vor dem Hintergrund des KREBSES wird nun deutlich, wie leicht oder schwer es fällt, darauf zu *vertrauen*, daß noch andere Kräfte jenseits des persönlichen Wollens am Werke sind, die für ihr Wohl arbeiten. Als »hilfreiche Geister« können wir in diesem Zusammenhang auch die Träume nennen, die ja auch unabhängig von unserer bewußten Persönlichkeit Nacht für Nacht an unserer Entwicklung mitarbeiten.

Die Ängste der Teilnehmerin, sich fallenzulassen, erlebt sie in diesem Traum im Zusammenhang mit dem kleinen Bruder. Er war bereits die Treppe heruntergefallen, als er dann auch noch den Balkon herunterstürzte. Das versetzt sie in helle Aufregung, die aber allem Anschein nach unbegründet ist. Der Kleine wirkt nach dem Sturz alles andere als verletzt, er macht einen quicklebendigen Eindruck. Daß das Kind die Träumerin mit »Mama« tituliert, weist darauf hin, wie ernst sie damals ihre übertragenen »Mutterpflichten« dem kleinen Bruder gegenüber genommen haben muß.

Im Erscheinen des Gatten spinnt der Traum den Faden zu ihrer Gegenwart hin. Indem der Mann die Stelle der Mutter einnimmt, wird die Verbindung aufgezeigt, die zwischen beiden besteht. Wie einst die leibliche Mutter scheint in der Nachfolge der Ehemann an die Träumerin Verantwortung übertragen zu haben, an der sie ebenso zu schleppen hatte wie damals. Vermutlich aufgrund einer unbewußten Anziehung hat sie sich gerade einen solchen Mann zum Gatten erwählt, mit dem das »Verantwortungsspiel« aus der Kindheit fortgesetzt werden konnte. Im nachhinein wird ihr bewußt, in welch großem Maße die Unbekümmertheit des Partners auf ihre Kosten ging, da sie sich allein für alles verantwortlich fühlte.

Im letzten Traumbild kommt im Symbol der austretenden hellroten Flüssigkeit etwas ans Tageslicht. Was bedeuten die schimmernden Plättchen, die ebenfalls aus dem Ohr gespült werden? Das Ohr ist das KREBS-Organ in unserem Körper. Über dieses Organ nehmen wir die akustischen Signale der Umwelt in uns auf, dringt Äußeres nach innen. Die Plättchen, die sicherlich nicht in den empfindlichen Gehörgang gehören, werden wahrscheinlich die Ursache einer Verstopfung gewesen sein. Auch hier nimmt ein KREBS-Problem Gestalt an: die blockierte (verstopfte) *seelische Aufnahmefähigkeit* der Träumerin. Für sie geht es jetzt vor allem darum, sich um ihr *inneres Kind* zu kümmern, für das der Bruder auf der Subjektstufe steht. Wenn die psychische Verstopfung beseitigt ist, dann wird sie wieder die innere Stimme hören können und *gefühlsmäßig* spüren, was gut und richtig für ihren weiteren Lebensweg ist. Der überlastete Kopf, der bislang meinte, mit allem alleine klarkommen zu müssen, wird dadurch wieder freier und leichter werden.

Traum vom 15.7.1993: »Sex am Bahnhof«

»Ich will mit meiner Frau sexuellen Verkehr auf einem Bahnhof haben. Als gerade niemand zugegen ist, ziehen wir uns nackt aus und huschen zu einem geschützteren Plätzchen im Freien auf dem Bahnhofsgelände.

Meine Bahncard gilt jetzt auch für das Ausland, das heißt, ich erhalte auch für Bahnfahrten dort 50 Prozent Ermäßigung.«

Träume im KREBS-Monat geben uns sehr häufig Auskunft über unsere Gefühlslage. Das kann alle möglichen Bereiche betreffen, in diesem Falle sind die *Körpergefühle* des Träumers angesprochen. Er erinnert sich, am Vorabend des Traumes schönen, unkomplizierten Sex mit seiner Frau erlebt zu haben. Im Gegensatz zu sonst, wenn er sehr rational »an die Sache ranging«, gelang es ihm diesmal, auf seine Körpersignale beziehungsweise -gefühle zu achten. Er berichtete: »Als meine Frau ihre Lust andeutete, fühlte ich mich körperlich nicht fit für Sex. Ich fühlte mich von meinem Kopf unter Druck gesetzt, die ›Gelegenheit beim Schopf zu packen‹. Aus Erfahrung wußte ich jedoch inzwischen nur zu gut, daß mir das körperliche Zusammensein mit meiner Frau auf diese Weise eher verleidet wird, als daß ich dabei lustvolle Gefühle entwickle. Statt inniger Leidenschaft fühlt es sich dann mehr nach gymnastischen Übungen an, während derer ich ohne weiteres eine Partie Schach spielen könnte. Daß dabei das Wesentliche fehlt, war mir theoretisch schon lange klargeworden. *Gespürt*, worum es eigentlich geht, hatte ich es an diesem Abend. Ich widerstand dem Druck, ›sofort loszulegen‹, und nahm mir die Zeit, die ich brauchte, um mich innerlich darauf einzustimmen. Einige Zeit später *fühlte* es sich bereits anders an, und ich *spürte* die *Lustgefühle* in meinem Körper aufsteigen ...«

Der Traum reagierte prompt auf die *gefühlsmäßigen* Erkenntnisse des Träumers. Die Kulisse für das lustvolle Zusammensein der Partner bildet ein Bahnhof, der die Veränderung symbolisiert. Und der angekündigte Sex im Freien darf wohl auch eher als »freiere« Lust verstanden werden. In dem zweiten Traumbild wird die Erweiterung des Gefühlsbereiches durch den vergrößerten Geltungsradius seiner Bahncard dargestellt. Das Ausland, für das die Ermäßigungskarte jetzt auch gilt, sind bislang fremde innere *Gefühlsbereiche*, die der Träumer jetzt »günstiger« bereisen kann, das heißt wofür die Zeit jetzt – im KREBS-Monat – besonders günstig ist.

Traum vom 16.7.1993: »Klebende Gefühle«

»Aus einem Spielzeug-Automaten lasse ich für meinen jüngsten Sohn etwas raus. Statt wie normalerweise einem, kommen gleich zwei kleine Päckchen zum Vorschein. In dem einen sind Klebebilder von Comicfiguren. Sehr zu meinem Erstaunen will mein Kind die gar nicht haben. Dann kommt noch ein Elternpaar dazu. Sie wirken sympathisch und selbstbewußt und haben ein Kind im Alter meines jüngsten Sohnes dabei.«

Dem Träumer werden hier im Bild der Comicfiguren dessen *infantil* gebliebene Einstellungen und Gefühle (dem jüngsten Kind gegenüber) klargemacht. Die Klebebilder zeigen, daß der Träumer an bestimmten Vorstellungen »klebt«, die die Erziehung des Sprößlings betreffen, aber nicht mehr zeitgemäß sind. Wie wir sehen, lehnt der Sohn die Klebebilder ab. Was ist nun konkret damit gemeint? Er wird wohl zu sehr an seinem Sprößling »kleben« (anhaften), und wie er sagt, macht er sich zu viele Gedanken darum, was gut und richtig für den Nachwuchs ist.

Der KREBS weist ihn mit diesem Traum darauf hin, eine neue Einstellung zu entwickeln. Das bedeutet, die Dinge mehr *laufen zu lassen*, der natürlichen Entwicklung zu vertrauen, anstatt sich über alles Gedanken oder Sorgen zu machen. So steht das Kind auch als Symbol für seine eigene (junge) Lebendigkeit, die er durch seine Ängstlichkeit häufig einengt, »festklebt«.

Dies ist aber nur die eine Seite der Medaille, denn es kommt unerwarteterweise noch ein zweites Päckchen zum Vorschein. Dieses muß erst noch ausgepackt werden, aber wir dürfen vermuten, daß darin eine neue Beziehung zum inneren wie äußeren Kind stecken wird. Eine Verbindung, die mehr von Vertrauen in das Leben und den Gang der Dinge geprägt ist, als das vorher der Fall war. Das dazukommende Elternpaar, das ihm selbstbewußt und sympathisch erscheint, steht stellvertretend für die Erneuerung der inneren wie äußeren Elternschaft.

Seminarhinweis

Leserinnen und Leser, die sich für Seminare oder Einzelberatungen des Autors interessieren oder eine Horoskopgrafik erstellen lassen wollen, wenden sich bitte an folgende Adresse:
Norbert Teupert
Postfach 160 144
95427 Bayreuth

Literaturhinweise

Traumarbeit

ERNST AEPPLI: *Der Traum und seine Deutung.* Knaur Verlag, München o.J.
ANN FARADAY: *Deine Träume – Schlüssel zur Selbsterkenntnis.* Fischer TB-Verlag, Frankfurt/Main 1980.
HELMUT HARK: *Träume als Ratgeber.* Walter Verlag, Olten 1983.
HELMUT HARK: *Der Traum als Gottes vergessene Sprache.* Walter Verlag, Olten 1985.
JÜRGEN VOM SCHEIDT: *Das große Buch der Träume.* Heyne Verlag, München 1985.
HILDEGARD SCHWARZ/NORBERT TEUPERT: *Das Bilderbuch der Träume. Neue Möglichkeiten des Verstehens.* Ariston Verlag, Genf 1992.
HILDEGARD SCHWARZ: *Mit Träumen leben – Einsichten.* Verlag Darmstädter Blätter, Darmstadt 1981.
HILDEGARD SCHWARZ: *Aus Träumen lernen.* Knaur Verlag, München 1987.

Astrologie

STEPHEN ARROYO: *Astrologie, Psychologie und die vier Elemente.* Hugendubel Verlag, München 1982.
NIKOLAUS KLEIN/RÜDIGER DAHLKE: *Das senkrechte Weltbild. Symbolisches Denken in astrologischen Urprinzipien.* Hugendubel Verlag, München 1986.
PETRA NIEHAUS (Hrsg.): *Sternenlichter. Astro-Jahreskalender.* Verlag Petra Niehaus, Aachen.
FRITZ RIEMANN: *Lebenshilfe Astrologie. Gedanken und Erfahrungen.* Pfeiffer Verlag, München 1976.
DANE RUDHYAR: *Die astrologischen Zeichen. Der Rhythmus des Zodiak.* Hugendubel Verlag, München 1983.
BARBARA SCHERMER: *Astrologie live.* Verlag Petra Niehaus, Aachen 1991.
HANS TAEGER: *Astroenergetik. Die zwölf kosmischen Energien.* Papyrus Verlag, Hamburg 1983.
HANS TAEGER: *Internationales Horoskope Lexikon*, Bauer Verlag, Freiburg 1991.

Psychologie

FRANZ ALT (Hrsg.): *C.G. Jung Lesebücher.* Walter Verlag, 6. Auflage, Olten 1988.
BRUNO BETTELHEIM: *Kinder brauchen Märchen.* Deutscher Taschenbuch Verlag, München, 11. Auflage 1988.
JOLANDE JACOBI: *Vom Bilderreich der Seele. Wege und Umwege zu sich selbst.* Walter Verlag, Olten 1969.

C.G. JUNG: *Der Mensch und seine Symbole*. Walter Verlag, Olten 1979.
C.G. JUNG: *Erinnerungen, Träume, Gedanken*. Walter Verlag, Olten 1985.
C.G. JUNG: *Grundwerk in 9 Bänden*. Walter Verlag, Freiburg 1984.
VERENA KAST: *Wege aus Angst und Symbiose*. Deutscher Taschenbuch Verlag, München 1987.

Bücher zu KREBS-Themen

GEBRÜDER GRIMM: *Kinder- und Hausmärchen*. Gondrom Verlag, Bindlach 1982.
HANS BEMMAN: *Stein und Flöte*. Ein Märchenroman. Goldmann Verlag, 7. Auflage, München 1993.
PRENTICE MULFORD: *Unfug des Lebens und des Sterbens*, Fischer Verlag, Frankfurt/Main, 1977.
RAINER MARIA RILKE: *Das Buch der Bilder*. Insel Verlag, Frankfurt/Main 1973.
MICHAEL J. ROADS: *Im Reich des Pan. Reisen ins Herz der Natur*. Ansata Verlag, Interlaken 1991.
JANE ROBERTS: verschiedene *Seth-Bücher*, Ariston Verlag, Genf.
ANNE KENT RUSH: *Mond, Mond*. Verlag Frauenoffensive, München 1978.
HENRY TIETZE: *Botschaften aus dem Mutterleib*. Ariston Verlag, Genf 1984.
LAO TSE: *Tao Te King*. Hugendubel Verlag, 5. Auflage, München 1986.
RICHARD WILHELM: *I Ging – Das Buch der Wandlungen*, Eugen Diederichs Verlag, 21. Auflage, München 1993.

Die Tierkreisreihe von NORBERT TEUPERT im Ariston Verlag:

Bereits erschienen:

Die Rätsel des Lebens. Energetische Astrologie und Traumarbeit
(ISBN 3-7205-1821-3)

Die FISCHE und ihre Lebensrätsel
(ISBN 3-7205-1855-8)

Der WIDDER und seine Lebensrätsel
(ISBN 3-7205-1823-X)

Der STIER und seine Lebensrätsel
(ISBN 3-7205-1825-6)

Die ZWILLINGE und ihre Lebensrätsel (ISBN 3-7205-1857-4)

Der KREBS und seine Lebensrätsel
(ISBN 3-7205-1863-9)

Der LÖWE und seine Lebensrätsel
(ISBN 3-7205-1865-5)

Die JUNGFRAU und ihre Lebensrätsel (ISBN 3-7205-1867-1)

1996 erscheinen:

Die WAAGE und ihre Lebensrätsel
(ISBN 3-7205-1869-8)

Der SKORPION und seine Lebensrätsel (ISBN 3-7205-1871-X)

Der SCHÜTZE und seine Lebensrätsel (ISBN 3-7205-1873-6)

Der STEINBOCK und seine Lebensrätsel (ISBN 3-7205-1875-2)

Der WASSERMANN und seine Lebensrätsel (ISBN 3-7205-1877-9)

SACHBÜCHER AKTUELLER ESOTERIK

DIE KUNST WAHRZUSAGEN
PUNKTE, DIE IHR LEBEN BESTIMMEN
Von Bernd A. Mertz

Neuartig ist das in diesem Buch erstmals vorgestellte Wahrsagesystem, das zwei Orakelmethoden vereint und damit zu wesentlich besseren Resultaten kommt: die alte orientalische Punktierkunst – die eigentliche Kunst des Wahrsagens – und die pythagoräische Zahlenmagie, mit deren Hilfe die Antworten präziser ausfallen. Bernd A. Mertz hat eine verblüffend treffsichere Wahrsagemethode entwickelt, mit der auch auf schwierige Lebensfragen sinnvolle Antworten zu erhalten sind. Man gelangt zu einem oder mehreren von insgesamt 16 Bildsymbolen, deren Deutungsaussage individuell auf die jeweilige Frage bezogen wird. Besonderer Vorteil dieser Methode: Man braucht keine Vorkenntnisse, sondern nur Bleistift und Papier! 200 Seiten, 20 Abbildungen, geb., ISBN 3-7205-1791-8.

DIE HOHE KUNST DES KARTENLEGENS
DAS KARTENLEGE-LEXIKON: 32 KARTEN, 10 000 ANTWORTEN
Von Gerhard von Lentner

In diesem Buch wird Ihnen ein System nahegebracht, das aus dem alten China stammt und das der Autor in China kennengelernt und jahrelang studiert hat. Verwendbar sind alle 32 klassischen Karten, die wir hierzulande kennen: Patience-, Rommé-, Skat- oder französische Jaßkarten. Dieses neuartige Lexikon der Kunst des Kartenlegens führt alle Konstellationen vor, die sich aus einem aus 32 Spielkarten ausgelegten Blatt ergeben können. Es ist ein Nachschlagewerk mit zehntausend Antworten auf jede mögliche Kartenkonstellation. Moderne Parapsychologie hat bestätigt, was die alten Chinesen lange zuvor erkannt hatten: Dem Sensitiven dient das Kartenlegen als Konzentrationsmittel, sich selbst und seine Situation zu erkennen und sich Zukunftstendenzen bewußtzumachen. 900 Seiten, 32 zum Teil farbige Abbildungen, geb., ISBN 3-7205-1263-0.

PENDEL UND WÜNSCHELRUTE
DAS HANDBUCH DER MODERNEN RADIÄSTHESIE
Von Georg Kirchner

Die Radiästhesie hat die jahrhundertelang als unerklärlich geltenden Kräfte nachgewiesen, die – für jedermann sichtbar – im Spiel sind, wenn Pendel und Wünschelrute sich bewegen, drehen, kippen. Den erstaunlichen Phänomenen, die dabei auftreten, ist in diesem Buch ein Fachmann in sachkundiger Weise nachgegangen, der die »Sprache« der Radiästhesie anhand zahlreicher Beispiele erläutert. Der Autor gibt auch präzise Anleitungen für Selbstversuche auf den verschiedensten Anwendungsgebieten. Pendel und Rute werden heutzutage im Bereich der Charakterkunde und Medizin, der Geologie und Archäologie, der Graphologie und Kunst wie auch im Verkehrswesen und in der Kriminalistik erfolgreich eingesetzt. 328 Seiten, 34 Abbildungen, ISBN 3-7205-1153-7.

DIESE FASZINIERENDEN BÜCHER ERHALTEN SIE IM BUCHHANDEL

Ein umfangreiches, farbiges Bücher-Magazin mit sämtlichen Titeln unseres auf Medizin, angewandte Psychologie und Esoterik spezialisierten Verlagsprogramms können Sie gratis anfordern bei

ARISTON VERLAG · GENF/MÜNCHEN

CH-1211 GENF 6 · POSTFACH 6030 · TEL. 022/786 18 10 · FAX 022/786 18 95
D-81379 MÜNCHEN · BOSCHETSRIEDER STRASSE 12 · TEL. 089/724 10 34